मित्रता
का
महत्व

मित्रता का महत्व

जिन लोगों को आप चाहते हैं, उनके क़रीब कैसे आएँ

एलन लॉय मैक्गिनिस

अनुवाद : डॉ. सुधीर दीक्षित, रजनी दीक्षित

MANJUL
मंजुल पब्लिशिंग हाउस

MANJUL

मंजुल पब्लिशिंग हाउस

कॉरपोरेट एवं संपादकीय कार्यालय

द्वितीय तल, उषा प्रीत कॉम्प्लेक्स, 42 मालवीय नगर, भोपाल-462 003

विक्रय एवं विपणन कार्यालय

7/32, अंसारी रोड, दरियागंज, नई दिल्ली-110 002

वेबसाइट : www.manjulindia.com

वितरण केन्द्र

अहमदाबाद, बेंगलुरू, भोपाल, कोलकाता, चेन्नई,
हैदराबाद, मुम्बई, नई दिल्ली, पुणे

एलन लॉय मैक्गिनिस द्वारा लिखित मूल अंग्रेजी पुस्तक द *फ्रैंडशिप फ़ैक्टर* का हिन्दी अनुवाद

यह हिन्दी संस्करण 2003 में पहली बार प्रकाशित
6वीं आवृत्ति 2018

ISBN 978-81-86775-29-5

हिन्दी अनुवाद : डॉ. सुधीर दीक्षित, रजनी दीक्षित

मुद्रण व जिल्दसाज़ी : थॉमसन प्रेस (इंडिया) लिमिटेड

विषय-सूची

विषय-सूची

खण्ड ।।। : रिश्ते को नष्ट किये बिना नकारात्मक भावनाओं से निबटने के दो तरीक़े

खण्ड IV: जब आपके रिश्ते बिगड़ते हैं, तो क्या होता है ?

समर्पण

रिश्तों के बारे में शायद आदमी दोनों तरह से सीखता है : अंतरंगता बनाने में सफल होने पर भी और असफल होने पर भी। मैंने दोनों ही तरह से सीखा है।

बहरहाल, यह पुस्तक ऐसे लोगों को समर्पित है, जिनसे मैंने सफल रिश्ते बनाने की कला सीखी है।

पहले तो मेरे सहयोगी टैज़ किन्नी, एम.डी. और मार्कस स्वेन्सन। हम दिन भर एक दूसरे के ऑफ़िसों में आते-जाते रहते हैं, इसलिये नहीं क्योंकि हमें कोई ऑफ़िशियल काम होता है, बल्कि इसलिये क्योंकि हमें अपने बारे में बात करनी होती है। मैं उन्हें अपनी छोटी सफलताओं और बड़ी विफलताओं के बारे में बताता हूँ। मैं ऐसा इसलिये कर सकता हूँ, क्योंकि वे भी ऐसा ही करते हैं।

और फिर मेरे ऑफ़िस का स्टाफ़ : डैग्नी स्वेन्सन, कैटरिना ग्रांट, मोनिका बास्का और कॉलीन एकॉर्ड। मेरे लिये हर एक के मायने अलग हैं और वे मेरे लिये सेक्रेटरी से बढ़कर हैं।

रिश्ते कई पीढ़ियों से बनते हैं। एक ओर मेरे माता-पिता एलन और इनेज़ मैक्गिनिस हैं, जिनसे मैंने प्रेम का अर्थ जाना है। दूसरी ओर मेरे बच्चे हैं शेरॉन, एलन स्कॉट और डोन्ना, जो नयी पीढ़ी के हैं, लेकिन इसके बावजूद मैंने उनसे प्रेम का अर्थ सीखा है।

परंतु सबसे बढ़कर यह पुस्तक डियान के लिये है, जो मुझे बताती है कि मैं उसका सबसे अच्छा मित्र हूँ और जो निश्चित रूप से मेरी सबसे अच्छी मित्र है। यह हमारे जीवन का बहुत बड़ा सौभाग्य है कि हम दोनों की शादी एक दूसरे से हुई।

लेखक की टिप्पणी

निम्नलिखित सभी लोगों को धन्यवाद, जिन्होंने इस पुस्तक को पढ़कर महत्वपूर्ण सुझाव दिये : जेफ़ हैन्सन, डॉन और चेरी हेनरिक्स, ट्रिशिया किन्नी, डॉ. ली क्लाइवर, एलन मैक्गिनिस जूनियर, इनेज़ मैक्गिनिस, डॉ. वाल्टर रे, बॉब और सूज़न रिची, एड स्पैंग्लर, डॉ. ब्रूस थीलमैन, डॉ. जॉन टॉड और कारेन टॉड।

डेविड लीक पहले व्यक्ति थे, जिन्होंने कहा था, 'इसे छापा जाना चाहिये!' और माइक सॉमडैल ने इस प्रोजेक्ट में शुरू से ही बहुत रुचि ली।

मैं साइमन एंड शूस्टर का आभारी हूँ कि उन्होंने मुझे डेल कारनेगी की पुस्तक *हाऊ टु विन फ्रैंड्स एंड इन्फ़्लुएंस पीपुल* के कोटेशन छापने की अनुमति दी, और मैं वर्ल्ड बुक्स का भी आभारी हूँ कि उन्होंने मुझे ब्रूस लार्सन की पुस्तक *नो लॉन्गर स्ट्रैंजर्स* के कोटेशन प्रकाशित करने की अनुमति दी।

मेरे परामर्श सत्र की सभी केस हिस्ट्रीज़ कम्पोज़िट

हैं, जिनमें नाम, स्थान और वर्णन गोपनीयता की ख़ातिर उलट-पुलट दिये गये हैं ताकि उन्हें पहचाना न जा सके। बहरहाल, लोगों के जीवन की कहानी बिलकुल असली है।

अध्याय 1

मित्रता के ढेर सारे फ़ायदे

ज़िंदगी का क़िला मित्रताओं से मज़बूत होता है। प्रेम करना और पाना इंसान के जीवन का सबसे महान सुख है।

— सिडनी स्मिथ

क्या आपने कभी सोचा है कि कई लोग अपने आस-पास के लोगों के चहेते क्यों बन जाते हैं? कई लोगों के इतने ज़्यादा मित्र क्यों होते हैं? कई साधारण से दिखने वाले लोगों की तरफ़ अपोज़िट सेक्स के लोग इस तरह क्यों खिंचते हैं, जिस तरह लोहा चुंबक की तरफ़ खिंचता है? कई बिज़नेस एक्ज़ीक्यूटिव्ज़ यूँ तो ज़्यादा सफल नज़र नहीं आते हैं, मगर उनके वफ़ादार मित्रों की संख्या बहुत ज़्यादा होती है।

हो सकता है ऐसे लोग अमीर हों, हो सकता है अमीर न हों। हो सकता है ये लोग बहुत बुद्धिमान या उच्च-शिक्षित हों, हो सकता है न हों। बहरहाल उनके व्यक्तित्व में कोई न कोई ऐसी बात होती है, जिसकी वजह से वे लोकप्रिय होते

हैं और लोग उन्हें पसंद करते हैं। यही मित्रता का तत्व है।

परामर्शदाता के रूप में मुझे इंसानी रिश्तों की खिड़की में से झाँकने का मौक़ा मिला है। मैंने हज़ारों लोगों से उनके अंतरंग संबंधों के बारे में चर्चा की है। मैंने ग़ौर से देखा है कि सफल प्रेमी क्यों और कैसे सफल होते हैं और मैंने उनके रहस्य जाने हैं। इस पुस्तक का लक्ष्य आपको इन्हीं रहस्यों के बारे में बताना है।

मित्रता का तत्व आपको अंतरंग संबंधों का विशेषज्ञ बना सकता है

हमारे क्लीनिक में किये रिसर्च में हमने पाया कि मित्रता वह स्प्रिंगबोर्ड है, जिससे बाक़ी सभी तरह का प्रेम उत्पन्न होता है। मित्रता जीवन के बाक़ी सभी महत्वपूर्ण संबंधों का आधारभूत तत्व है। जिन लोगों की किसी से मित्रता नहीं होती, वे *किसी* भी क़िस्म का प्रेम करने में तुलनात्मक रूप से कम सक्षम होते हैं। वे कई बार विवाह करते हैं, अपने परिवार के सदस्यों से दूर हो जाते हैं और उन्हें ऑफ़िस में भी सहकर्मियों से संबंध बनाने में समस्याएँ आती हैं। दूसरी तरफ़, जो लोग मित्रतापूर्ण संबंध बनाने का तरीक़ा जानते हैं, वे अपने ऑफ़िस और परिवार में ख़ासे लोकप्रिय होते हैं।

जैक बेनी की मौत के ठीक बाद टी.वी. पर जॉर्ज बर्न्स का इंटरव्यू लिया गया। 'जैक और मेरी अद्‌भुत मित्रता लगभग 55 साल पुरानी है,' बर्न्स ने कहा। 'मेरी परेशानी में उसने कभी मेरा साथ नहीं छोड़ा। उसकी परेशानी में मैं उसे छोड़कर दूर नहीं गया। हम एक साथ हँसे, हम एक साथ खेले, हमने एक साथ काम किया, हमने एक साथ खाया। मेरे ख़्याल से हम एक दूसरे से हर दिन बातें करते थे।'

अगर हमें इन दोनों के बारे में कुछ और मालूम न हो,

तब भी हम यह अनुमान तो लगा ही सकते हैं कि जीवन के दूसरे क्षेत्रों में भी इनके रिश्ते काफ़ी मज़बूत होंगे। क्यों? क्योंकि मित्रता सभी अंतरंग रिश्तों का आधारभूत तत्व है। समाजवैज्ञानिक एन्ड्रयू ग्रीले के अनुसार, अच्छे विवाह के दो मूलभूत तत्व हैं : मित्रता और सेक्स।

अपने माता-पिता और बच्चों के साथ हमारे रिश्तों का क्या आधार होना चाहिये? टाइम-लाइफ़, इंक. के संस्थापक हेनरी ल्यूस ने विश्व चिंतन को जितना प्रभावित किया है, उतना शायद किसी और प्रकाशक ने नहीं किया होगा। उनकी पत्रिकाएँ 200 देशों में 1.3 करोड़ लोगों तक पहुँचती थीं। उन्होंने न सिर्फ़ वित्तीय साम्राज्य स्थापित किया, बल्कि आधुनिक पत्रकारिता में भी क्रांति कर दी।

ल्यूस अक्सर अपने बचपन का प्रसंग बताते थे। वे एक मिशनरी के पुत्र थे और उनका बचपन चीन में गुज़रा था। शाम को वे अपने पिता के साथ लंबी सैर पर जाते थे और उनके पिता उनसे इस तरह बात करते थे, जैसे उनका बेटा भी वयस्क हो। स्कूल चलाने की समस्याओं से लेकर अपने दिमाग़ में घुमड़ रहे दार्शनिक सवालों तक हर विचार वे अपने पुत्र को बताते थे। ल्यूस कहते हैं, 'वे मुझसे इस तरह व्यवहार करते थे, जैसे मैं उनकी बराबरी का हूँ।' मित्रता के कारण उनका बंधन मज़बूत था और पिता-पुत्र दोनों को ही इस रिश्ते से भावनात्मक पोषण मिला।

महिलाओं के ज़्यादा मित्र क्यों होते हैं

'क्या आप किसी के क़रीब हैं?' मैंने पूछा। 'क्या कोई ऐसा व्यक्ति है, जिसे आप अपनी हर बता कह सकती हैं?' वह मेरी नयी मरीज़ थी, जो तलाक़ के सदमे से उबर रही थी और मैं यह पता लगाना चाहता था कि क्या उसे

साइकोथैरेपी की ज़रूरत है।

'अरे हाँ,' उसने उत्साह से जवाब दिया। 'उनके बिना तो मैं इस मुश्किल से जूझ ही नहीं पाती। दरअसल वे मुझसे उम्र में 26 साल बड़ी हैं, लेकिन हम दोनों एक दूसरे को अपने सारे रहस्य बता देती हैं। हमारी दोस्ती ज़िंदगी भर की है।'

वह महिला ख़ुशक़िस्मत है और एक घंटे बाद हम दोनों ही इस नतीजे पर पहुँचे कि जब तक उसके पास इतनी वफ़ादार सहेली है, तब तक उसे डरने की कोई ज़रूरत नहीं है।

पुरुषों में इस तरह की मित्रताएँ दुर्लभ क्यों होती हैं? सामाजिक परंपराओं के कारण। हमारे समाज में हाथ मिलाने के अलावा पुरुषों के बीच किसी तरह के शारीरिक स्पर्श को पसंद नहीं किया जाता। डिक और पॉला मैक्डॉनल्ड इस बात को स्पष्ट करते हैं :

> ज़्यादातर पुरुषों को अंतरंगता की कला का ज़्यादा अभ्यास नहीं होता, न ही उनके कोई रोल मॉडल होते हैं। स्कूल जाने वाली बच्चियाँ एक दूसरे का हाथ पकड़कर जा सकती हैं, स्केटिंग करते वक़्त एक दूसरे को सहारा दे सकती हैं, गले लगकर रो सकती हैं, और एक दूसरे से कह सकती हैं, 'तुम मेरी सबसे अच्छी दोस्त हो। मुझे तुम्हारी ज़रूरत है। मैं तुमसे प्यार करती हूँ।' परंतु छोटे लड़के ऐसा करने या कहने की हिम्मत नहीं कर सकते। उनके संबंधों के बीच समलैंगिकता का राक्षस हमेशा मौजूद रहता है। इसके अलावा, शारीरिक स्पर्श को दरअसल लड़कीछाप व्यवहार समझा जाता है। चूँकि हर छोटा लड़का लड़कीछाप छवि से डरता है, इसलिये वह अपने दोस्तों

के साथ शारीरिक स्पर्श से बचता है, बड़े हो जाने के बाद भी।

न सिर्फ़ दोस्तों के साथ वह ऐसा व्यवहार करता है, बल्कि अपनी ज़िंदगी में आने वाली महिलाओं के साथ भी वह ऐसा ही व्यवहार करता है।

अमेरिका के अग्रणी मनोवैज्ञानिकों और मनोविश्लेषकों से पूछा गया कि कितने पुरुषों के सच्चे मित्र होते होंगे। जवाब था 'ज़्यादा नहीं,' या 'बहुत कम।' ज़्यादातर का अनुमान था, लगभग 10 प्रतिशत। सैन फ्रांसिस्को में ह्यूमनिस्टिक साइकोलॉजी इंस्टीट्यूट के प्रोफ़ेसर रिचर्ड फ़ारसन का कहना है, 'अमेरिका के लाखों-करोड़ों लोगों ने अपनी पूरी ज़िंदगी में कभी एक मिनट भी ऐसा नहीं पाया, जब वे अपनी सबसे अंतरंग और गहरी भावनाएँ किसी दूसरे व्यक्ति को खुलकर बतायें।'

चूँकि बहुत कम पुरुष किसी रिश्ते में खुल पाते हैं या अंतरंग हो पाते हैं, इसलिये वे कभी यह जान ही नहीं पाते कि उनके भावनात्मक जीवन में कितनी बड़ी कमी है, कितना बड़ा ख़ालीपन है। संक्षेप में, उन्हें पता ही नहीं होता कि उनके पास किस चीज़ की कमी है।

हाल ही के एक अध्ययन में ब्रिटिश समाजवैज्ञानिक मैरियन क्रॉफ़ोर्ड ने पाया कि अधेड़ पुरुषों और महिलाओं की मित्रता की परिभाषाएँ अलग-अलग होती हैं। महिलाएँ विश्वास और वफ़ादारी की बात करती हैं, जबकि पुरुषों की नज़र में दोस्त की परिभाषा अलग होती है, 'जिसके साथ मैं बाहर जाता हूँ' या 'जिसके साथ रहना मुझे अच्छा लगता है।' ज़्यादातर मामलों में पुरुषों की मित्रताएँ गतिविधियों पर केंद्रित होती हैं, जबकि महिलाओं की मित्रता भावनाएँ बाँटने

पर केंद्रित होती हैं। कोई पुरुष उस व्यक्ति को 'अपना बहुत अच्छा दोस्त' कह सकता है जो कभी-कभार उसका टेनिस पार्टनर हो या जिससे वह अभी पाँच मिनट पहले ही मिला हो। लेकिन क्या वे मित्र हैं? बिलकुल नहीं।

जैसा पॉला मैक्डॉनल्ड स्पष्ट करती हैं, युवतियाँ इस बारे में कुछ समय पहले ही जागरूक हुई हैं। 'मुझे लगता है, आज ज़्यादातर युवतियाँ संवेदनशील पुरुष की तलाश करती हैं,' लिन शेरमन कहती हैं, 'और इस बात से उन्हें कोई ख़ास फ़र्क़ नहीं पड़ता है कि वह पलंग को एक हाथ से उठा सकता है या दोनों हाथों से। मुझे लगता है कि ज़्यादातर युवतियाँ आज पति के रूप में मित्र की तलाश कर रही हैं।'

अंतर्मुखी होने में कोई बुराई नहीं है

जब मैं आपसे मित्रता करने के लिये कहता हूँ, तो मैं यह नहीं कहना चाहता कि आप बहिर्मुखी बनें। कई लोग समझते हैं कि उनका मूलभूत संकोच ही उनकी समस्या है।

एक शाम एक न्यूरोसर्जन और मैं ऊपर की मंज़िल पर बनी खिड़की के पास चुपचाप खड़े थे और नीचे शहर की रोशनियों को देख रहे थे। अपनी समस्या बताना उसके लिये आसान नहीं था। उसने जिस तरह से कॉफ़ी पी थी और जिस तरह की भूमिका बनायी थी, उससे यह ज़ाहिर हो चुका था कि वह घबरा रहा था। उसने शाम को मीटिंग इसलिये तय की थी, ताकि उसका कोई डॉक्टर मित्र उसे परामर्श लेते हुए देख न ले।

आख़िरकार उसने गहरी साँस ली, जैसे ठंडे स्विमिंग पूल में छलाँग लगाने वाला हो और बोला : 'मुझे लगता है कि मैं यहाँ इसलिये आया हूँ, क्योंकि मैंने अपने सारे रिश्ते बिगाड़ लिये हैं। सालों तक मैं अपने प्रोफ़ेशन में शिखर पर

पहुँचने की कोशिश करता रहा और यह सोचता रहा कि मेरे शिखर पर पहुँचने के बाद लोग मेरा सम्मान करने लगेंगे और मेरे आस-पास रहना चाहेंगे। लेकिन ऐसा नहीं हुआ।'

उसने अपने कप को और ज़्यादा मज़बूती से पकड़ लिया, जैसे वह अपनी निराशा को देहभाषा के माध्यम से व्यक्त करना चाहता हो।

उसने कहा, 'शायद अस्पताल में कुछ लोग मेरा सम्मान करते हैं, लेकिन सच तो यह है कि मैं किसी के भी क़रीब नहीं हूँ। मैं किसी का सहारा नहीं ले सकता। और मुझे नहीं लगता कि आप भी मेरी कोई मदद कर सकते हैं – मैं सारी ज़िंदगी संकोची और रिज़र्व्ड रहा हूँ। ऐसा लगता है, जैसे मेरी पर्सनेलिटी की ओवरहॉलिंग की ज़रूरत है!'

अगर मैं इस आदमी से तब मिला होता, जब मैंने बीस साल पहले अपनी काउंसलिंग शुरू की थी, तो मैं यक़ीनन उसकी ओवरहॉलिंग करने लगता। परंतु लोगों को लंबे समय तक देखने के बाद मैंने यह पाया है कि इंसान का व्यक्तित्व बहुत जटिल होता है और मैं इसकी जटिलता से हैरान भी हूँ और अभिभूत भी। और इसी वजह से मुझमें किसी को भी बदलने की कोई ख़ास इच्छा बाक़ी नहीं रह गयी है।

मनोवैज्ञानिक सुधारक होने का एक ख़तरा यह है कि आप अपने सभी मरीज़ों को अपने जैसा बनाने की कोशिश करते हैं। परंतु ईश्वर ने हम सबको अलग-अलग बनाया है, हम सब उसकी अद्‌भुत कृति हैं और मानवीय आत्मा में बहुत से सौंदर्य तथा रहस्य छुपे हुए हैं। अच्छे मनोविश्लेषक एक तरह से खगोलशास्त्रियों की तरह होते हैं, जो जीवन भर सितारों का अध्ययन करते हैं, और यह तय करने की कोशिश करते हैं कि सितारों का यह तंत्र किस तरह काम करता है या ब्लैक होल का अस्तित्व क्यों होता है। और

अपने अध्ययन के अंत में वे इस अद्‌भुत तंत्र के प्रति और भी श्रद्धा से भर जाते हैं।

हालाँकि मैं अपने मरीज़ों को कभी पूरी तरह से नहीं समझ सकता, लेकिन मेरा लक्ष्य होता है आत्मविश्लेषण के समय उनके क़रीब बैठना और आत्म-अन्वेषण के समय उन्हें भावनात्मक सहारा देना। हम दोनों मिलकर उसके व्यक्तित्व की संरचना और बारीकियों को देखते हैं और उन्हें समझने की कोशिश करते हैं। मैं कभी भी व्यक्तित्व की संरचना को पूरी तरह बदलने की धृष्टता नहीं करूँगा, क्योंकि यह तो वैसी ही बात हो गई, जैसे कोई खगोलशास्त्री पूरे सौर तंत्र को दोबारा बनाने की कोशिश करे। अगर मैं यह समझने में अपने मरीज़ों की मदद कर सकूँ कि ईश्वर ने उन्हें कैसा बनाया है और उन्हें उसी अनुरूप जीना सिखा सकूँ, तो मेरे हिसाब से इतना ही काफ़ी है।

इसलिये मैंने अपने संकोची मित्र से कहा कि उसे बहिर्मुखी बनाने की मेरी कोई इच्छा नहीं है, जो हर किसी की पीठ ठोंके। मैंने उसे यह भी बताया कि उसकी परेशानी का कारण उसका शांत व्यक्तित्व नहीं है। उसकी परेशानी का कारण तो यह है कि वह दूसरों के साथ ठीक तरह से संबंध बना या निभा नहीं पा रहा है। जब उसने अपनी बुरी आदतें छोड़ दीं और अच्छे संबंध बनाने की कला सीख ली, तो उसकी ज़िंदगी ही बदल गयी। उसने पाया कि वह अपने मरीज़ों के साथ ज़्यादा खुलकर बातचीत करने लगा था और दूसरे डॉक्टर भी अब उससे खुलकर बोलने लगे थे।

आज भी वह अंतर्मुखी है। लेकिन आज उसके तीन-चार बहुत अच्छे मित्र हैं और जब मैं उससे आख़िरी बार मिला था, तो वह मुझे जीवन से बहुत संतुष्ट नज़र आया था।

यह ज़रूरी नहीं है कि आप पार्टी की जान हों। अगर

आप नहीं भी हैं, तो भी इससे आपके प्रेम करने या पाने की क्षमता कम नहीं हो जाती। वास्तव में, जैसा हम बाद में देखेंगे, अच्छे संबंध बनाने में ऐसे लोग उस आदमी की तुलना में ज़्यादा सफल होते हैं, जो सारी शाम सबको हँसाता रहता है।

मेरे शहर में एक अनजान सा नर्सरीमैन हाल में चल बसा। उसका नाम हूबर्ट बेल्स था और वह बहुत शर्मीला था। बातें करते समय वह झेंपता था, तेज़ी से पलकें मिचमिचाता था और उसके होठों पर घबरायी सी मुस्कान रहती थी।

हूबर्ट कभी भी महत्वपूर्ण लोगों के साथ नहीं उठा-बैठा। वह अपने पिता के छोड़े हुए बगीचे में अपने हाथों से मेहनत करके पेड़-पौधे उगाता था। उसे किसी तरह बहिर्मुखी नहीं कहा जा सकता था।

मगर जब हूबर्ट की मौत हुई, तो उसकी शवयात्रा में शामिल लोगों की क़तार बहुत लंबी थी। इससे पहले उस छोटे से क़स्बे में किसी की इतनी लंबी शवयात्रा नहीं निकली थी। उसे विदा करने के लिये इतने सारे लोग जमा हो गए कि चर्च की बालकनी तक भर गई।

इस शर्मीले आदमी ने इतने सारे लोगों का दिल कैसे जीता ? कारण स्पष्ट है। संकोची और शर्मीला होने के बावजूद हूबर्ट जानता था कि दोस्त कैसे बनाये जाते हैं। दूसरों का ख़्याल रखने के सिद्धांत को उसने अपनी ज़िंदगी में उतार लिया था और 60 साल से भी ज़्यादा समय तक उसने लोगों को सबसे ऊपर रखा था। शायद लोग जानते थे कि संकोची स्वभाव के कारण उसे मित्रता करने के लिये अतिरिक्त कोशिश करनी पड़ती है, इसलिये वे उसके प्रति ज़्यादा उदार हो गए और उससे ज़्यादा प्रेम करने लगे। सैकड़ों-हज़ारों लोग उसके प्रति अपने प्रेम का प्रदर्शन करने के लिये उसकी शवयात्रा में शामिल हुए।

मित्रता : एक बहुमूल्य धरोहर

ईसा मसीह ने संबंधों को बहुत महत्व दिया था। उन्होंने भीड़ को संबोधित करने के बजाय गिने-चुने ख़ास लोगों के साथ आत्मीय संबंध बनाने में ज़्यादा समय लगाया। यही नहीं, उन्होंने अपने संदेशों में इस तरह के व्यावहारिक सुझाव दिये हैं कि लोगों से मित्रता कैसे की जाये और मित्रता को प्रगाढ़ कैसे बनाया जाये। यह विषय उनके लिये इतना महत्वपूर्ण था कि उन्होंने बोलते समय इसे रेखांकित किया था, 'मैं आज तुम लोगों को नयी कमांडमेंट देता हूँ। एक दूसरे से प्रेम करो; जिस तरह मैं तुमसे प्रेम करता हूँ, उसी तरह तुम भी एक दूसरे से प्रेम करो। अगर तुम एक दूसरे से प्रेम करोगे, तो इसी से सब लोग समझ जाएँगे कि तुम मेरे शिष्य हो' *(जॉन, 13:34-35)*।

ये शब्द लगभग 2000 साल पुराने हैं, परंतु आधुनिक युग में उनके महत्व का पता हाल ही में हुए एक अध्ययन में चला। अपनी पुस्तक *द ब्रोकन हार्ट* में डॉ. जेम्स जे. लिंच बताते हैं कि एकाकी लोग आम लोगों की तुलना में काफ़ी कम समय तक ज़िंदा रह पाते हैं। लिंच मनोदैहिक रोगों के विशेषज्ञ हैं और उन्होंने आँकड़ों द्वारा यह साबित किया है कि अकेलेपन के कितने बुरे प्रभाव पड़ते हैं और मानवीय संबंधों में कितनी जादुई शक्ति होती है।

आर्थिक पहलू से देखने पर भी मित्रता हमारी सबसे बहुमूल्य धरोहर है। कारनेगी इंस्टीट्यूट ऑफ़ टेक्नोलॉजी में हुए अध्ययन से यह निष्कर्ष निकला कि इंजीनियरिंग जैसे क्षेत्रों में भी किसी की आर्थिक सफलता का उसके तकनीकी ज्ञान से सिर्फ़ 15 प्रतिशत संबंध होता है, जबकि 85 प्रतिशत संबंध उसके मानवीय गुणों या व्यक्तित्व से होता है— कि वह किस तरह लोगों का नेतृत्व कर सकता है या उन्हें साथ

लेकर चल सकता है।

डॉ. विलियम मैनिंजर ने पाया कि कंपनियों में नौकरी से निकाले गए लोगों में से 60 से 80 प्रतिशत लोगों को सामाजिक अयोग्यता के कारण निकाला गया, जबकि सिर्फ़ 20 से 40 प्रतिशत लोगों को उनकी तकनीकी अयोग्यता के कारण निकाला गया।

संबंध बनाने की पुरानी असफलताओं को दोहराने की ज़रूरत नहीं है

जब एक संगीतकार का समूह उसे छोड़कर चला गया, तो उसने कहा, 'मैंने बार-बार कोशिश की है, और मुझे लगता है कि अब मुझे इस बात को मान लेना चाहिये– कि मैं कभी लोगों के साथ मधुर संबंध नहीं बना सकता। मैं ज़िंदगी भर अकेला ही रहने के लिये अभिशप्त हूँ।'

वह हमारे ऑफ़िस में इसलिये आया था, ताकि हम उसे डिप्रेशन की कुछ दवाएँ दे दें। उसे गोलियाँ तो नहीं मिलीं, अलबत्ता उसे लोगों के साथ संबंध सुधारने की सलाह ज़रूर मिल गयी, जिसकी बदौलत उसका डिप्रेशन वक़्त के साथ अपने आप चला गया। मैंने और मेरे सहयोगियों ने उससे कहा कि वह पिछली बातें भूल जाये और मित्रता की कला सीखने पर अपना पूरा ध्यान केंद्रित कर ले। हमने उससे कहा कि वह अपनी असफलताओं का विश्लेषण सिर्फ़ मनोचिकित्सा के दौरान ही करे। इसके बाद जब भी लोगों ने उसे अस्वीकार किया, तो वह गिरकर फिर उठ खड़ा हुआ, उसने अपनी ग़लती से सबक़ सीखा और एक बार फिर से प्रेम के सहारे वह लोगों से संबंध बनाने की कोशिश करने लगा। यह उसके लिये आसान नहीं था, मगर धीरे-धीरे वह लोगों के क़रीब पहुँचने में कामयाब हो गया।

उस संगीतकार की हाल ही में शादी हुई थी। दुल्हन की आँखों की चमक बता रही थी कि उस संगीतकार ने प्रेम करने की कला बहुत अच्छी तरह से सीख ली थी। उसकी पुरानी असफलताओं ने उसे भावनात्मक रूप से आजीवन विकलांग नहीं बनाया था।

लिंकन अपने शुरुआती वर्षों में ख़ुद को काफ़ी अलोकप्रिय समझते थे। 1837 में मैरी ऑवेन्स के सामने विवाह का प्रस्ताव रखते समय उन्होंने यह दुःखद शब्द भी जोड़ दिये, 'मेरी सलाह है कि तुम मुझसे शादी न ही करो, तो अच्छा होगा।' और जब मिस ऑवेन्स ने उन्हें ठुकरा दिया, तो लिंकन ने एक मित्र को लिखा, 'अब मैं इस नतीजे पर पहुँचा हूँ कि मैं कभी शादी करने के बारे में सोचूँगा तक नहीं और उसका कारण सिर्फ़ इतना सा है– मैं कभी किसी ऐसी महिला के साथ संतुष्ट नहीं रह पाऊँगा, जो मुझसे शादी करने की मूर्खता करे।'

परंतु यही आदमी बाद में लोगों के साथ संबंध बनाने की कला में पारंगत हो गया। लिंकन की मौत के वक़्त युद्ध मंत्री स्टैंटन – जो कभी उनके शत्रु थे– ने कहा था, 'अब वे अमर हो गए हैं।'

अगर हमें और भी प्रमाण चाहिये कि हम असफलता के बावजूद प्रेम करना और पाना कैसे सीख सकते हैं, तो हमें बेंजामिन फ्रैंकलिन के जीवन को देखना चाहिये। जब वे फ्रांस में राजदूत थे, तो उनकी लोकप्रियता आसमान छू रही थी। परंतु क्या फ्रैंकलिन हमेशा इतने लोकप्रिय थे ? बिलकुल नहीं। अपनी आत्मकथा में उन्होंने ख़ुद को बहुत सी ग़लतियाँ करने वाला युवक कहा है, जो न तो दिलचस्प था, न ही तहज़ीब वाला था। एक दिन फ़िलाडेल्फ़िया में उनके एक पुराने क्वेकर मित्र ने फ्रैंकलिन को अकेले में ले जाकर उनसे ये चुभते हुए

शब्द कहे : 'बेन, तुम्हारा कुछ नहीं हो सकता। जो तुमसे सहमत नहीं होता है, तुम्हारे शब्द उसे थप्पड़ की तरह लगते हैं। तुम्हारे विचार इतने प्रबल होते हैं कि कोई उनकी परवाह नहीं करता है। तुम्हारे दोस्तों को लगता है कि जब तुम आस-पास नहीं होते हो, तो वे ज़्यादा ख़ुश रहते हैं।'

फ्रैंकलिन इतने समझदार थे कि उन्होंने इस चुभती हुई आलोचना में छिपी सच्चाई को समझ लिया और स्वीकार किया। वे इतने समझदार थे कि यह समझ गए कि जिस रास्ते पर वे चल रहे थे, वह उन्हें असफलता और अलोकप्रियता की मंज़िल तक ले जा रहा है। इसलिये उन्होंने ख़ुद को सुधारा, मित्रता के सिद्धांत सीखे और अपने आपको पूरी तरह बदल लिया।

किसी को अकेले रहने की ज़रूरत नहीं है

अब्राहम लिंकन और बेंजामिन फ्रैंकलिन की तरह ही आप भी मित्रता के सिद्धांत सीख सकते हैं। हर अध्याय में एक आसान नियम दिया गया है, जिससे आप अपने संबंध सुधार सकते हैं। ये सिद्धांत मेरी खोज नहीं हैं। ये तो मेरे मरीज़ों के अनुभवों का निचोड़ हैं, जो आज मेरे दोस्त बन चुके हैं। ये सिद्धांत दार्शनिकों और मनोवैज्ञानिकों की पुस्तकों का निचोड़ भी हैं, जिनमें सुकरात से डॉ. जॉयस ब्रदर्स तक सभी शामिल हैं। यही नहीं, मैंने इतिहास की पुस्तकों को छान मारा है और सैकड़ों जीवनियाँ पढ़ी हैं, ताकि यह पता लगा सकूँ कि महान ऐतिहासिक मित्रताएँ और प्रेम प्रसंग किस तरह बनते और सफल होते हैं।

अगर आप इन तकनीकों का पूरी लगन से पालन करेंगे और ख़ुद को सुधारने का लक्ष्य बनायेंगे, तो आप भी अंतरंगता के विशेषज्ञ बन सकते हैं, क्योंकि आप इन गुणों

को उसी तरह सीख सकते हैं, जिस तरह पियानो बजाना या कंप्यूटर प्रोग्रामिंग सीखते हैं।

मैं यह नहीं कह रहा हूँ कि इन सिद्धांतों को सीखना आसान है। संबंध या रिश्ता बनाना बेहद जटिल काम है। लेकिन इन सिद्धांतों को सीखा जा सकता है और आपको इन्हें सीखना चाहिये, क्योंकि मित्रता का विशेषज्ञ बनने के बाद आपकी ज़िंदगी सुखद और सफल बन सकती है।

खण्ड - 1

अपने संबंधों को प्रगाढ़ बनाने के पाँच तरीक़े

अध्याय 2

कुछ लोगों के पास दोस्तों की कमी क्यों नहीं होती

प्यार को सीखना चाहिये,
बार-बार सीखना चाहिये।
इसका कोई अंत नहीं है।
नफ़रत सीखने की कोई ज़रूरत नहीं है,
वो तो अपने आप हो जाती है।

—कैथरीन एन पोर्टर

वह दुनिया का सबसे बड़ा अजूबा था - वह ख़ुद को इतना छिपाकर रखता था, सबसे इतनी दूर रहता था, इतना रहस्मय था कि पंद्रह साल से भी ज़्यादा समय तक कोई भी यक़ीन से यह नहीं कह सकता था कि वह जीवित है। ज़ाहिर है, ऐसे में उसके व्यक्तित्व या व्यवहार के बारे में कुछ कहना तो संभव ही नहीं था।

हॉवर्ड ह्यूज़ दुनिया के सबसे अमीर लोगों में से एक था। उसके हाथ में हज़ारों लोगों की तक़दीर की डोर थी-

शायद उसके इशारे पर कई सरकारें भी चलती थीं, मगर उसकी ज़िंदगी में सुख नाम की चीज़ नहीं थी। वह लगभग आधा पागल था। अपने जीवन के अंतिम वर्षों में वह एक होटल से दूसरे होटल भागता रहा – लास वेगास, निकारागुआ, अकापुल्को – और उसका शारीरिक हुलिया भी अजीबोग़रीब होता गया। उसकी दाढ़ी उसके पेट तक पहुँच गयी और उसके बाल कमर तक। उसके नाख़ून दो इंच लंबे थे। उसके पैर के नाख़ून कभी नहीं कटे थे और इतने बढ़ चुके थे कि स्क्रू ड्राइवर जैसे दिखते थे।

13 साल तक जीन पीटर्स ह्यूज़ की पत्नी थी। जीन दुनिया की सबसे ख़ूबसूरत औरतों में से एक थी। परंतु इन 13 सालों में वे सार्वजनिक स्थानों पर कभी एक साथ नहीं देखे गये। न ही उनका एक साथ कोई फ़ोटो खींचा गया। कुछ समय तक दोनों बीवर्ले हिल्स होटल के अलग-अलग बंगलों में (175 डॉलर प्रति दिन प्रति व्यक्ति) रहे, और बाद में जीन बेल एयर में एक शानदार, लेकिन पहरेदारों से सुरक्षित फ्रेंच रीजेन्सी हाउस में रही। ह्यूज़ से मिलने के लिये वह गोपनीय यात्राएँ करके लास वेगास पहुँचती थी।

1970 में उन दोनों का तलाक़ हुआ।

'जहाँ तक मैं जानता हूँ,' ह्यूज़ के एक विश्वासपात्र व्यक्ति ने एक बार कहा था, 'उसने कभी किसी औरत से प्रेम ही नहीं किया। या तो उसे सेक्स की ज़रूरत होती थी, या फिर अच्छी सेक्रेटरी की, या फिर अच्छे बॉक्स ऑफ़िस की – उसके लिये औरत का मतलब सिर्फ़ यही था।' ह्यूज़ अक्सर कहा करता था, 'हर इंसान की कोई न कोई क़ीमत होती है, वरना मेरे जैसा आदमी आज ज़िंदा नहीं होता।' लेकिन उसकी सारी दौलत भी उसे सहयोगियों का प्यार और सम्मान नहीं दिलवा सकी। उसके ज़्यादातर कर्मचारियों ने

जब भी अपना मुँह खोला, तो यही कहा कि वे उससे नफ़रत करते थे।

ह्यूज़ इतना अकेला क्यों था? उसके पास बेशुमार दौलत थी, सैकड़ों कर्मचारी थे, अनगिनत ख़ूबसूरत औरतें थीं, फिर भी उसे प्रेम क्यों नहीं मिल पाया?

क्योंकि उसने यही विकल्प चुना था।

पुरानी कहावत है कि ईश्वर ने हमें वस्तुएँ इसलिये दी हैं, ताकि हम उनका इस्तेमाल करें और लोग इसलिये दिये हैं, ताकि हम उनके साथ आनंद उठा सकें। ह्यूज़ लोगों के साथ आनंद उठाना कभी नहीं सीख पाया। उसकी रुचि सिर्फ़ मशीन, टैक्नोलॉजी, हवाई जहाज़ और धन में थी – और यह रुचि इतनी प्रबल थी कि इंसानी रिश्ते के लिये जगह ही नहीं बची थी।

प्रेम पहले नंबर पर होना चाहिये

मैंने गहराई से प्रेम करने वाले लोगों में एक समानता देखी है। वे सभी लोगों को आनंद का स्रोत मानते हैं। उनके लिये उनके साथी महत्वपूर्ण होते हैं और चाहे वे कितने ही व्यस्त हों, वे अपने चाहने वालों के लिये समय निकाल ही लेते हैं, लोगों के साथ प्रगाढ़ संबंध बनाने के लिये फ़ुरसत निकाल ही लेते हैं।

दूसरी तरफ़, एकाकी लोगों के साथ हुई चर्चा में मैंने यह पाया है कि हालाँकि वे क़रीबी दोस्तों की कमी का रोना रोते हैं, लेकिन वे कभी दोस्त बनाने की सच्ची कोशिश करते ही नहीं हैं। हॉवर्ड ह्यूज़ की तरह वे पैसा कमाने, डिग्री हासिल करने, स्टाम्प कलेक्शन बढ़ाने में इतने व्यस्त रहते हैं कि उनके पास प्रेम करने या उसे प्रगाढ़ बनाने का समय ही नहीं होता है।

इमर्सन ने कहा था, 'हम अपनी सेहत का ध्यान रखते

हैं, हम पैसा इकट्ठा करते हैं, हम अपने कमरों को बंद रखते हैं, हम पर्याप्त कपड़े पहनते हैं, परंतु वही आदमी समझदार है जो सबसे अच्छी संपत्ति में निवेश करता है- मित्रों में।'

तो अपनी मित्रता को प्रगाढ़ बनाने के लिये पहला नियम है :

अपने संबंधों को सबसे ऊपर रखें।

प्रेम करना और खोना

मुझसे कई बार पूछा गया है, 'डॉ. मैक्गिनिस, क्या आपको प्रेम सचमुच इतना महत्वपूर्ण लगता है?' अक्सर यह सवाल तलाक़शुदा व्यक्ति पूछता है। उसके मन में यह डर होता है कि दुबारा प्रेम करने का मतलब है दुबारा दिल को चोट पहुँचाना। जब लोग-बाग इतनी तेज़ी से अपने काम-धंधे के सिलसिले में एक शहर से दूसरे शहर आ-जा रहे हैं, तो कई लोग क़रीबी दोस्ती करने से कतराते हैं। दर्जनों ट्रांसफ़र होने के बाद एक एक्ज़ीक्यूटिव ने मुझसे कहा, 'मैंने पाया है कि गुडबाई कहने के दर्द से बचने का एक ही तरीक़ा है और वह है हलो न कहना।'

इस तरह के लोग शायद कभी गहरे प्रेम को जान ही नहीं पाते हैं, क्योंकि जिसने भी अंतरंगता का अनुभव किया है और इसके बारे में विचार किया है, वह उन कवियों के साथ सहमत होगा, जो सदियों से कई तरीक़ों से कह रहे हैं कि प्यार हमेशा करना चाहिये, चाहे उसका अंजाम जो भी हो। अपने दोस्त ए. एच. हल्लाम की मृत्यु पर टेनीसन ने कहा था, 'कभी प्यार न करने से बेहतर है प्यार करना और खो देना।'

मैंने उन रिश्तों का दुःख झेला है, जो बीच में ही टूट गये। कई मामलों में असफलता बहुत बड़ी थी और मुझे

काफ़ी भावनात्मक दर्द झेलना पड़ा। मगर प्यार की अवधि चाहे कितनी ही कम क्यों न हो, चाहे इसका अंत कितना ही दुःखद क्यों न हो, मैं उस व्यक्ति के साथ रिश्ते को लेकर कृतज्ञ ही रहा हूँ।

अगर संबंध सिर्फ़ इसलिये टूटता है, क्योंकि मेरा दोस्त कहीं दूर चला गया है, तो मुझे यह तसल्ली रहती है कि दूर कहीं मेरा एक मित्र है, जो मुझे जानता है और जिसे मेरी परवाह है।

मेरी माँ और पिता टेक्सास में रहते हैं, मैं कैलिफ़ोर्निया में रहता हूँ और हमारे रास्ते शायद ही कभी एक दूसरे से टकराते हों। घर पर रहने की तुलना में घर से दूर रहते हुए मुझे ज़्यादा समय हो चुका है। परंतु शायद ही कोई दिन ऐसा गुज़रता है, जब मेरे मन में उनका विचार न आता हो। जब मैं छोटा था, तो उन्होंने मेरे जीवन को प्रेम से भर दिया था, और वे अब भी इस बात में रुचि लेते हैं कि मैं क्या करता हूँ, मैं क्या सोचता हूँ और मेरी भावनाएँ क्या हैं। यही वजह है कि जब मैं उनके बारे में सोचता हूँ, तो मेरे मन में अच्छी भावनाएँ आ जाती हैं – मुझे शांति मिलती है और सुखद एहसास होता है, सिर्फ़ इसलिये क्योंकि हम एक दूसरे से प्रेम करते हैं।

हेलन केलर ने एक बार कहा था, 'जब भी मेरा कोई प्रिय मित्र मरता है... तो मेरा एक हिस्सा उसके साथ ही दफ़न हो जाता है... परंतु मेरे सुख, शक्ति और समझ में उनके योगदान के कारण मुझे उनके बिना रहने की शक्ति मिलती है।'

बहुत कम और बहुत ज़्यादा मित्र

डॉ. स्टीफ़न जॉनसन की सलाह है कि आप अपने संबंधों के

बारे में ख़ुद से ये सवाल पूछें :

- क्या आपके पास कम से कम एक व्यक्ति ऐसा है, जिसे आप अपने व्यक्तिगत दुःख के समय बुला सकते हैं?
- क्या आपके कई मित्र हैं, जिनसे आप बिना अपॉइंटमेंट लिए और बिना माफ़ी माँगे मिल सकते हैं?
- क्या आपके कई दोस्त हैं, जिनके साथ आप मनोरंजन की गतिविधियों में हिस्सा ले सकते हैं?
- क्या आपके कई मित्र हैं, जो आपको ज़रूरत पड़ने पर पैसा उधार दे सकते हैं या व्यावहारिक तरीक़ों से आपकी मदद कर सकते हैं?

अगर डॉ. जॉनसन के सवालों के ज़्यादातर जवाब आपने 'नहीं' में दिये हैं, तो शायद आपके सामाजिक जीवन की वजह से आपकी मित्रता पर बुरा असर पड़ रहा है। कई लोग पार्टियों और सामाजिक जीवन की आपाधापी में इतने खो जाते हैं कि उनके लिये किसी से क़रीबी रिश्ता जोड़ना संभव ही नहीं होता है। सच तो यह है कि आप सिर्फ़ कुछ ही लोगों के साथ गहरे संबंध बना सकते हैं। समय की कमी एक बहुत बड़ा बंधन है। गहरी मित्रता को वर्षों तक पालना-पोसना पड़ता है - शाम को इकट्ठे आग तापना, एक साथ दूर तक टहलना, और काफ़ी देर तक बातें करना। इसमें टेलीविज़न बंद करने की ज़रूरत भी होती है, ताकि आप दोनों एक दूसरे से सच्चे अर्थों में बतिया सकें। अगर आपके सामाजिक कैलेंडर में इस तरह के गहरे और अंतरंग रिश्ते के लिये जगह नहीं है, तो आपको किसी न किसी तरह समय निकालना ही चाहिये। बेन जॉनसन ने कहा था, 'सच्चा सुख ढेर सारे दोस्तों में नहीं, बल्कि कुछ चुनिंदा और अच्छे दोस्तों में होता है।'

कई लोगों को काफ़ी बड़े समुदाय में ही उठना-बैठना अच्छा लगता है और मैं यह नहीं कह रहा हूँ कि इसमें कोई ग़लत बात है। मैं सिर्फ़ आपसे अपनी प्राथमिकताएँ तय करने को कह रहा हूँ। अगर आप इतने लोकप्रिय हैं कि आपको हर साल 400 क्रिसमस कार्ड मिलते हैं, तो ठीक है। लेकिन इससे भी ज़्यादा महत्वपूर्ण यह है कि आप कुछ चुनिंदा लोगों के ज़्यादा क़रीब हों।

प्रेम : सुख की राह

जॉर्ज बर्नार्ड शॉ ने एक बार कहा था, 'दुःखी होने का सबसे अचूक तरीक़ा यह है कि आपके पास यह सोचने की फ़ुरसत हो कि आप सुखी हैं या नहीं।' जब हम सुख की खोज करते हैं, तो हमें यह आम तौर पर नहीं मिलता है। अक्सर यह अपने आप मिल जाता है, और यह हमें तब मिलता है जब हम दूसरों को सुख पहुँचाते हैं। ईसा मसीह ने इसे कई बार और कई तरीक़ों से कहा था कि हम ख़ुद को भूलकर ही ख़ुद को पाते हैं।

एक युवा महिला ने बताया कि उसके लिये अंतरंगता का क्या अर्थ था : 'इन दोस्तों के साथ आप दिल से कोशिश करते हैं, और अपने बीच की हर दीवार गिरा देते हैं और सीमाओं को लाँघ जाते हैं। यह बहुत अद्भुत बात होती है - आप घर जाते हैं और जागते रहते हैं, क्योंकि आपके मस्तिष्क और आत्मा के कई द्वार खुल चुके हैं। और जब यह होता है, तो मैं हर चीज़ भूल जाती हूँ। यह शारीरिक नहीं होता है। मैं एक गिलास पानी पीकर बैठी रहती हूँ, और मुझे सिगरेट, शराब, सेक्स या भोजन की ज़रूरत नहीं होती है। यह तो अन्वेषण का अनुभव है। ऐसा लगता है, जैसे आपके भीतर कोई चीज़ बड़ी हो रही है, खुल रही है, फैल रही है। और अगले दिन मैं ज़्यादा ऊर्जावान तथा आशावादी हो जाती

हूँ। बाँटने और लोगों से जुड़ने की कोशिश करना बहुत फ़ायदेमंद साबित होता है। इससे शक्ति, ताक़त और ऊर्जा में वृद्धि होती है।'

हम लोग इतने गहन स्तर पर इतना कम क्यों जुड़ पाते हैं? हमारे जीवन में मित्रता की इतनी कमी क्यों होती है?

इसका सीधा सा कारण यह है : हम इस दिशा में दिल से कोशिश नहीं करते हैं, सच्चा प्रयास नहीं करते हैं। अगर इस दुनिया में हमारे बनाये गये संबंध ही हमारी सबसे अमूल्य धरोहर हैं, तो हमें यह आशा करनी चाहिये कि दुनिया का हर आदमी मित्रता को सबसे पहले नंबर पर रखे। परंतु कई लोग तो इसे अपने लक्ष्यों की सूची में शामिल ही नहीं करते हैं। वे मान लेते हैं कि प्रेम अपने आप हो जाता है या संबंध अपने आप बन जाते हैं।

बहरहाल, जीवन में बहुत कम बहुमूल्य चीज़ें अपने आप होती हैं। जब वे होती हैं, तो इस वजह से होती हैं, क्योंकि हम उनका महत्व जानने के बाद उन्हें हासिल करने की कोशिश करते हैं। अगर आपके मन में बहुत प्रबल इच्छा हो, तो आप दुनिया की कोई भी चीज़ हासिल कर सकते हैं। अगर आपके मन में दस लाख डॉलर कमाने की प्रबल इच्छा है, तो शायद आप ऐसा कर सकते हैं। अगर आपकी प्रबल इच्छा बोस्टन मैराथन में दौड़ना है, तो शायद आप ऐसा कर सकते हैं। और अगर आप प्रेम पाना चाहते हैं, तो आप इसे भी पा सकते हैं। यह सिर्फ़ प्राथमिकता तय करने की बात है। महत्वपूर्ण रिश्ते वही लोग बना पाते हैं, जो उन्हें बनाने के लिये लगातार कोशिश करते हैं।

तो पहला नियम यह है : *अपने संबंधों को सबसे ऊपर रखें।*

अध्याय 3

दिल खोलकर रख देने की कला

प्यार का मतलब यह है कि दो अकेले लोग एक दूसरे को सहारा दें, छुएँ और अभिवादन करें।

—रैनर मारिया रिल्के

गहरी और लंबी दोस्ती करने वाले लोग अंतर्मुखी, बहिर्मुखी, युवा, वृद्ध, अज्ञानी, ज्ञानी, सामान्य, आकर्षक हो सकते हैं; लेकिन उन सभी में एक आम लक्षण देखा जाता है : खुलापन। वे अपना दिल खोलकर रख देते हैं, जिससे सामने वाला जान जाता है कि उनके दिल में क्या है।

तो अपनी मित्रता को प्रगाढ़ बनाने का दूसरा नियम है :

दिल खोलकर रख दें।

जब बेट्टी फ़ोर्ड अमेरिका की प्रथम महिला बनीं, तो जल्दी ही लोगों ने यह जान लिया कि वे कुछ छिपाने में विश्वास नहीं करती हैं। जब पत्रकार उनसे तरह-तरह के

सवाल पूछते थे, तो वे बेझिझक उनके सटीक जवाब देती थीं। एक बार तो एक पत्रकार ने यहाँ तक पूछने की हिम्मत कर ली कि वे अपने पति के साथ कितनी बार सोती हैं। इस पर उनका जवाब था, 'ज़्यादा से ज़्यादा बार।' इसके अलावा, वे यह भी नहीं छिपाती थीं कि पहले उन्हें नर्वस ब्रेकडाउन हुआ या और शराब तथा मादक द्रव्य की समस्या से भी जूझना पड़ा था।

मिसेज़ फ़ोर्ड जैसे खुले विचारों वाले लोग यक़ीनन बहुत से मित्र बनाने में सफल होंगे। मैं यह नहीं कह रहा हूँ कि इस तरह के खुलेपन से शत-प्रतिशत लोकप्रियता हासिल हो सकती है- बहुत से लोग मिसेज़ फ़ोर्ड को उनके विचारों के कारण नापसंद भी करते थे। परंतु अगर आप अपने दिल की बात कह देते हैं, तो ऐसे लोग होंगे जो आपसे अपने आप प्यार करने लगेंगे।

तेईसवें पोप जॉन जहाँ भी गए, लोगों ने उन्हें पसंद किया। इसका एक कारण यह भी था कि उनमें दिखावा नहीं था। वे ग़रीब परिवार के थे और मोटे थे – उन्होंने हक़ीक़त से ज़्यादा का दिखावा कभी नहीं किया। पोप बनने के बाद वे रोम की एक जेल में भ्रमण करने गए। क़ैदियों को आशीर्वाद देते समय उन्होंने कहा कि आख़िरी बार वे जेल में तब गए थे, जब उनका कज़िन वहाँ क़ैद था!

यह वह आदमी था, जिसे करोड़ों लोग धरती पर ईसा मसीह का प्रतिनिधि मानते थे, परंतु वह जानता था कि लोगों का दुःख-सुख कैसे बाँटा जाता है। जैसा कॉनरेड बार्स का कहना था, 'पोप के चेहरे पर कोई मुखौटा नहीं था।'

अपनी पुस्तक *द ट्रांसपेरेंट सेल्फ़* में मनोवैज्ञानिक सिडनी जूरार्ड आत्म-अभिव्यक्ति के विषय पर महत्वपूर्ण शोध के निष्कर्ष बताते हैं। उनके अनुसार इंसान के व्यक्तित्व की

मूलभूत प्रवृत्ति यह होती है कि वह दिल खोलकर बात करना चाहता है। परंतु जब इस प्रवृत्ति पर बंधन लगा दिया जाता है और हम अपने आपको दूसरों के सामने प्रकट नहीं करते, तो हम भावनात्मक मुश्किलों में पड़ जाते हैं।

डॉ. जूरार्ड के मन में यह विचार तब आया, जब उन्होंने अपने बहुत से मरीज़ों के मुँह से यह सुना, 'आप पहले इंसान हैं, जिससे मैंने पूरी ईमानदारी से बात की है।'

जूरार्ड लिखते हैं, 'मैंने सोचा, कहीं उनके छिपाने का संबंध उनकी बीमारी से तो नहीं है। वे अपने आपको अपनी पत्नी, अपने परिवार, अपने मित्रों से छिपाते हैं, कहीं इसी कारण तो उन्हें मनोचिकित्सक के पास आने की ज़रूरत नहीं पड़ गयी।' उनका निष्कर्ष यह था कि जो लोग आदतन छिपाते हैं, धोखा देते हैं, मुखौटा लगाये रहते हैं, उनके व्यक्तित्व का विघटन हो जाता है। दूसरी तरफ़, ईमानदारी तो जैसे हेल्थ इंश्योरेंस पॉलिसी है, जिससे मानसिक बीमारी और यहाँ तक कि कई शारीरिक बीमारियाँ भी दूर हो जाती हैं।

ईमानदारी से स्वास्थ्य का कितना संबंध है, इस बारे में डॉ. जूरार्ड की अवधारणा कितनी सच है, यह तो हम नहीं जानते, लेकिन इस बारे में कोई संदेह नहीं है कि ईमानदारी से दोस्ती मज़बूत होती है। हम ऐसे लोगों को पसंद करते हैं, जो हमारे सामने अपना दिल खोलकर रख देते हैं।

मुखौटे

फिर ऐसा क्यों होता है कि हम लोग अक्सर अपने चेहरे पर मुखौटे लगा लेते हैं? हम ईमानदारी से ख़ुद को प्रकट करने और मुखौटे लगाकर ख़ुद की रक्षा करने की दो प्रवृत्तियों के बीच झूलते रहते हैं। हम यह भी चाहते हैं कि लोग हमें जानें, लेकिन हम ख़ुद को छिपाना भी चाहते हैं।

हम कई कारणों से अपने चारों तरफ़ दीवार बना लेते हैं। हमारी संस्कृति में जेम्स बॉन्ड जैसे भावनाशून्य हीरो को अपना आदर्श मान लिया गया है। जेम्स बॉन्ड रफ़-टफ़ है, भावहीन है, वह अपने दम पर हर काम कर सकता है और वह किसी से भावनात्मक रूप से नहीं जुड़ता है। और हममें से कई लोग यह समझते हैं कि अगर हम भी किसी को अपने रक्षाकवच के भीतर नहीं घुसने देंगे, तो लोग हमारा सम्मान करेंगे। हो सकता है कि कई लोग इन गुणों के लिये आपका सम्मान करें। परंतु सम्मान का यह मतलब नहीं होता कि वे आपसे प्यार भी करने लगेंगे।

हमारे मुखौटे लगाने का एक ज़्यादा गंभीर कारण यह है कि हमें अस्वीकृति (rejection) का डर होता है। अपने दिल की बात खुलकर कहने पर अगर सामने वाला मित्र हमें छोड़कर चला जाए, तो यह हमारे लिये असहनीय हो सकता है। कई लोगों ने तो बड़े-बड़े मुखौटे सिर्फ़ इसलिये लगा रखे हैं, क्योंकि ये लोग सोचते हैं कि अगर उनका असली स्वरूप सबके सामने आ जायेगा, तो लोग उनसे दूर चले जाएँगे।

बहरहाल, मैंने अपने अनुभव में यह पाया है कि ख़ुद को उजागर करने का प्रभाव उल्टा ही होता है। जब लोग अपने मुखौटे उतार देते हैं, तो दूसरे लोग उनकी तरफ़ आकर्षित होते हैं।

हममें से कई लोग अपने बचपन की ग़रीबी को छिपाने की बहुत कोशिश करते हैं, जबकि अगर हम उसके बारे में ईमानदारी से बताएँ, तो हमारे आस-पास के लोग हमारे खुलेपन की सराहना करेंगे और हमारे ज़्यादा क़रीब आ जाएँगे।

प्रसिद्ध संगीत विशेषज्ञ सॉल हुरोक के अनुसार मैरियन एंडरसन महान गायिका इसलिये बनीं, क्योंकि वे महान इंसान थीं। उन्होंने कहा था,

कुछ साल पहले एक रिपोर्टर ने मैरियन से पूछा कि उनकी ज़िंदगी का सबसे महानतम क्षण कौन सा था। मैं उस समय वहीं पर था और मैं जवाब सुनने के लिये उत्सुक था। मैं जानता था कि वह कई महान क्षणों में से किसी एक को चुन सकती थी। जिस रात को टॉस्कैनिनी ने उससे कहा था कि उसकी आवाज़ इस सदी की सबसे शानदार आवाज़ है। उस प्राइवेट कन्सर्ट को, जो उसने व्हाइट हाउस में रूज़वेल्ट और इंग्लैंड के राजा-रानी के सामने दिया था। जब उसे 10,000 डॉलर का बॉक पुरस्कार मिला था, क्योंकि उसने अपने गृहनगर फ़िलाडेल्फ़िया के लिये बहुत कुछ किया था। सबसे बढ़कर, वॉशिंगटन का वह ईस्टर सन्डे, जब उसने लिंकन की प्रतिमा के नीचे खड़े होकर 75,000 लोगों के सामने गाया था, जिनमें केबिनेट मंत्री, सुप्रीम कोर्ट के जज और संसद सदस्य शामिल थे।

मैरियन ने इनमें से कौन सा क्षण चुना?

'कोई भी नहीं,' हुरॉक ने बताया। 'मिस एंडरसन ने रिपोर्टर को बताया कि उनके जीवन का महानतम क्षण वह था, जब उन्होंने घर जाकर अपनी माँ को यह बताया था कि अब उन्हें दूसरे लोगों के कपड़े धोने की कोई ज़रूरत नहीं है।'

अगर हम अपने आस-पास ज़्यादा खिड़कियाँ बना लें और दीवारों को कम कर लें, तो हमारे दोस्तों की संख्या बढ़ जायेगी।

सेक्स की बात करना

जब दो लोग अंतरंग होते हैं, तो उनके बीच जो आख़िरी अवरोध टूटता है, वह है सेक्स की भावनाओं को उजागर करना। मैंने यह आश्चर्यजनक बात देखी है कि ज़्यादातर

पति-पत्नी तो सेक्स के विषय में बात ही नहीं करते हैं। वे 25 सालों से संभोग कर रहे हैं, लेकिन उन्होंने इस बारे में कभी बात नहीं की है। अक्सर उनके पास इसकी शब्दावली ही नहीं होती है। पत्नी उसके शिश्न को उसकी 'चीज़' कह सकती है और पति को यह मालूम ही नहीं होता कि 'क्लिटॉरिस' का क्या मतलब होता है। वे अपने पार्टनर के सामने कई शब्दों का कभी उच्चारण ही नहीं करते हैं।

लेकिन जब हम अपने मुखौटे उतार देते हैं और अपने असली स्वरूप को पूरी तरह उजागर कर देते हैं, तो सेक्स का अनुभव बहुत ऊँचाइयों को छू सकता है। आप अपने जीवनसाथी को आमंत्रित करते हैं कि वह आपको सेक्शुअली जाने। सेक्स तो जीवन के आनंद की अभिव्यक्ति होना चाहिये, जीवन की अच्छी चीज़ों का मिलकर आनंद लेने का प्रतीक। जिस सेक्स में सबसे ज़्यादा आनंद आता है, वह उन्मुक्तता से दिया और लिया गया सेक्स होता है, जिसमें गहरे, आत्मा को हिला देने वाले क्लाइमैक्स होते हैं और जिनकी याद करके विवाहित दंपति एक दूसरे की तरफ़ देखकर समय-समय पर आँख मार सकते हैं या मुस्करा सकते हैं। हम पुरानी ख़ुशियों को याद करके और भविष्य में आने वाले सुखद क्षणों की कल्पना करके भी वर्तमान में सुखी रह सकते हैं।

जिन लोगों के साथ आपके शारीरिक संबंध नहीं हैं, उनके साथ आपकी अंतरंगता इस बात से पता चलती है कि आप उनसे सेक्स के बारे में कितनी उन्मुक्तता से बात कर सकते हैं। हम अपने अंतरंग लोगों से ही सेक्स के बारे में बात करते हैं। कई पुरुष समूहों में देखा गया है कि वे दिन-रात इसी विषय पर बातें करते रहते हैं, परंतु लॉकर-रूम की यह बातचीत सिर्फ़ शेखीख़ोरी और हवाबाज़ी ही होती है, उसमें सच्चाई का अंश बहुत कम होता है। मैं यहाँ उस तरह

की मित्रता के बारे में बात कर रहा हूँ, जो इतनी गहरी हो कि आप न सिर्फ़ अपनी सेक्स संबंधी फ़ंतासियों की बातें करें, बल्कि सेक्स संबंधी डर और अनिश्चितताओं के बारे में भी बातें करें।

माता-पिता और बच्चों के बीच भी अंततः सेक्स के विषय पर बातचीत अनिवार्य है। आप अपने बच्चों के साथ सेक्स के बारे में जितनी जल्दी और जितनी उन्मुक्तता से बातचीत करने लगेंगे, आपकी मित्रता उतनी ही बेहतर हो जायेगी।

34 साल के वकील ने एक साल तक मुझसे अपने माता-पिता को लेकर कुंठाओं पर चर्चा की थी। वे थोड़ी दूर रहते थे, लेकिन वह वकील अपने अभिभावकों, ख़ासकर अपनी माँ, से अपने संबंधों के बीच के कुछ अवरोध हटाना चाहता था।

एक दिन वह अपने होने वाले तलाक़ के बारे में बताने के लिये अपने माता-पिता के पास गया। 'मुझे अनुमान नहीं था कि उनकी प्रतिक्रिया क्या होगी,' उसने कहा। 'हमारे परिवार में इससे पहले किसी ने तलाक़ नहीं लिया था और मैं सोच रहा था कि वे इस बात को लेकर मुझे कोसेंगे। परंतु ऐसा नहीं हुआ। उन्होंने थोड़े-बहुत आँसू ज़रूर बहाये, लेकिन कुल मिलाकर उनका रवैया सहयोगात्मक और सहानुभूतिपूर्ण था।'

'मगर उस दिन सबसे महत्वपूर्ण बात तब हुई जब मैं और मेरी माँ नाश्ते के बाद किचन की टेबल पर बैठे हुए थे। अब आगे के क़िस्से के महत्व को समझने के लिये आपको यह जानना ज़रूरी है कि मेरी माँ ने मेरे बचपन से लेकर तब तक कभी मेरे सामने सेक्स शब्द नहीं बोला था। मैंने इस विषय पर जो भी ज्ञान हासिल किया, पुस्तकों, दोस्तों और सबसे ज़्यादा लड़कियों से किया था।

'तो मैं अब एक वयस्क के तौर पर अपनी माँ के पास बैठा हुआ था और उन्होंने कहा, 'मुझे दुःख है कि तुम्हारे और शर्ली के संबंध इतने ख़राब हो चुके हैं। काश तुम दोनों के बीच भी वैसा ही रिश्ता बना होता, जो तुम्हारे डैडी और मेरे बीच है। मैं नहीं जानती थी कि सेक्स बूढ़े लोगों के लिये भी इतना मज़ेदार हो सकता है।' फिर उनकी आँखों में एक शर्मीली चमक आ गयी, जब वे आगे बोलीं, 'ज़ाहिर है, यह सब तुम्हारे डैडी के कारण है। वे इस विषय पर किताबें पढ़ते रहते हैं और उनके दिमाग़ में नयी-नयी तरकीबें आती रहती हैं।'"

मेरे ऑफ़िस में बैठकर जब वह वकील यह बात सुना रहा था, तो उसकी आवाज़ में एक अजीब सी श्रद्धा का भाव आ गया। उसने कहा, 'मैं इसे स्पष्ट नहीं कर सकता, लेकिन उस दिन किचन टेबल पर मेरे भीतर कुछ हुआ। मैं नहीं जानता कि ऐसा क्यों हुआ। शायद इसलिये क्योंकि मेरी माँ और मैं बैठकर सबसे महत्वपूर्ण शारीरिक भावना के बारे में बात कर रहे थे, जो हम दोनों के लिये ही महत्वपूर्ण थी। या शायद इसलिये क्योंकि मुझे यह जानकर अच्छा लगा कि मेरे माता-पिता बिस्तर में इतना अच्छा समय गुज़ार रहे थे। चाहे जो भी हो, उस दिन के बाद अपनी माँ के प्रति मेरा नज़रिया पूरी तरह बदल गया।'

जेम्स जॉयस का कहना था कि जीवन के इन छोटे से क्षणों में हमारे समूचे अस्तित्व पर प्रकाश की किरण पड़ती है। उन्होंने इस व्यक्ति के अनुभव को 'प्रभु प्रकाश' या 'दिव्य रोशनी' की संज्ञा दी होती।

'मुझे लगता है, मैं उसकी ज़िंदगी से बाहर हूँ'

'जीवन का मतलब और भी कुछ होना चाहिये,' मेरे ऑफ़िस

में बैठी महिला ने कहा, 'हम 23 सालों से विवाहित हैं, लेकिन अगर हमारी शादी में इससे बेहतर कुछ नहीं हो सकता, तो मुझे लगता है कि हमारा तलाक़ हो जाना चाहिये।'

उसका पति एक शांत व्यक्ति था, जो अपने आप से मतलब रखता था और उसे गर्व था कि वह हर स्थिति में शांत रह सकता है। लेकिन उसकी पत्नी को इसमें कोई गर्व की बात नज़र नहीं आती थी, 'मैं नहीं जानती कि वह क्या सोचता है,' उसने शिकायत की, 'और मुझे लगता है, जैसे मैं उसकी ज़िंदगी से बाहर हूँ।'

अक्सर मनोचिकित्सक ऐसे पति को सिर्फ़ पत्नी की आँखों से ही देख पाता है, क्योंकि ऐसा आदमी मनोचिकित्सा की जाँच-पड़ताल से इतना घबराता है कि वह कभी मनोचिकित्सक के ऑफ़िस में ही नहीं आता है। लेकिन इस मामले में इस कहानी का सुखद अंत हुआ। जोएल ने मनोचिकित्सक की मदद लेने का फ़ैसला किया, और यह मालूम चला - जैसा अक्सर होता है - कि उसकी सुरक्षात्मक दीवारों के पीछे डर और असुरक्षा की बहुत सी भावनाएँ छिपी हुई थीं। वह इन पहलुओं पर बात करने से इसलिये डरता था, क्योंकि उसे लगता था कि उसकी पत्नी उसे कमज़ोर समझेगी। मज़े की बात यह थी कि उसकी पत्नी इन्हीं सुरक्षात्मक दीवारों के कारण उसे छोड़ने की कगार पर थी। बहरहाल, जब वह अपनी असुरक्षा और डर प्रकट करने लगा, तो पत्नी को लगा कि उसके पति को उसकी ज़रूरत है और वह एक बार फिर उससे प्रेम करने लगी।

आप और आपकी छाया

मशहूर स्विस मनोविश्लेषक कार्ल युंग अपने मरीज़ों को सलाह देते थे कि वे अपनी 'छाया' या 'व्यक्तित्व के हीन पहलू' को

पहचान लें। दरअसल हमारे मस्तिष्क में एक छिपा हुआ हिस्सा होता है, जिसमें अतीत की यादें भरी होती हैं और हम इससे डरते हैं, हमें इस पर शर्म आती है, इसी के कारण हमारे स्वभाव में स्वार्थीपन और घटियापन होता है और हम हज़ारों तरीक़ों से इसके लिये बहाने गढ़ते हैं।

हम दूसरे लोगों के सामने अपने इस पहलू को प्रकट नहीं करना चाहते हैं, क्योंकि ऐसा करने में हमें डर लगता है। हम यह मान लेते हैं कि अगर हमने दूसरों को अपना यह अँधेरा पहलू दिखा दिया, तो वे भी हमसे नफ़रत करने लगेंगे। लेकिन आम तौर पर होता यह है कि हमारी 'छाया' को पहचानने के बाद वे हमारे प्रति ज़्यादा उदार हो जाते हैं। और एक विचित्र क़िस्म की रासायनिक प्रक्रिया होने लगती है। चूँकि हमने किसी दूसरे व्यक्ति को अपने गहनतम रहस्य बता दिये हैं, इसलिये हम ख़ुद को बेहतर तरीक़े से जानने लगते हैं।

मैं तो यहाँ तक कहना चाहता हूँ कि जब तक आप किसी दूसरे व्यक्ति को अपने बारे में सब कुछ नहीं बताते हैं। तब तक आप कभी सचमुच ख़ुद को पूरी तरह नहीं समझ पाते हैं। जब आप किसी दूसरे व्यक्ति के सामने ख़ुद को पूरी तरह प्रकट करते हैं, तभी आप यह सीखते हैं कि किस तरह अपने वास्तविक स्वरूप से संपर्क बढ़ाया जाये और इस ज्ञान के सहारे आप अपनी तक़दीर को दिशा देने में समर्थ होते हैं। डेल्फ़ी के ऑरेकल की सलाह थी, 'ख़ुद को जानो,' लेकिन हम इस सलाह में यह जोड़ सकते हैं, 'दूसरों के सामने ख़ुद को प्रकट करें, ताकि आप ख़ुद को जान सकें।'

यह तथ्य अच्छी मित्रताओं से मिलने वाली गहनतम संतुष्टि और ऊर्जा का स्रोत है। अगर हमारा प्रिय व्यक्ति हमारी छाया के साथ हमें स्वीकार कर लेता है, तो इस विश्वास

से हमें भी ख़ुद को ज़्यादा पूर्णता से स्वीकार करने की शक्ति मिलती है।

कन्फ़ेशन की ईसाई परंपरा को उपचार से जोड़कर देखा गया है। बाइबल की सलाह है, 'अपने पाप एक दूसरे को बताओ, और एक दूसरे के लिये प्रार्थना करो, ताकि तुम्हारा उपचार हो सके' (जेम्स 5:16)। बाइबल के इस कथन का मतलब यह है कि अपने अँधेरे पहलू को प्रकट करने के बाद ही हम संपूर्ण बन सकते हैं। ख़ुद को प्रकट करने के बाद हम चीज़ों को उस तरह देख पाते हैं, महसूस कर पाते हैं, उनकी कल्पना और आशा कर पाते हैं, जो इससे पहले हमारे लिये संभव नहीं था। खुलेपन का आमंत्रण दरअसल सच्चाई का आमंत्रण है।

खुले लोगों की तरफ़ हम क्यों खिंचते हैं

कई सालों तक फ़ेथ एट वर्क के प्रेसिडेंट रहे ब्रूस लार्सन यह सुझाव देते हैं कि हमारे पास कम से कम एक व्यक्ति ऐसा होना चाहिये, जिसे हम सब कुछ बता सकें। उनकी सलाह पहली बार पढ़ने पर मैं विचलित हो गया, क्योंकि मैंने कभी किसी को अपने बारे में सब कुछ नहीं बताया था। मैंने कई लोगों को थोड़ा-थोड़ा तो बताया था – जिसमें बहुत सी अंतरंग बातें भी थीं – लेकिन किसी एक को पूरी बातें बताना बहुत बड़ा क़दम था।

बहरहाल, कुछ सालों बाद मैंने वह क़दम उठा लिया – या मेरे मित्र ने वह क़दम उठाया, जिससे मुझे भी प्रेरणा मिली – और तब से मुझे यह जानकर आश्चर्यजनक राहत मिली है कि मेरा एक भाई है, जो मुझे पूरी तरह स्वीकार करता है। मार्क स्वेन्सन और मेरे बीच कई भिन्नताएँ हैं। वे मुझसे 15 साल बड़े हैं। वे नाटे हैं और उनकी दाढ़ी काली है; मैं लंबा

हूँ और मेरे बाल भूरे हैं। वे एक कुशल निर्माता एक्ज़ीक्यूटिव हैं, जिनकी औपचारिक शिक्षा ज़्यादा नहीं है। मैंने अपनी आधी ज़िंदगी पढ़ाई-लिखाई में गुज़ारी है। वे स्वीडन से आये प्रवासी हैं, जबकि मैं पूरी तरह अमेरिकन हूँ।

परंतु मैं मार्क के साथ अपने असली स्वरूप में आराम से रह सकता हूँ। चाहे मेरा मूड कैसा भी हो, वे मुझे पूरी तरह स्वीकार करते हैं और मैं भी ऐसा ही करता हूँ। वे मेरे व्यवहार या विचारों से हमेशा सहमत नहीं होते हैं, परंतु मैं जानता हूँ कि हम चाहे कितने भी असहमत क्यों न हो जाएँ, वे कभी मेरी आलोचना नहीं करेंगे। चाहे हम एक दूसरे से कुछ समय के लिये ग़ुस्सा क्यों न हो जाएँ, हमारा ग़ुस्सा हमारे संबंधों को कभी नहीं हिला पायेगा।

मैरियन इवान्स (जॉर्ज इलियट) के पास भी ऐसा ही कोई दोस्त रहा होगा, तभी तो उन्होंने लिखा है :

> 'कितना सुकून है! किसी दूसरे के साथ सुरक्षित महसूस करने में कितना ज़बर्दस्त सुकून मिलता है; जब हमें विचारों को तौलना नहीं पड़ता है, न ही शब्दों को सोचकर बोलना पड़ता है; बल्कि दिल में आने वाली हर बात बेधड़क बोल देना है, जिसमें दाने भी हों और भूसा भी और जब हम यह जानते हों कि कोई वफ़ादार हाथ उन्हें लेगा और दानों को भूसे से अलग करके सहेज लेगा और फिर दयालुता की फूँक मारकर भूसे को उड़ा देगा।'

लोगों को क़रीब लाने का अचूक तरीक़ा

एक प्रसिद्ध मनोविश्लेषक अपने मरीज़ों के साथ आत्म-अभिव्यक्ति पर एक सिम्पोज़ियम कर रहे थे। मनोविश्लेषक

ने अपने सहयोगियों को चुनौती दी : 'मेरा दावा है कि मेरे पास ऐसी तकनीक है कि कोई भी नया मरीज़ पहले ही सेशन में मुझे अपनी अंतरंग बातें बताने लगेगा, जबकि मैं उससे कोई भी सवाल नहीं पूछूँगा।' यह जादुई फ़ॉर्मूला क्या था? सिर्फ़ यह : वह डॉक्टर सत्र की शुरुआत में मरीज़ को अपने बारे में कोई व्यक्तिगत गोपनीय रहस्य बताता था – ऐसा रहस्य, जिसे उजागर करके मरीज़ डॉक्टर के लिये मुश्किलें पैदा कर सकता था। डॉक्टर का तरीक़ा चाहे कितना ही विवादास्पद क्यों न हो, इससे अपेक्षित प्रभाव पड़ता था : इससे मरीज़ अपने रहस्य बताने लगता था।

यही सिद्धांत समूचे मानवीय संबंधों पर लागू होता है। अगर आपमें आत्म-अभिव्यक्ति में पहल करने की हिम्मत है, तो इस बात की काफ़ी संभावना है कि सामने वाला भी आपको अपने रहस्य बताने लगेगा। अपने प्रिय व्यक्ति के दिल की बात जानने के लिये सच्चाई और खुलेपन का कोई विकल्प नहीं है।

मेरे मार्गदर्शक – वह मनोचिकित्सक, जिनके नक़्शेक़दम पर मैं चलना चाहता हूँ – एक ऐसे आदमी हैं, जिनसे मैं कभी नहीं मिला। लेकिन मुझे लगता है कि मैं उन्हें और उनके काम को उनकी लिखी किताबों के माध्यम से जानता हूँ। डॉ. पॉल टूर्नियर में उपचार करने की दैवी प्रतिभा है। उनका रहस्य क्या है?

वे अपने कैरियर में एक महत्वपूर्ण टर्निंग पॉइंट की तरफ़ इशारा करते हैं। जेनेवा में वे एक छोटे से घर में एक मीटिंग में गए, जहाँ लोग खुलकर अपनी भावनाएँ प्रकट कर रहे थे। वे अपने दुःख-दर्द, ख़ुशियाँ, पाप, कमज़ोरियाँ सारी चीज़ें एक दूसरे के साथ बाँट रहे थे। हालाँकि टूर्नियर इससे पहले भी धार्मिक थे, परंतु उनका कहना है कि इस

मीटिंग के बाद उनमें आध्यात्मिक परिवर्तन हो गया। इसके बाद मरीज़ों ने उनके सामने अपने जीवन की किताब खोलकर रख दी। अपने शारीरिक लक्षण बताने के बजाय मरीज़ अपने जीवन के बारे में बताने लगे।

मरीज़ उनके सामने खुलकर क्यों बोले ? क्योंकि वे ख़ुद एक खुली हुई किताब थे, और खुलेपन का जवाब खुलेपन से मिलता है।

खुलापन ईसा मसीह के जीवन का एक बहुत ही महत्वपूर्ण पहलू है। ज़्यादातर धर्मगुरुओं ने ख़ुद को अपने शिष्यों से अलग रखा है, परंतु ईसा मसीह ने ऐसा नहीं किया। वे उनके साथ रहे, उनके साथ भोजन किया, उनके साथ प्रार्थना की, उनके साथ आँसू बहाये, उनके विवादों को सुलझाने में उनकी मदद की। ईसा मसीह उनके जीवन से पूरी तरह जुड़े रहे। बार-बार वे उनके सामने ख़ुद को खोलकर रख देते थे और जब उनके शिष्य उनकी बात नहीं समझ पाते थे, तो उन्हें दुःख होता था। उनके शिष्य यह जान लें कि वे जान-बूझकर ख़ुद को उनके सामने पूरी तरह प्रकट करते हैं, इसलिये ईसा मसीह ने उनसे स्पष्ट शब्दों में कहा, 'मैं तुम लोगों को ग़ुलाम नहीं कहता हूँ, क्योंकि ग़ुलाम नहीं जानता है कि उसका मालिक क्या कर रहा है, बल्कि मैं तो तुम्हें अपना मित्र कहता हूँ, और मैंने अपने पिता से जितना भी सुना है, वह सब मैंने तुम लोगों को बता दिया है' *(जॉन 15:15)*।

जब हम इतने खुले लोगों के सामने आते हैं, तो हमारी दीवारें भी गिर जाती हैं। ईसा मसीह से मिलने वाली शंकालु सेमेरिटन महिला भी पहले तो उनसे मुक़ाबला करने के लिये तैयार थी, क्योंकि वे अजनबी थे। लेकिन उनसे मिलने के थोड़ी देर बाद ही उसने नाटक करना बंद कर दिया और राहत की साँस लेते हुए ईसा मसीह के सान्निध्य में सुख और

स्वतंत्रता का अनुभव किया।

दरअसल कोई भी मुखौटा पहनना पसंद नहीं करता है। भगवान हमें पूरी तरह जान ले और स्वीकार कर ले, यह एक मुक्तिदायक और उपचारक अनुभव होता है। और यह हमारे मानवीय संबंधों के लिये सर्वश्रेष्ठ मॉडल है।

पूरी ईमानदारी?

अब एक-दो चेतावनी भरी बातें कहना भी ज़रूरी है, ताकि यह स्पष्ट हो जाये कि खुलेपन से मेरा आशय क्या नहीं है।

पहली बात तो यह कि मैं आपको झगड़ालू बनने की सलाह नहीं दे रहा हूँ। कई लोग जो 'पूरी तरह ईमानदार' होने की कोशिश करते हैं, वे हर विषय के बारे में आपको अपने सच्चे विचार बता देते हैं। अगर आपके विचार उनके विचार से मेल नहीं खाते हैं, तो उन्हें लगता है कि 'खुलेपन' का तकाज़ा है कि आपको तत्काल बता दिया जाये कि आपके विचार ग़लत हैं।

यह मूर्खतापूर्ण जीवनशैली है। कई बार समझदारी और शिष्टता इसी में होती है कि हम अपने विचारों को अपने पास ही रखें। डीन मार्टिन ने एक बार कहा था, 'मुझे वह बच्चा दिखाओ, जिसे डर का मतलब मालूम नहीं है और मैं आपको वह बच्चा दिखा दूँगा, जो सबसे ज़्यादा पिटता है।'

दूसरी बात, मैं आपसे यह नहीं कह रहा हूँ कि आप 'सब कुछ कह डालें।' कई लोग सोचते हैं कि मनोवैज्ञानिक नग्नता एक अच्छा गुण है। दरअसल ऐसे लोगों का अपने ऊपर नियंत्रण नहीं होता है, क्योंकि अपनी भावनात्मक अभिव्यक्ति रोकने की असमर्थता गंभीर मानसिक रोग का एक लक्षण है।

हममें से ज़्यादातर लोग ऐसे लोगों से दूर भागते हैं,

जो मुलाक़ात के एक घंटे के भीतर ही हमें अपने जीवन की कहानी पूरे विस्तार और अंतरंग पहलुओं के साथ सुनाने लगते हैं। यह समझदारी की बात नहीं है कि हम हर किसी के सामने अपने आपको पूरी तरह उजागर कर दें, या एक ही बार में अपनी ज़िंदगी की किताब खोलकर रख दें। हम सभी को मौन रहने का अधिकार है और हमें ही यह फ़ैसला करना है कि हम किसी को अपने बारे में कब और कितना बताना चाहते हैं।

आख़िरी चेतावनी : हमें ऐसी भावनाएँ और तथ्य उजागर करने में सावधानी बरतनी चाहिये, जिनसे किसी दूसरे को या सुनने वाले को चोट पहुँचे। यहाँ मेरा इशारा वैवाहिक बेवफ़ाई की तरफ़ है। कई मनोवैज्ञानिक, जो पूरी ईमानदारी की नई शराब के नशे में चूर रहते हैं, अपने मरीज़ों को सलाह देते हैं कि वे पुरानी बेवफ़ाई के क़िस्से अपने जीवनसाथी को सुना दें, चाहे उसके परिणाम कितने ही विनाशकारी क्यों न हों। ऐसा करने वाला व्यक्ति कई मामलों में अपना अपराधबोध तो कम कर लेता है, लेकिन उसे यह पता ही नहीं होता है कि उसने अपने प्रिय व्यक्ति के कंधों पर कितना बड़ा बोझ डाल दिया है।

मैं जानता हूँ कि आपसी कन्फ़ेशन के कैथारसिस से कई विवाहों में लाभ होता है और आपसी सुलह-सफ़ाई के कारण पति-पत्नी एक दूसरे के ज़्यादा क़रीब आ जाते हैं। परंतु कन्फ़ेशन के परिणाम हमेशा इतने अच्छे नहीं रहते हैं, इसलिये मैं आपको यही सलाह दूँगा कि आप इसमें बेहद सावधानी बरतें।

हमारा मूलभूत सिद्धांत अब भी वही है। अगर आप अपनी मित्रता को प्रगाढ़ बनाना चाहते हैं, तो दूसरा नियम है : *दिल खोलकर रख दें।*

अध्याय 4

स्नेह कैसे प्रदर्शित करें

लोगों के बारे में हमारे विचार इस बात पर निर्भर नहीं करते हैं कि हम लोगों में क्या देखते हैं, बल्कि इस बात पर निर्भर करते हैं कि उनके साथ रहने पर हम ख़ुद में क्या देखते हैं।

— सारा ग्रांट

जब गेल सेयर्स और ब्रायन पिकोलो शिकागो के लिये खेल रहे थे, तो 1967 में वे एक ही कमरे में रहने लगे। इसके साथ ही व्यावसायिक फ़ुटबॉल में जातीय संबंधों में एक नया मोड़ आया। सेयर्स और ब्रायन के लिये भी ऐसा पहली बार था। इससे पहले सेयर्स का जॉर्ज हलास को छोड़कर किसी श्वेत व्यक्ति के साथ कभी क़रीबी रिश्ता नहीं रहा था, और पिकोलो इससे पहले किसी अश्वेत व्यक्ति को ठीक से *जानते* तक नहीं थे।

उनकी दोस्ती का एक रहस्य था उन दोनों का ज़बर्दस्त

हास्यबोध। 1969 में वॉशिंगटन में हुए प्रदर्शन मैच के पहले एक युवा पत्रकार उनका इंटरव्यू लेने के लिये गंभीरता से उनके होटल में आया। उसने पूछा, 'आप दोनों की कैसी निभती है?'

पिकोलो ने कहा, 'हम तब तक ठीक रहते हैं, जब तक कि वह बाथरूम का इस्तेमाल नहीं करता है।'

'आप लोग किस विषय पर बातें करते हैं?'

गेल ने जवाब दिया, 'ज़्यादातर रंगभेद के विषय पर।'

'सामान्यतः रंगभेद के अलावा हम किसी और विषय पर बात ही नहीं करते हैं,' पिकोलो ने जोड़ा।

पत्रकार ने पूछा, 'अगर आपको विकल्प दिया जाये, तो आप किसे अपना रूममेट बनाना चाहेंगे?'

सेयर्स ने कहा, 'अगर आप मुझसे पूछ रहे हैं कि मैं वेक फ़ॉरेस्ट से आये किस श्वेत इटैलियन फ़ुलबैक को चुनना चाहता हूँ, तो मेरा जवाब है मैं पिक को चुनूँगा।'

परंतु मज़ाक़ और व्यंग्य के पीछे एक दूसरे के प्रति गहरी वफ़ादारी भी छिपी थी। जैसा *ब्रायन्स सॉन्ग* फ़िल्म में भावुक चित्रण है, सेयर्स और पिकोलो की मित्रता खेल जगत के इतिहास में सर्वश्रेष्ठ अच्छे दोस्ताना संबंधों में से एक साबित हुई।

तभी 1969 में पिकोलो को कैंसर हो गया। वह पूरे सीज़न खेलना चाहता था, लेकिन वह मैदान से ज़्यादा समय अस्पताल में रहा। गेल सेयर्स, जितना संभव होता था, उससे मिलने जाता था।

उन्होंने यह योजना बनाई थी कि वे अपनी पत्नियों के साथ न्यूयॉर्क में होने वाले प्रोफ़ेशनल फ़ुटबॉल राइटर्स के

सालाना डिनर में इकट्ठे बैठेंगे, जहाँ सेयर्स को फ़ुटबॉल के सबसे साहसी खिलाड़ी के रूप में जॉर्ज एस. हलास अवॉर्ड मिलने वाला था। लेकिन इसके बजाय पिक ने घर पर बिस्तर पकड़ लिया। जब सेयर पुरस्कार हासिल करने के लिये खड़ा हुआ, तो उसकी आँखों में आँसू थे। ट्रॉफ़ी लेते समय इस अश्वेत युवक ने कहा :

> यह पुरस्कार देकर आपने मेरे पक्ष में भेदभाव किया है। लेकिन मैं आपको यहाँ बताना चाहता हूँ कि मैं यह पुरस्कार ब्रायन पिकोलो के नाम पर स्वीकार कर रहा हूँ। ब्रायन पिकोलो ही वह साहसी फ़ुटबॉल खिलाड़ी है, जिसे जॉर्ज एस. हलास अवॉर्ड मिलना चाहिये था। मैं ब्रायन पिकोलो से प्रेम करता हूँ और मैं आपसे भी यह गुज़ारिश करूँगा कि आप भी उससे प्रेम करें। आज रात जब आप प्रार्थना करें, तो मेहरबानी करके भगवान से उसके लिये भी दुआ करें।'

'मैं ब्रायन पिकोलो से प्रेम करता हूँ।' कितनी बार आप पुरुषों के मुँह से ऐसे वाक्य सुनते हैं? परंतु अगर हम लोग भी सेयर्स की तरह अपनी भावनाओं को कहने की हिम्मत जुटा लें, तो हमारा जीवन कितना सुखद हो जाये।

मित्रता को प्रगाढ़ करने का तीसरा नियम है :

अपने प्रेम के बारे में बोलने की हिम्मत जुटाएँ।

अति-भावुक समझे जाने के डर से हम अपने प्रेम का इज़हार नहीं कर पाते हैं और इस वजह से गहरी मित्रता से महरूम या वंचित रह जाते हैं। जब हम कहना चाहते हैं, 'ईश्वर आप पर कृपा बनाये रखे,' तो हम कहते हैं, 'धन्यवाद'। और जब हम यह कहना चाहते हैं, 'मुझे तुम्हारी बहुत याद

आयेगी,' तो हम कहते हैं 'फिर मिलेंगे।' जी. के. चेस्टरटन ने एक बार कहा था कि सबसे घटिया डर होता है भावुकता (sentimentality) का डर। अगर हम अपने प्रेम का इज़हार करने की हिम्मत करें, तो दूसरों के दिल में हमारे लिये ज़्यादा प्रेम होगा। ईसा मसीह में ऐसा करने की अद्भुत सामर्थ्य थी। उन्होंने सैकड़ों तरीक़ों से कहा है कि वे अपने शिष्यों से प्रेम करते थे। शिष्यों के दिल में ईसा मसीह के प्रेम को लेकर कोई शंका हो ही नहीं सकती थी।

हम सबके सामने यह कहने में क्यों झिझकते हैं कि हम किसी से प्रेम करते हैं ? इसके कई कारण होते हैं। यह संभावना होती है कि हमारे प्रेम के बदले में सामने वाला हमसे प्रेम नहीं करेगा और हमें अस्वीकार कर देगा, नकार देगा। या इससे भी बुरी बात, ख़ासकर पुरुषों के लिये, यह हो सकती है कि हमारी अति-भावुकता के कारण लोग हमारी हँसी उड़ाएँगे। सार्वजनिक रूप से लज्जित होने का डर बहुत भयंकर होता है और हम इससे बचने के लिये कुछ भी कर सकते हैं।

बहरहाल, जिन लोगों ने प्रेम किया और पाया है, वे अक्सर सावधानी को एक तरफ़ रख देते हैं और अपने प्रेम की खुलकर घोषणा करते हैं। थॉमस जेफ़रसन अस्वीकृति को लेकर बहुत संवेदनशील थे। अपने कैरियर में एक बार वे वॉशिंगटन में हैमिल्टन से हार गए। इस बात से दुःखी होकर उन्होंने अपनी पुस्तकें और फ़र्नीचर मॉन्टीसेलो के अपने घर में भिजवा दिये, अपने घर पर अख़बार मँगवाना छोड़ दिया, राजनीतिक संबंध तोड़ लिये, और अगले 37 महीनों तक कभी अपने घर से 7 मील से ज़्यादा दूर नहीं गये। जेफ़रसन हँसी उड़ने से इतना डरते थे।

परंतु हँसी उड़ने या लज्जित होने के डर के कारण क्या उन्होंने अपने प्रेम का इज़हार नहीं किया ? जेफ़रसन की जीवनी

लिखने वाली फ़ॉन एम. ब्रॉडी ने कहा है, 'अपनी दो वयस्क पुत्रियों मार्था और मारिया को लिखे गये उनके पत्र इतने प्रेम भरे और रोचक हैं कि वे खुली खिड़की बन जाते हैं।' और 1819 में अपने मित्र जॉन एडम्स को जेफ़रसन इस तरह की भावुक बातें लिख सकते थे, 'अपनी सेहत का ख़्याल रखो और इस बात का यक़ीन करो कि तुम मुझे बहुत प्रिय हो।'

हालाँकि लेफ़ैटी और जेफ़रसन में काफ़ी पत्र-व्यवहार हुआ, लेकिन वे 35 साल के दौरान कभी नहीं मिले थे। राष्ट्रपति मुनरो ने 1824 में लेफ़ैटी को अमेरिका आने का आमंत्रण दिया। लेफ़ैटी की उम्र 67 साल थी और जेफ़रसन 81 साल के थे। लेफ़ैटी अपने मित्र जेफ़रसन से मिलने गये।

उस नवंबर की सुबह जब लेफ़ैटी की गाड़ी मॉन्टीसेलो पहुँची, तो वहाँ दोनों की मुलाक़ात को देखने के लिये भीड़ जमा थी। जॉन रैन्डॉल्फ़ बताते हैं कि उनके नानाजी ने जब लेफ़ैटी को गाड़ी से उतरते देखा, तो वे तेज़-तेज़ लेकिन लड़खड़ाते क़दमों से चलकर उनके पास पहुँचे और गले मिलकर आँसू बहाने लगे।

तलाक़शुदा लोगों के साथ काम करते समय मैं अक्सर यह सोचता हूँ कि काश ये लोग गेल सेयर्स, थॉमस जेफ़रसन और ईसा मसीह जैसे लोगों से सबक़ सीख पाते, जिनमें अपने प्रेम का इज़हार करने की हिम्मत थी। कई अकेली युवतियाँ सोचती हैं कि डेटिंग पर उन्हें उदासीन दिखना चाहिये, वरना पुरुष उनसे दूर भाग जाएँगे। हालाँकि महिला पुरुष के प्रति आकर्षित होती है, लेकिन वह अपनी भावनाओं का इज़हार नहीं करती है। बहरहाल, उसकी ओढ़ी हुई उदासीनता के कारण उसका काम बिगड़ जाता है। पुरुष को महिला की यही बात सबसे ज़्यादा आकर्षित करती है कि वह सचमुच उसका ख़्याल रख रही है।

यह दुःखद है कि दो लोग एक साथ होते हैं और एक दूसरे को पसंद करते हैं, लेकिन दोनों ही अपने संकोच के कारण प्यार का इज़हार नहीं कर पाते हैं और उनके संबंध वहीं पर ख़त्म हो जाते हैं। दुःखद बात यह है कि प्यार इसलिये मर जाता है, क्योंकि उसका इज़हार नहीं किया गया, उसे बताया नहीं गया।

मुश्किल से फँसने वाली औरत

अगर ऊपर लिखी गयी बात सच है, तो हम ऐसी औरत के प्रति क्यों आकर्षित होते हैं, जो हमसे बहुत दूर और अकेली दिखती है? ऐसी मान्यता है कि मुश्किल से फँसने वाली औरत पुरुषों को ज़्यादा आकर्षित करती है, जबकि आसानी से फँसने वाली औरत में पुरुषों की ज़्यादा दिलचस्पी नहीं होती है। सुकरात, ओविड, *कामसूत्र*, और एब्बी सभी सहमत हैं कि जिस इंसान का प्रेम आसानी से हासिल हो जाता है, वह दूसरे व्यक्ति में प्रबल भावना नहीं जगा पाता है।

लेकिन डॉ. ईलेन वॉल्स्टर और दूसरे शोधकर्ताओं ने *साइकोलॉजी टुडे* में एक प्रयोग के बारे में बताया, जिसमें कॉलेज के सैकड़ों छात्रों पर प्रयोग किया गया। इस प्रयोग में विभिन्न महिलाओं के बारे में उनकी प्रतिक्रिया की जाँच की गई। शुरुआत में इंटरव्यू लिये जाने पर पुरुषों ने कहा कि वे मुश्किल से फँसने वाली औरत को ज़्यादा पसंद करेंगे, क्योंकि वह लोकप्रिय और चुनौतीपूर्ण होती है। उसकी लोकप्रियता का कोई न कोई कारण तो होगा। उनका कहना था कि इस तरह की ज़्यादातर महिलाएँ सुंदर और सेक्सी होती हैं – पुरुष को इससे ज़्यादा और क्या चाहिये? वे मुश्किल से फँसने वाली महिला की चुनौती का सामना करना चाहते थे।

दूसरी तरफ़ कॉलेज के युवकों का यह भी कहना था कि आसानी से फँसने वाली महिलाएँ मुश्किल खड़ी कर देती हैं। वे आम तौर पर डेट्स के लिये हताश होती हैं और जब उन्हें कोई पुरुष मिल जाता है, तो वे ज़्यादा गंभीर, ज़्यादा निर्भर और ज़्यादा माँग करने वाली बन जाती हैं। संक्षेप में, शुरुआत में लगभग सभी पुरुष शोधकर्ता की इस परिकल्पना से सहमत थे कि स्मार्ट छवि बनाने के लिये महिला को उदासीन दिखना चाहिये।

बहरहाल, यह परिकल्पना तब ध्वस्त हो गयी, जब पहली डेट के बाद पुरुषों का इंटरव्यू लिया गया। कंप्यूटर के माध्यम से हुए इस विश्लेषण में प्रयोगकर्ताओं ने महिलाओं को निर्देश दिये थे। आधी महिलाओं को यह निर्देश मिले थे कि वे उदासीन रहें और मुश्किल से फँसने वाली दिखें। बाक़ी आधी महिलाओं को यह कहा गया कि वे आसानी से फँसने वाली दिखें, दोस्ताना रवैया रखें और तत्काल अपनी भावनाओं का इज़हार कर दें। शोधकर्ताओं का अनुमान था कि दूसरी डेट के लिये चुनौतीपूर्ण या मुश्किल लगने वाली महिलाओं की काफ़ी माँग रहेगी। परंतु सच्चाई इसके बिलकुल विपरीत थी। युवती ने जितनी ज़्यादा रुचि दिखाई, पुरुषों को वह उतनी ही ज़्यादा आकर्षक लगी। ज़ाहिर है, सारी दुनिया प्रेमी से प्रेम करती है।

इस समय तक मनोवैज्ञानिक दुविधा में आ चुके थे। उन्होंने अपनी पुरानी परिकल्पना को एक तरफ़ रख दिया और एक बार फिर कॉलेज के युवकों का इंटरव्यू लिया। इस बार उन्होंने इन युवकों से पूछा कि मुश्किल से फँसने वाली महिलाओं और आसानी से फँसने वाली महिलाओं की ख़ूबियाँ और ख़ामियाँ क्या हैं। उन्हें यह पता चला कि दोनों ही तरह की महिलाओं को पसंद किया जाता था और दोनों ही तरह

की महिलाओं से पुरुष डरते थे। हालाँकि मुश्किल से फँसने वाली महिला लोकप्रिय और प्रतिष्ठापूर्ण डेट साबित होगी, परंतु उसके साथ कई समस्याएँ आ सकती हैं। चूँकि वह आपमें ज़्यादा रुचि नहीं लेती है, इसलिये वह आपको नीचा दिखा सकती है और आपके दोस्तों के सामने आपको अपमानित कर सकती है। उसका रवैया ग़ैर-दोस्ताना, ठंडा और नीरस रहेगा, जो किसी भी युवक को पसंद नहीं होता है। दूसरी ओर, हालाँकि आसानी से फँसने वाली महिला आपको लेकर ज़्यादा गंभीर हो सकती है और बुरी तरह आपके पीछे पड़ सकती है, लेकिन वह आपके ईगो को बढ़ायेगी और आपकी डेट को मज़ेदार बना देगी। शोधकर्ताओं ने इस अध्ययन के आधार पर अपने निष्कर्ष निकाले कि किस तरह इन दोनों प्रकारों को संतुलित किया जाये।

अब अध्ययन के निष्कर्ष की बारी थी। शोधकर्ताओं ने यह निष्कर्ष निकाला कि *अगर किसी औरत की प्रतिष्ठा मुश्किल से फँसने वाली औरत की है, लेकिन अगर वह पुरुष के प्रति रुचि दिखाती है, तो वह उसका दिल जीत लेगी।* इस तरह की महिला पुरुष के लिये डायनामाइट से कम नहीं होती है, क्योंकि वह पुरुषों को चुनने के मामले में बहुत सतर्क रहती है, लेकिन जब उसे अपनी पसंद का पुरुष मिल जाता है, तो वह अपनी भावनाओं का इज़हार करने में पीछे नहीं रहती है। इसीलिये उसके साथ डेटिंग करना पुरुष के लिये बहुत ही रोचक और मज़ेदार अनुभव बन जाता है। शोधकर्ताओं की सलाह यह है : *चुनिंदा रूप से* मुश्किल से फँसने वाली बनें। आपकी छवि दूर रहने वाली महिला की तो रहे, लेकिन जब आप किसी पुरुष को सचमुच अपने क़ाबिल समझें, तो दोस्ती का हाथ बढ़ा दें, तभी आप प्रेम में विजेता बन सकती हैं।

किस तरह भावनात्मक क्षेत्र बनाया जाये

क्या आप ऐसा तरीक़ा जानना चाहेंगे, जिससे सामने वाला ९० प्रतिशत से भी ज़्यादा बार आपका ख़्याल रखने लगे। यह इतना आसान है कि मुझे इसे कहने में भी संकोच होता है। मैं जानता हूँ कि बहुत से लोग प्रेम पाना चाहते हैं, लेकिन फिर भी इस अचूक नियम का प्रयोग नहीं करते हैं, इसलिये मैं इसे यहाँ बता देता हूँ। यह मेरा मौलिक फ़ॉर्मूला नहीं है। सेनेका ने आज से क़रीब 2000 साल पहले इसे बताया था, 'अगर आप प्रेम पाना चाहते हैं, तो प्रेम करें।'

जो लोग दूसरों के सामने अपना दिल खोलकर रख देते हैं और उनके प्रति अपने प्रेम व प्रशंसा का इज़हार करते हैं, उन्हें ठुकराना बहुत मुश्किल होता है।

अपनी पुस्तक *लव एंड विल* में रॉलो मे ने इस बारे में बहुत बढ़िया बात लिखी है। यह इतना महत्वपूर्ण वाक्यांश है कि मैं पूरा कोटेशन ही यहाँ पर देना चाहूँगा :

> साइकोथेरेपी में यह अजीब बात देखने में आती है कि जब मरीज़ कोई प्रबल भावना – क्रोध, विरक्ति या शत्रुता – महसूस करता है, तो मनोचिकित्सक भी वही भावना महसूस करने लगता है। इससे यह तथ्य पता चलता है कि अगर कोई रिश्ता वास्तविक है, तो दोनों व्यक्ति एक ही भावना की डोर से बँध जाते हैं। इससे यह पता चलता है कि रोज़मर्रा के जीवन में हम अक्सर उन्हीं लोगों से प्रेम करने लगते हैं, जो हमसे प्रेम करते हैं। इसका मतलब है कि जो पुरुष महिला का पीछा करता है और उसे जीतने की लगातार कोशिश करता है, वही कामयाब होता है। किसी से प्रेम करने की इच्छा तभी जागती है, जब कोई आपसे

> प्रेम कर रहा हो। प्रबल प्रेम की भावना सामने वाले के दिल में भी प्रबल प्रेम जाग्रत कर देती है।'

जहाँ तक मैं जानता हूँ, रॉलो मे ने पहली बार 'भावना के क्षेत्र' का ज़िक्र किया है, लेकिन हम सभी ने यह अनुभव किया होगा कि प्रेम का चुंबकीय आकर्षण हमें कितना विवश कर देता है और यह वर्णन कितना सटीक है। जब लोग हमारा ख़्याल रखते हैं और अपनी आँखों, हावभाव तथा शब्दों से अपने प्रेम का इज़हार करते हैं, तो हममें भी उसी तरह के भाव उत्पन्न होते हैं। जैसा रॉलो मे ने कहा है, 'किसी से प्रेम करने की इच्छा तभी जागती है, जब कोई आपसे प्रेम कर रहा हो।'

मारलेन डीट्रिच से जब 'किसी पुरुष से प्रेम कैसे पाएँ?' विषय पर लेख लिखने के लिये कहा गया, तो उनका सुझाव एकदम सटीक था, 'उससे प्रेम करो।'

प्रेम के बचाव में

क्या आप किसी को बताने में संकोच का अनुभव करते हैं कि आपको उसकी कितनी परवाह है? आइये हम कुछ उदाहरण देखें।

'प्रियतमा, मैं कितनी बुरी तरह चाहता हूँ कि तुम मेरे पास रहो,' वुडरो विल्सन ने 1884 में अपनी मंगेतर को यह लिखा था। वे और भी बातें लिखते हैं, जिसे हम अति-भावुक अतिशयोक्ति कह सकते हैं, 'ऐसे समय में तुम्हारे मधुर सान्निध्य में बैठना कितने असीम आनंद और सुकून की बात होगी। हम तुम बैठकर भविष्य की बातें करें, यह बात करें कि हम एक दूसरे को कितना प्रेम करेंगे, करते रहेंगे, हम दोनों भलाई करने के लिये इकट्ठे काम करेंगे, और अपने आस-पास की दुनिया को रोशन बनाने के लिये

साथ-साथ कोशिश करेंगे। अति-भावुक? शायद। परंतु प्रबल प्रेम की वजह से विल्सन ने महिला का दिल जीत लिया, और सदियों से यही होता आया है।

ज़ाहिर है, कि अति-भावुकता भी सीमाओं के पार जा सकती है। एक अप्रमाणिक कहानी के अनुसार रेस्टोरेशन युग के नाटककार थॉमस ऑटवे एक बार अभिनेत्री एलिज़ाबेथ बैरी का दिल जीतने के लिये तीन दिन तक भूखे रहे। चौथे दिन वे भूख से इतने तड़पने लगे कि उन्होंने सड़क पर दौड़ते हुए ब्रेड का टुकड़ा उठाया और इतनी जल्दबाज़ी में खाया कि वह उनके गले में अटक गया और उनका दम निकल गया।

अगर कोई व्यक्ति प्रेम का विशेषज्ञ था, तो वे थे थियोडोर रूज़वेल्ट। जब वे हार्वर्ड में थे, तो उन्हें एलिस हैथअवे से प्रेम हो गया। पहली ही नज़र में वे उसके तीरों से घायल हो गए, जैसा कि उनके पत्रों से पता चलता है। यही नहीं, उनकी निजी डायरी में लिखे हुए शब्द भी यह बताते हैं कि यह प्रेम की भावना सिर्फ़ दिखावटी नहीं थी। 25 जनवरी, 1880 को उन्होंने अपनी डायरी में लिखा :

> एक साल पहले मैंने क़सम खायी थी कि अगर संभव हुआ, तो मैं उसे हासिल कर लूँगा। और अब जब मैंने ऐसा कर लिया है, तो मेरे जीवन का लक्ष्य यही है कि मैं उसे हमेशा ख़ुश रखूँ, उसे हर मुश्किल से बचाऊँ और उसकी रक्षा करूँ। और हाँ, मैं अपनी प्यारी रानी को कितने प्रेम से रखूँगा! इतनी मासूम और सुंदर, परी जैसी युवती मुझसे शादी करने की बात कैसे सोच सकती थी, यह मैं नहीं समझ सकता। परंतु ऐसा हुआ है, इसके लिये मैं ईश्वर को धन्यवाद देता हूँ।

आख़िर में, एक और प्रसंग - मैरियन इवान्स, यानी

कि जॉर्ज इलियट ने 1875 में मिसेज़ बर्न्स-जोन्स को लिखा था :

> मैं न सिर्फ़ यह चाहती हूँ कि मुझसे प्रेम किया जाये, बल्कि मैं यह भी चाहती हूँ कि मुझे उस प्रेम के बारे में बताया भी जाये। मैं नहीं जानती कि आप भी इसी तरह की हैं या नहीं। परंतु चुप्पी का साम्राज्य क़ब्र के उस पार बहुत बड़ा और फैला हुआ है। यह साहित्य और शब्दों का संसार है, और मैं यहाँ आपको यह बताना चाहती हूँ कि आप मेरे दिल के बहुत क़रीब हैं और मैं आपसे प्रेम करती हूँ।

कौन होगा, जो ऐसा पत्र पढ़ने के बाद लिखने वाले के प्रति उदासीन रह सकेगा ?

'आई लव यू' कहते समय होने वाली ग़लतियाँ

अपने प्रेम का इज़हार करते समय आपको कई गड्ढों में गिरने से बचना चाहिये। कुछ लोग इस बात को ग़लत तरह से कहते हैं :

बहता हुआ झरना : इस आदमी का मुँह झरने की तरह लगातार प्रेम से भरे वाक्यांश ही प्रवाहित करता रहता है। अगर आप झूठी या अनुचित भावना मुँह से निकालेंगे, तो लोग आपकी कही बातों पर विश्वास करना छोड़ देंगे। जो भावना आप महसूस न करें, उसे न कहें, लेकिन आपके दिल में लोगों के प्रति जो अच्छी भावना हो, उसे अवश्य कहें।

दबाव डालने वाला : यह आदमी 'आई लव यू' इसलिये कहता है, क्योंकि उसे भी बदले में 'आई लव यू' सुनना है। जब आप किसी की तारीफ़ करें, तो बदले में तारीफ़ की

उम्मीद न करें और जब आप किसी के सामने अपने प्रेम का इज़हार करें, तो यह उम्मीद न करें कि वह भी ऐसा ही करेगा। दबाव डालने के बजाय आप अपनी भावनाओं को खुलकर कहने में ही ख़ुशी महसूस करें।

रैमरॉड: यह आदमी प्रेम का इज़हार करता है, लेकिन सामने वाले की प्रतिक्रिया पर ध्यान नहीं देता है। डॉ. स्टीफ़न जॉनसन कहते हैं कि सामने वाले के क़रीब आने की प्रक्रिया के एक-दो-तीन नियम होते हैं : पहला, क़रीब जाओ; दूसरा, प्रतिक्रिया देखो; तीसरा, आगे बढ़ो, ठहरो या पीछे जाओ; यानी आपको जिस तरह के संकेत मिलें, उनके अनुसार काम करें।

बहुत देर तक इंतज़ार करने की त्रासदी

ह्यू घुँघराले बालों वाला युवा सेल्समैन था। वह मेरे परामर्श कक्ष में आया, क्योंकि वह अपने कैरियर को लेकर काफ़ी दुविधा में था, जिस कारण उसे नपुंसकता का एहसास हो रहा था। मैंने उससे उसके बचपन के बारे में पूछा। क्या वह सुखी था?

उसने जवाब दिया, 'नहीं, मेरे पिताजी मुझसे हमेशा रूखे अंदाज़ में बोलते थे और मेरी आलोचना करते थे। बचपन में मैं उन्हें ख़ुश करने की बहुत कोशिश करता था, लेकिन इसके बावजूद उन्होंने मेरे बारे में कभी कोई अच्छी बात नहीं कही। उनकी मौत के कई साल बाद मैं उनके पुराने दोस्तों से मिला और उन्होंने मुझे बताया कि मेरे पिताजी फ़ैक्ट्री में उनके सामने मेरी बहुत तारीफ़ किया करते थे। मैं दंग रह गया। मुझे इस बात की भनक भी नहीं लगी कि उन्हें मुझ पर गर्व था।'

इस तरह की त्रासदियाँ टाली जा सकती हैं, बशर्ते लोग तत्काल अपनी भावनाओं का इज़हार करने की हिम्मत कर लें। 'आई लव यू' वाक्य में जादू है। आपके बच्चे इस वाक्य को पसंद करेंगे, आपके माता-पिता को भी यह सुनकर अच्छा लगेगा, आपके दोस्त भी यह सुनना पसंद करेंगे।

शायद पुरुषों के लिये एक दूसरे से 'आई लव यू' कहना बहुत मुश्किल होता है, लेकिन आप दूसरे तरीक़ों से भी अपने प्रेम का प्रदर्शन कर सकते हैं। आप अपने दोस्त को बता सकते हैं कि कई दिनों से उससे न मिल पाने के कारण आपको उसकी बहुत याद आ रही है और इसलिये कितना अच्छा हो, अगर आप एक साथ लंच करें या आप उसे यह बता सकते हैं कि उसकी दोस्ती आपके लिये अनमोल है।

कई बार आप अपनी तारीफ़ को दूसरे के माध्यम से पहुँचाकर दुगुना शक्तिशाली बना सकते हैं। अगर आप किसी पुरुष की पत्नी को बताएँ कि आप उस पुरुष का कितना सम्मान करते हैं, तो आप दो लोगों को ख़ुश करते हैं : पत्नी को, क्योंकि उसे अपने पति की लोकप्रियता से ख़ुशी होती है, और पति को, क्योंकि वह घर पहुँचते ही उसे यह बात बता देगी।

मैं इस अध्याय में वही कहने की कोशिश कर रहा हूँ जो बेन फ्रैंकलिन ने एक वाक्य में कह दिया था : 'किसी आदमी के बारे में बुरा न बोलें, बल्कि हर एक के बारे में जितना अच्छा बोल सकते हों, बोलें।'

तो अपनी मित्रता को प्रगाढ़ करने का तीसरा नियम है : *अपने प्रेम के बारे में बोलने की हिम्मत जुटाएँ।*

अध्याय 5

प्यार आपको करना पड़ता है

अच्छे आदमी के जीवन का सर्वश्रेष्ठ हिस्सा— उसके छोटे-छोटे, बेनाम, भुला दिये गये, दयालुता और प्रेम के कार्य।

— विलियम वर्ड्सवर्थ

फ्रैडरिक स्पीकमैन ने एक पुस्तक लिखी थी, *लव इज़ समथिंग यू डू*। इसका शीर्षक बहुत उपयुक्त है, वैसे जब हम प्यार के बारे में सोचते हैं, तो किसी विराट भावना या अपनी प्रेमिका के लिये महान काम करने के बारे में सोचते हैं। हालाँकि गहनता के ऐसे क्षण ही महत्वपूर्ण होते हैं, लेकिन हमारे जीवन के बहुत थोड़े से क्षण ही ऐसे होते हैं। सर्वश्रेष्ठ रिश्तों को बनाने के लिये दयालुता के कई काम करने पड़ते हैं, एक के ऊपर एक ईंट जमाकर मित्रता का महल बनाना पड़ता है।

जब 1936 में अल्बर्ट आइंस्टीन की पत्नी का देहांत हुआ, तो उनकी बहन माजा घरेलू कामकाज सँभालने के

लिये इस महान आदमी के साथ रहने लगीं। 1950 में आइंस्टीन की बहन को दौरा पड़ा और वे कोमा में चली गयीं। इसके बाद आइंस्टीन हर दोपहर दो घंटे तक अपनी बहन को प्लेटो की किताब ज़ोर से पढ़कर सुनाते थे। हालाँकि बहन की तरफ़ से कोई संकेत नहीं मिल रहे थे कि वह समझ रही है, लेकिन फिर भी आइंस्टीन को लगता था कि उसके मस्तिष्क का एक हिस्सा जीवित है और आइंस्टीन जानते थे कि परवाह भरे काम करने से प्रेम अभिव्यक्त होता है।

तो अपने संबंध सुधारने का चौथा नियम है :

प्रेमपूर्ण कार्य करना सीखो।

वैवाहिक परामर्शदाता के रूप में मैं अक्सर ऐसे पति-पत्नी की नादानी पर हैरान हो जाता हूँ, जो प्यार का नशा उतरने पर जीवन से निराश हो जाते हैं। बुरी तरह से अपराधबोध से ग्रस्त महिला कहती है, 'डॉक्टर, मैं अब अपने पति से प्रेम नहीं करती हूँ। मुझमें क्या गड़बड़ है?' उसमें कोई गड़बड़ नहीं है, सिवा इसके कि वह अपनी भावनाओं के विश्लेषण में ज़रूरत से ज़्यादा समय लगा रही है।

प्रेम के विशेषज्ञ जानते हैं कि भावनाएँ ज्वार और भाटे की तरह ऊपर-नीचे होती रहती हैं और जब उनकी भावनाएँ उतार पर होती हैं, तब भी वे प्रेमपूर्ण कार्य करना नहीं छोड़ते हैं। यही नहीं, वे अपनी प्रेमिका को यह बताना कभी नहीं भूलते हैं कि उन्हें उसकी कितनी परवाह है - वे प्रेम की छोटी-छोटी अभिव्यक्तियों से अपना प्रेम प्रदर्शित करते हैं। मार्क ट्वेन ने एक बार कहा था, 'प्रेम सबसे तेज़ी से बढ़ता दिखता है, लेकिन यह दरअसल सबसे धीमे बढ़ता है।'

कोई पति लंच पर थोड़ी लंबी छुट्टी निकाल लेता है

और अपनी पत्नी को उसके मनपसंद रेस्तराँ में ले जाने के लिये 20 मील दूर की यात्रा करता है। कोई आदमी दुकान में नयी पुस्तक देखकर उसे ख़रीद लेता है और अपने मित्र को एक पत्र लिखकर उसे वह पुस्तक भेज देता है। एक महिला किसी परिचित को यह कहते सुनती है कि वह हर दिन ककड़ी खा सकती है और जब भी वह उस परिचित को अपने यहाँ डिनर पर बुलाती है, तो सलाद में बहुत सारी ककड़ी रखती है। इसी तरह के प्रेमपूर्ण कार्यों से लोगों के रिश्ते मज़बूत होते हैं और रिश्तों में तनाव आने के बावजूद उनमें दरार नहीं पड़ती है।

मैंने एक पुरुष से बात की, जिसकी शादी 18 साल बाद टूट गयी थी।

मैंने उससे पूछा, 'आपको कैसे पता चला कि सब कुछ ख़त्म हो गया?'

'जब उसने सुबह मेरे ब्रश पर टूथपेस्ट रखना बंद कर दिया,' उसने जवाब दिया। 'जब हमारी नयी-नयी शादी हुई थी, तब से हममें से जो भी पहले उठता था, वह दूसरे के ब्रश पर पेस्ट रख देता था। समय के साथ किसी मोड़ पर आकर हमने एक दूसरे के लिये यह करना बंद कर दिया, और तब से हमारी शादी टूटनी शुरू हो गई।'

शादी के टूटने का यह बहुत ही सतही कारण है, लेकिन छोटी-छोटी बातें अक्सर बड़ी महत्वपूर्ण होती हैं। वे बहुमूल्य होती हैं।

वॉन हर्डर ने लिखा है, 'गहनतम प्रेम की जड़ें भी दिल में सूख जाती हैं, अगर उन्हें प्रेम का पोषण न मिले,' और एडना सेंट विन्सेन्ट मिले ने अफ़सोस जताया है :

'दुःख इस बात का नहीं है कि प्रेम चला गया,

दुःख तो इस बात का है कि यह छोटे-छोटे तरीक़ों से गया।'

प्रेम के छोटे-छोटे कार्यों में बहुत शक्ति होती है, क्योंकि इनसे यह पता चलता है कि आप अपनी प्रेमिका को भूले नहीं हैं। आपने उसे सुख देने के लिये विचार किया, आपने यह सोचने के लिये समय निकाला। जेलेट बर्गेस ने अपनी मित्र को एक पुस्तक भेजी, जिसकी पावती उसकी सहेली ने तत्काल भेज दी। इसके दो महीने बाद उस सहेली ने एक पत्र भेजकर बताया कि उसे वह पुस्तक कैसी लगी थी, जिससे यह साबित हुआ कि उसने पुस्तक पढ़ ली थी। बर्गेस ने लिखा, 'उसका दिल जानता था कि इस तरह की बातें उस कर्ज़ की तरह होती हैं, जिसे धन्यवाद की क़िस्तों में चुकाया जाता है।'

छोटी-छोटी बातों का महत्व

रॉबर्ट ब्रैन नामक मानव-विज्ञानी ने कई संस्कृतियों में मित्रता का अध्ययन किया है। उनका कहना है कि अच्छे संबंधों के सबसे मूलभूत तत्वों में से एक है छोटी-छोटी प्रेमपूर्ण परंपराएँ (rituals)। पति और पत्नी कई परंपराओं के माध्यम से अपने प्रेम को मज़बूत करते हैं : चुंबन, गुड नाइट, वर्षगाँठ मनाना, आभूषण देना, दूर रहने पर टेलीफ़ोन करना, बिस्तर पर एक दूसरे के लिये नाश्ता लाना, शाम को एक साथ घूमना।

जो व्यक्ति मित्रता को प्रगाढ़ करने के प्रति संवेदनशील होता है, वह इसी तरह की परंपराओं की तलाश करता है। एक साथ साप्ताहिक लंच, नियमित गोल्फ़ डेट या सालाना फ़िशिंग ट्रिप महत्वपूर्ण घटनाएँ हो सकती हैं। हाथ मिलाना, गले मिलना, चुटकुले सुनाना – इन बातों से प्रेम बैंक में जमा होता रहता है और आपको भविष्य में इस प्रेम पर ब्याज

मिलता है।

जब मेरा पुत्र जूनियर हाई स्कूल में था, तभी से मैं उसे हर सुबह स्कूल छोड़ने जाता था और हम रास्ते में इकट्ठे नाश्ता करते थे। हमने कई रेस्तराँ आज़माये, लेकिन जब हम वर्न्स कॉफ़ी शॉप में पहुँचे, तो हमें अपना मनपसंद रेस्तराँ मिल गया। वहाँ पर दुनिया के सबसे बढ़िया इंग्लिश मफ़िन्स मिलते थे। कई बार हम नाश्ता करते समय बात भी नहीं कर पाते थे। कई बार हम इतनी गहन भावनाओं का इज़हार करते थे, जो हमने किसी और को कभी नहीं बतायीं। नाश्ते की इस परंपरा से हमें उसकी किशोरावस्था के कठिन सालों में भी बहुत मदद मिली। मेरा पुत्र अब बड़ा हो चुका है और दूसरे शहर में रहता है, लेकिन जब भी वह घर आता है, तो हमारे परिवार को मालूम होता है कि कम से कम एक सुबह हम लोग वर्न्स कॉफ़ी शॉप जाकर एक साथ नाश्ता करेंगे। सालों तक चलने वाली यह परंपरा बहुत महत्वपूर्ण बन चुकी है।

मित्रता को प्रगाढ़ करने का एक अच्छा तरीक़ा है इकट्ठे भोजन करना। यह कोई संयोग नहीं है कि ईसा मसीह और उनके शिष्यों के बीच कई महत्वपूर्ण चर्चाएँ डिनर की टेबल पर हुईं। साथ-साथ भोजन करते समय लगभग धार्मिक भाव आ जाता है। क्या आपने कभी महसूस किया है कि जब आप किसी दुश्मन के साथ डिनर करते हैं, तो आपकी शत्रुता की भावनाएँ ग़ायब हो जाती हैं ?

इसलिये अगर आप किसी दुश्मन को दोस्त बनाना चाहते हों, तो उसे डिनर के लिये अपने घर पर आमंत्रित करें और डिनर टेबल पर खाना खाते समय समस्या पर चर्चा करें। या अगर आप ज़्यादा लोगों के साथ मज़बूत रिश्ते जोड़ना चाहते हों, तो आप हर हफ़्ते अलग-अलग लोगों को लंच पर आमंत्रित करें या ऑफ़िस जाने से पहले उन्हें क़ॉफी

पर बुलवा लें।

अच्छी यादें इकट्ठी करने का एक और तरीक़ा है अपने दोस्त की किसी काम में मदद करना। कंधे से कंधा मिलाकर काम करने से आपका रिश्ता मज़बूत होता है, चाहे आप इस दौरान कम बातें करें। किसी ऐसे व्यक्ति को ढूँढ़ें, जो कोई अप्रिय काम कर रहा हो और उसकी मदद करने का प्रस्ताव रखें। आपको सुखद आश्चर्य होगा, जब आपके प्रेम के बदले में वह भविष्य में उस प्रेम को लौटायेगा।

अगर विवाहित दंपति ज़्यादा समय तक एक साथ काम करें, तो वे एक दूसरे के साथ ज़्यादा ख़ुश रह सकते हैं। हमारे मूर्खतापूर्ण श्रम विभाजन के सिद्धांतों के कारण अक्सर पत्नी घर के अंदर बर्तन साफ़ करती है, तो उसका पति बाहर जाकर कार धोता है। क्यों न दोनों काम एक साथ किये जाएँ और इस प्रक्रिया में एक दूसरे के साथ रहने का आनंद भी लिया जाये?

सर्वश्रेष्ठ रिश्तों का एक आनंद यह भी है कि आपके पास बरसों की यादें भी इकट्ठी होती हैं। जब आपने एक दूसरे की मदद की, एक दूसरे के लिये छोटे-छोटे काम किये - प्रेम की इसी तरह की और भी हज़ारों बातें।

तोहफ़े देने की कला

तोहफ़े देने की कला विश्व की सबसे पुरानी प्रेमकला है! ऐसा नहीं है कि तोहफ़ा जितना बड़ा या क़ीमती होगा, उससे उतना ही ज़्यादा प्रेम प्रदर्शित होगा। इससे ज़्यादा महत्वपूर्ण बात तो यह है कि आपको तोहफ़ा देना याद रहा।

मेरी पत्नी का दिमाग़ हमेशा इसी बात पर लगा रहता है कि लोगों को कौन सी चीज़ ज़्यादा पसंद है और इसी कारण वह दुनिया में सबसे अच्छे तोहफ़े देने वाली महिला

है। मैं यह अध्याय जिस पेन से लिख रहा हूँ, उसकी क़ीमत एक डॉलर से भी कम है, लेकिन यह उसके उन असंख्य तोहफ़ों में से एक है, जिन्होंने मेरा दिल ख़ुश कर दिया। उसने मुझे यह कहते हुए सुन लिया कि मुझे फ़ेल्ट-टिप के पेन से लिखना पसंद है, लेकिन मुझे स्टोर में वैसा पेन नहीं मिला। उसने फ़ौरन शॉपिंग शुरू कर दी। कुछ दिनों बाद मुझे अपनी डेस्क पर यह पेन तोहफ़े में मिला और मैं समझ गया कि यह उसके प्रेम का तोहफ़ा है, क्योंकि उसे मेरी पसंद याद रही थी।

तोहफ़े देना जानवरों में भी बहुत महत्वपूर्ण समझा जाता है। एम्पिडे यानी कि छोटी मक्खी की प्रणय परंपरा में नर जब प्रणय निवेदन करता है, तो वह खाने की एक अच्छी सी चीज़ चुनता है, उसे सिल्क के बबल में लपेटता है और अपनी प्रेयसी के सामने पेश कर देता है।

अंटार्टिका के एडेली पेंग्विनों के पास तोहफ़े देने के लिये ज़्यादा चीज़ें नहीं रहती हैं। फिर भी नर पेंग्विन पत्थरों के नीचे से चिकना पत्थर खोजकर उसे अपनी प्रियतमा के क़दमों में डाल देता है। डॉ. लार्स ग्रैनबर्ग, जो अब एक प्रख्यात मनोवैज्ञानिक और कॉलेज प्रेसिडेन्ट हैं, अपने विवाह के शुरुआती वर्षों में एक संघर्षरत ग्रेजुएट स्टुडेन्ट थे। उनकी पत्नी दोनों को सहारा देने के लिये अपनी नौकरी में कड़ी मेहनत करती थी। ग्रैनबर्ग कहते हैं :

> मेरे आत्मसम्मान को ठेस पहुँचती थी, क्योंकि हम इतने ग़रीब थे कि मेरी पत्नी को मुझे कॉलेज की शिक्षा दिलाने के लिये इतनी कड़ी मेहनत करनी पड़ रही थी, लेकिन मैंने एक छोटा सा निवेश करने की योजना बनाई, जिससे मेरा मूड ठीक रहने लगा। रात को ट्रेन से घर लौटते समय बीच के रेलवे प्लेटफ़ॉर्म पर फूल वाले की दुकान थी। मैं हर शाम वहाँ एक मिनट के

> लिये उतरकर अपनी पत्नी के लिये एक गुलाब ख़रीदता था। बूढ़ा दुकानदार मेरा इंतज़ार करता था और फूल तैयार रखता था, ताकि मेरी ट्रेन न छूट जाये। जब मैं रात को एक हाथ में ब्रीफ़केस और दूसरे हाथ में गुलाब लेकर आता था, तो मेरी पत्नी मेरे गले लगकर मुझे बताती थी कि यह छोटा सा गुलाब उसके लिये तीन दर्जन गुलदस्तों से ज़्यादा महत्वपूर्ण है।

मर्ले सिम्प्सन बताते हैं कि एक बार जब वे अस्पताल में भर्ती थे, तो एक मित्र और उसका पाँच साल का बेटा उन्हें देखने आये। जैसे ही वे कमरे में घुसे, तो बच्चे ने बिस्तर के पास रखी ट्रे में तीन तोहफ़े रख दिये। वे खिलौने वाली कारें थीं, जिनसे वह कई घंटों तक खेल चुका था।

'मैंने उसके तोहफ़े लेने से मना कर दिया,' सिम्प्सन ने कहा, 'परंतु उसके चेहरे के भाव देखकर मैं समझ गया कि अगर मैंने वे तोहफ़े नहीं लिये, तो मेरे नन्हे मित्र को बहुत दुःख होगा। वे उसकी क़ीमती संपत्ति थे और इससे मुझे उसकी भावना का अंदाज़ा हो गया। यह कई साल पहले की बात है और अब तो उस बच्चे के कई बच्चे भी हो चुके हैं। लेकिन मैंने वे खिलौने अब तक सँभाल कर रखे हैं।

दयालुता का लहरदार प्रभाव

दयालुता के कई कार्यों का लहरदार प्रभाव होता है, यानी आप जितना सोचते हैं, उससे भी ज़्यादा असर होता है। नॉर्मन एम. लॉब्सेन्ज़ बताते हैं कि एक बार उनकी युवा पत्नी बहुत बीमार हो गयी थी और वे चिंता में थे कि क्या वे उसकी देखभाल का शारीरिक और भावनात्मक बोझ उठा पाएँगे। एक शाम जब वे निढाल और थका हुआ महसूस कर रहे थे, तभी उनके दिमाग़ में एक भूली हुई घटना याद आयी :

> मैं तब दस बरस का था, जब मेरी माँ गंभीर रूप से बीमार हुईं। मैं आधी रात को पानी पीने उठा। मैंने उनके कमरे की बत्ती जलती देखी। मेरे पिताजी कुर्सी पर माँ के बिस्तर के पास चुपचाप बैठकर उन्हें देख रहे थे। वे सो रही थीं। मैं कमरे में दौड़ लगाते हुए पहुँचा।
>
> 'क्या बात है ?' मैं चिल्लाया। 'आप सो क्यों नहीं रहे हैं ?'
>
> पिताजी ने मुझे सांत्वना दी, 'कोई गड़बड़ नहीं है, बेटा। मैं तो सिर्फ़ उसे देख रहा हूँ।'

उस पुरानी घटना की याद से लॉब्सेन्ज़ की शक्ति एक बार फिर लौट आयी।

> मेरे माता-पिता के कमरे से आती रोशनी और प्रेम की गर्मी का अजीब सा जादू था और मेरे पिताजी के शब्दों में ग़ज़ब का चुंबकीय आकर्षण था, 'मैं तो सिर्फ़ उसे देख रहा हूँ।' अब मुझे अपना बोझ असहनीय नहीं लग रहा था। मुझे ऐसा लग रहा था, जैसे अतीत की इस घटना ने मेरी मदद की थी और मेरे भीतर कुछ बदल दिया था।

जब दयालुता आदत बन जाती है

किसी ने कहा है, महान व्यक्ति की पहचान यह होती है कि वह छोटे लोगों के साथ किस तरह पेश आता है। अगर हम दयालुता और सद्‌भावना के छोटे-छोटे काम करने की आदत डाल लें, तो यह आदत हमारा स्वभाव बन सकती है।

बर्क फ़ौरेकर न्यूयॉर्क बेल टेलीफ़ोन कंपनी के शीर्षस्थ एक्ज़ीक्यूटिव थे। वे सर्दी की रात में थियेटर से बाहर निकलकर

या पार्टी को बीच में छोड़कर सड़क के बीच में खुले हुए मेनहोल में उतर जाते थे। क्यों ? 'ताकि मैं देख सकूँ कि वहाँ पर काम कर रहे मेरे कर्मचारी इस सर्द रात में सही सलामत हैं या नहीं और उन्हें यह बता सकूँ कि मैं उनके काम की दाद देता हूँ।' इस तरह के काम करने में 60 सेकंड से ज़्यादा वक़्त नहीं लगता है, लेकिन इनसे व्यक्ति सामने वाले को अपना मुरीद बना लेता है।

सेम्युअल जॉनसन ने अपने एक निबंध में लिखा है, 'इस बात पर पर्याप्त ध्यान नहीं दिया गया है कि इंसान का कितना सारा जीवन छोटी-छोटी घटनाओं में गुज़र जाता है।' हमारी ज़िंदगी बहुत सी साधारण घटनाओं से दिशा पाती है और आकार लेती है, इसलिये अपने संबंध सुधारने का चौथा नियम है : *प्रेमपूर्ण कार्य करना सीखो।*

अध्याय 6

यह ध्यान नहीं रखेंगे, तो आपके दोस्त भाग जायेंगे

प्रेम पज़ेसिव नहीं होता।

— 1 कोरिन्थियन्स 13:4

हमारे व्यक्तित्व का एक गुण ऐसा है, जो किसी दूसरी चीज़ के बजाय हमारे रिश्तों को सबसे ज़्यादा बिगाड़ता है। यह किसी न किसी हद तक हममें से हर एक में होता है, लेकिन जब यह सीमा लाँघ जाता है, तो बहुत विनाशकारी साबित होता है और इसकी वजह से लोग हमसे दूर हो जाते हैं।

मैं दूसरों को नियंत्रित करने की प्रवृत्ति की बात कर रहा हूँ। यह खलनायक अक्सर प्रेम का मुखौटा लगाकर आता है। बहुत ज़्यादा ख़्याल रखने वाली माँ कहती है, 'बेटे, मैं यह तुम्हारी भलाई के लिये ही कर रही हूँ।' और अपने दोस्त को लगातार सुधारने की कोशिश करने वाला आदमी सोचता है, 'इसी में उसकी भलाई है।' परंतु इसका नतीजा यह होता है कि सामने वाले का दम घुटने लगता है और मैंने आज

तक कोई ऐसा आदमी नहीं देखा, जिसने अपने नियंत्रकों के पंजे से छूटकर भागने की कोशिश नहीं की हो। अपनी टूटी हुई मित्रताओं का विश्लेषण करें। आपने जिन लोगों से दोस्ती तोड़ी है, क्या वे ऐसे लोग नहीं हैं, जिन्होंने आपको सलाह देने की कोशिश की, आप पर हावी होने की कोशिश की, आपको नियंत्रित करने और आपकी आलोचना करने की कोशिश की।

किसी बुद्धिमान व्यक्ति ने लिखा है, 'प्रेम के मूल में यह सरल रहस्य है : प्रेमी अपनी प्रेमिका को स्वतंत्र रहने देता है।' सफल मित्र अपने प्रियजनों को थोड़ी जगह देते हैं। उनके बारे में पज़ेसिव होने के बजाय वे उनके विकास में अपना योगदान देते हैं और उन्हें पर्याप्त स्वतंत्रता प्रदान करते हैं।

तो पाँचवाँ नियम है :

अपने रिश्तों में थोड़ी जगह दें।

1887 के वसंत में एक 20 वर्षीय युवती अलाबामा आयी। वह एक बहरी और अंधी लड़की की टीचर बनने आयी थी। टीचर का नाम था एन सुलिवन और विद्यार्थी का नाम था हेलन केलर। उनकी मित्रता सदी की सबसे लोकप्रिय मित्रता में बदल गयी।

सात साल की उम्र में हेलन केलर कुछ भी नहीं बोल पाती थी। जब वह ग़ुस्से में होती थी, तो वह टेबल से बर्तन उठाकर ज़मीन पर फेंक देती थी और ख़ुद भी ज़मीन पर लोट लगाने लगती थी। बहुत से लोगों ने मिसेज़ केलर से कह दिया था कि उनकी पुत्री बुद्धिहीन है।

कई सप्ताह तक एन ने हेलन के छोटे से हाथ में शब्द लिखने की कोशिश की, लेकिन हेलन की चेतना का द्वार नहीं खुला। फिर 5 अप्रैल को एक अद्‌भुत घटना हुई। इस

दिन की याद हेलन केलर को 60 साल बाद भी थी, जब उन्होंने यह लिखा :

> यह कुएँ के पास हुआ, जहाँ मैं हाथ में मग पकड़े खड़ी थी। एनी उसमें पानी डाल रही थी और जब पानी मेरे हाथ पर गिरा, तो उसने मेरे दूसरे हाथ में अपनी उँगलियों से लिखा पा-नी। अचानक मैं समझ गयी। यह मेरे जीवन की पहली ख़ुशी थी। मैंने उत्साह से एनी का हाथ पकड़ लिया और उससे दूसरे नये-नये शब्द बताने का आग्रह किया, जिनका संबंध मेरे द्वारा छुये जाने वाली वस्तुओं से हो। इस हाथ से उस हाथ तक अर्थ की चिंगारी दौड़ती रही और मैं शब्दों का अर्थ समझने क़ाबिल हो गई। उस कुएँ से उस दिन दो ख़ुश लोग एक दूसरे को 'हेलन' और 'टीचर' कहते हुए लौटे।

एन सुलिवन ने अपना अधिकांश जीवन हेलन केलर को समर्पित कर दिया। जब उनकी प्रसिद्ध शिष्या ने कॉलेज जाने का फ़ैसला किया, तो वे हर क्लास में उसके पास बैठी रहती थीं और हेलन के हाथ में लेक्चर लिखती रहती थीं। जो पुस्तकें ब्रेल लिपि में नहीं होती थीं, उन्हें हेलन को समझाने के लिये भी वे कोशिश करती रहती थीं।

एन सुलिवन ने जान लिया कि हेलन एक प्रतिभाशाली विद्यार्थी है, जिसमें सोचने और महसूस करने की असीमित संभावनाएँ हैं। इस बारे में कोई विवाद या शंका नहीं थी कि किसका आई क्यू ज़्यादा था। 10 साल की उम्र में हेलन यूरोप के प्रसिद्ध व्यक्तियों को फ्रांसीसी भाषा में पत्र लिख रही थी। वह जल्दी ही पाँच भाषाओं की विशेषज्ञ बन गई और उसकी बुद्धि का स्तर इतना ऊँचा था कि उसने अपनी टीचर

को भी पीछे छोड़ दिया।

परंतु क्या इससे एन सुलिवन की निष्ठा कम हुई या उनका व्यवहार बदला ? नहीं। वे हेलन की साथी और उसका उत्साह बढ़ाने वाली भूमिका से ही संतुष्ट थीं और जब राजा और राष्ट्रपति हेलन की तारीफ़ करते थे, तो उन्हें अपनी अद्‌भुत शिष्या पर गर्व होता था। संक्षेप में, उन्होंने हेलन अपनी मित्र हेलन को प्रगति करने की जगह दी।

स्वतंत्रता की आकांक्षा

जब जॉर्ज और नेना ओ नील ने अपनी पुस्तक *ओपन मैरिज* के लिये दंपतियों का इंटरव्यू लिया, तो उन्होंने सैकड़ों लोगों से बातचीत कीं। तलाक़शुदा दंपति। साथ-साथ रहने वाले अविवाहित दंपति। दुःखी दंपति। दशकों तक सफल रूप से विवाहित दंपति।

आँकड़ों से दो प्रमुख बातें पता चलीं। एक तो थी किसी के साथ संबंध बनाने की इच्छा। दूसरी थी स्वतंत्रता की आकांक्षा। सर्वश्रेष्ठ मित्रताओं और विवाहों में इन दोनों इच्छाओं के लिये जगह रहती है। हम सभी को साँस लेने के लिये जगह चाहिये। सफल दिख रहे संबंध अचानक अक्सर इसलिए टूट जाते हैं, क्योंकि एक पार्टनर को लगता है कि उसका शोषण किया जा रहा है या उसे रिश्ते में घुटन होने लगती है।

यह दुःखद है कि कई नये प्रयोगवादी मनोवैज्ञानिक अपने प्रियजनों को नियंत्रित करने की इस प्रवृत्ति को - जो हम सबमें मौजूद होती है - प्रोत्साहित करते हैं। वे कहते हैं, ज़्यादा आक्रामक बनें, ज़्यादा दबाव डालें, ताकि आप सामने वाले को हरा दें। यह दुःखद है कि विवाह को युद्ध का मैदान बना दिया जाता है, क्योंकि इसका परिणाम अक्सर अकेलापन होता है। आक्रामक बनकर जीतने वाली बात सेल्स की दुनिया

में तो सफल हो सकती है, लेकिन इससे दोस्त नहीं बनाये जा सकते।

अगर आप मानवीय संपर्क को शक्ति के संघर्ष के रूप में देखें और अगर आपका लक्ष्य दूसरों पर हावी होना हो, तो आपको उस इंसान की जीवनी पढ़नी चाहिये, जिसने अपनी ज़िंदगी का यही लक्ष्य बनाया था। वह 1933 से 1945 तक विश्व का सबसे प्रमुख व्यक्ति था, जिसके बारे में एलन बुलॉक ने लिखा है : 'उसके हर काम के केंद्र में सत्ता की भूख और आधिपत्य जमाने की आकांक्षा थी।'

उसका नाम एडॉल्फ़ हिटलर था।

अलबर्ट स्पीर, जो हिटलर के हिप्नोटिक जाल में फँस गए थे और जिन्होंने अपनी ग़लती के लिये 20 साल तक जेल की हवा खाई, लिखते हैं :

> मैं अपनी ज़िंदगी में किसी दूसरे ऐसे आदमी से नहीं मिला, जिसके बारे में मुझे लगा हो कि उसमें किसी महत्वपूर्ण चीज़ की कमी है। मैंने उसे सिर्फ़ तभी उत्साहित, सुखी और जोशीला पाया, जब हम दोनों आर्किटेक्चर की योजनाओं पर चर्चा करते थे या भावी बर्लिन के लिये उसके प्रिय स्केल मॉडल बनाते थे। मुझे नहीं लगता कि उसमें सच्चे प्रेम की सामर्थ्य थी। शायद उसने ज़िंदगी में एक बार सच्चा प्रेम किया था– अपनी भांजी जेली रॉबल के साथ व्यभिचार, जिसे उसने आत्महत्या करने के लिये मजबूर कर दिया।

क्या आप शोषक क़िस्म के हैं?

अक्सर हम अपने प्रियजनों का शोषण करते हैं, और हमें यह

पता ही नहीं होता कि हम उन्हें स्वतंत्रता नहीं दे रहे हैं। तीन तरह के शोषक होते हैं, जो तेज़ी से किसी भी संबंध का ख़ून निकालकर उसे बेजान कर देते हैं : मालिक-के-रूप-में-शोषण। यह व्यक्ति चाहता है कि जब सामने वाला उसकी तुलना में कमज़ोर और कम स्मार्ट होगा, तभी वह उसके साथ सुखी रह सकता है। क्या आप इस श्रेणी में आते हैं ? इस परीक्षण से जान लें :

1. क्या हम आम तौर पर मेरी पसंद के रेस्तराँ या मेरी पसंद की फ़िल्म देखने जाते हैं ?
2. क्या मुझे दूसरों की तथ्यात्मक ग़लतियाँ सुधारने में मज़ा आता है ?
3. क्या मैं अपने दोस्तों को नीचा दिखाने वाले मज़ाक़ करता हूँ ?
4. क्या किसी विषय पर बातचीत करते समय मैं तब आरामदेह महसूस करता हूँ, जब मुझे उस विषय का दूसरों से ज़्यादा ज्ञान हो ?

अगर आपके जवाब 'हाँ' में हैं, तो संभवतः आप असुरक्षित हैं। हालाँकि यह अजीब लग सकता है, परंतु जो व्यक्ति हमेशा सुपीरियर (श्रेष्ठ) दिखना चाहता है, वह दरअसल बहुत असुरक्षित महसूस करता है। सर्वश्रेष्ठ मित्रताओं में कोई सुपीरियर या इन्फ़ीरियर नहीं होता है। इसके बजाय वहाँ आपसी तालमेल होता है और कोई भी पार्टनर कभी-कभार कमज़ोर होने के लिये स्वतंत्र होता है और उसे यह डर नहीं होता कि सामने वाला उसे दबा देगा या उससे श्रेष्ठ बन जायेगा।

जब सी. एस. लुइस ऑक्सफ़ोर्ड में पढ़ते थे, तो उन्होंने कई दोस्त बनाये, जिनमें नेविल कॉगहिल और ऑवेन बारफ़ील्ड

शामिल थे। उनके कई दोस्त बाद में लेखक बन गए और वे सालों तक इकट्ठे होकर अपनी रचनाएँ एक दूसरे को सुनाते रहे। लुइस की प्रतिष्ठा बाक़ी सबसे ज़्यादा थी और उन्होंने बहुत कम समय में कई बहुत सफल पुस्तकें लिख डाली थीं। लेकिन वे अपने पुराने मित्रों का उतना ही ज़्यादा ध्यान रखते थे। ऑवेन बारफ़ील्ड ने कहा, 'मैंने एक भी वाक्य नहीं सुना, एक भी शब्द, एक भी संकेत ... जो यह बताये कि उनकी नज़र में उनके विचार का महत्व उनके दोस्तों के विचार से ज़्यादा है ... यही बात ईमानदारी से और कितने मशहूर लोगों के बारे में कही जा सकती है?'

अगर आप सुरक्षित महसूस करते हैं, तो आपको अपने दोस्तों को नियंत्रित करने या उनसे सुपीरियर दिखने की कोई ज़रूरत महसूस नहीं होगी। जैसा सारा टीसडेल ने एक बार कहा था, 'बहुमूल्य लोगों को आप पूरी तरह अपने नियंत्रण में नहीं रख सकते।'

मैं-कमज़ोर-हूँ-शोषक। यह व्यक्ति मालिक-के-रूप-में-शोषक के बिलकुल विपरीत होता है। इसमें कमज़ोर बनकर सामने वाले का शोषण किया जाता है।

एक थोड़ी वज़नी महिला मेरे ऑफ़िस में बैठी थी। उसे एक बार फिर 'तनाव का दौरा' पड़ गया था। उसकी शारीरिक समस्याएँ लगातार बदलती रहती थीं। वह बार-बार अस्पताल में भर्ती होती रहती थी और उसे एक के बाद एक परेशानियाँ आ जाती थीं, वह हमेशा कष्ट में रहती थी और भावनात्मक रूप से बहुत कमज़ोर नज़र आती थी।

लेकिन वह बहुत बुद्धिमान थी और उसका दृढ़ अहं साफ़ नज़र आता था। फिर वह किस वजह से इतने कष्ट में थी? वह अपने जीवन को नियंत्रित क्यों नहीं कर पा रही थी?

अचानक मामला मुझे समझ में आ गया। मैं इसे पहले क्यों नहीं समझ पाया था ? उसके बचपन की सबसे बड़ी त्रासदी यह थी कि उसके पिता किसी दूसरी औरत के चक्कर में अपने परिवार को छोड़कर चले गये थे। उसकी माँ बहुत समर्थ और क़ाबिल महिला थीं। उन्होंने अपने बच्चों की अच्छी परवरिश की और अंततः दूसरी शादी कर ली। लेकिन वर्षों बाद भी अगली पीढ़ी के संबंधों पर उस घटना का असर हुआ।

उसकी माँ के साथ क्या हुआ था, यह याद करके मेरी मित्र ने हरसंभव कोशिश की कि वह दृढ़ता और स्वतंत्रता का प्रदर्शन न करे। और उसकी तरकीब सचमुच कामयाब हो गई। जब उस पर 'तनाव का दौरा' पड़ता था, तो उसका पति चिंतित होकर उसकी पूरी देखभाल करता था और उसे सहारा देता था। इस पत्नी को यह विश्वास था कि जब तक वह कष्ट में रहेगी, उसका पति उसके पास ही बना रहेगा।

यह कहना तो ज़्यादती होगी कि वह जान-बूझकर अपनी बीमारियों को इसलिये आमंत्रित कर रही थी, ताकि वह अपने पति को अपने पास रख सके। ज़्यादातर बार वह सचमुच बीमार रहती थी और उसे भयंकर दर्द होता था। यह पूरी तरह अवचेतन का मामला था, लेकिन इसके बावजूद यह शोषण का सशक्त रूप तो है ही।

अंततः इस तरह की अत्यधिक निर्भरता के बुरे परिणाम मिलेंगे। स्टीफ़ैनी और लिंडा बचपन से ही परिचित हैं। 'हम साल भर में एक-दो बार एक दूसरे से टकरा जाती हैं,' स्टीफ़ैनी कहती हैं। 'वास्तव में, हमारी बहुत सी रुचियाँ समान हैं और मैं जानती हूँ कि लिंडा अकेलापन महसूस करती है, लेकिन वह आपसे इतनी कसकर चिपक जाती है कि बस। वह तीन घंटे तक लगातार अपनी समस्याओं का रोना रोती रहती है। मैं इसे किसी तरह बर्दाश्त नहीं कर पाती हूँ। मैं उससे

प्लेग की तरह बचती हूँ।'

ज़रूरत-होने-की-ज़रूरत वाला शोषक। अगर आप जकड़ने वाले शोषक नहीं हैं, तो ख़ुद को बधाई न दें, क्योंकि आप इस तरह के शोषक भी हो सकते हैं।

मैं एक उदाहरण दूँ। दो शादी-शुदा पुत्रियों की माँ नौकरी नहीं करती है और घर पर अकेली बैठी-बैठी बोर होती है। सुबह 10 बजे तक घर का सारा काम निबट जाता है। बोरियत से उसे सबसे ज़्यादा राहत तब मिलती है, जब समस्या में फँसी उसकी कोई बेटी उसे फ़ोन करती है। माँ का इंजन फ़ौरन चालू हो जाता है और उसके सिस्टम में एड्रीनलिन का स्राव तेज़ हो जाता है। किसी को उसकी ज़रूरत है! वह अपनी बेटी के घर तेज़ी से पहुँचती है, स्थिति को सँभालती है और एक बार फिर से पुराने दिन लौट आते हैं।

यह एक ख़तरनाक तरीक़ा है, क्योंकि अगर वह चाहती है कि उसकी बेटियों को उसकी इतनी ज़्यादा ज़रूरत पड़े, तो वह बीमार निर्भरता को बढ़ावा दे रही है और उन्हें छोटी बच्चियों के रूप में रहने के लिये प्रोत्साहित कर रही है।

किस तरह एक प्रसिद्ध दंपति ने अंतरंगता और स्वतंत्रता को मिला दिया

मज़बूत रिश्ते हमें निर्भर बनाकर अपाहिज नहीं बनाते हैं। वे तो हमें स्वतंत्र बना देते हैं। सफल विवाह में आपसी पोषण होता है और इस बात की चिंता नहीं की जाती कि किसके पास कितनी शक्ति है। मैं आपको एक उदाहरण दूँ।

रीडर्स डाइजेस्ट 13 भाषाओं में छपती है। इसकी तीन करोड़ प्रतियाँ हर महीने 170 से ज़्यादा देशों में बिकती हैं। कंपनी की सालाना आय 50 करोड़ डॉलर है। सिर्फ़ 1800 डॉलर की शुरुआती पूँजी से किस तरह बिज़नेस साम्राज्य

स्थापित हुआ, यह अमेरिकी बिज़नेस के इतिहास की सबसे रोमांचक सफलताओं में से एक है। यह पति और पत्नी की सफल साझेदारी की कहानी भी है।

जब डे विट वैलेस 1918 में आर्मी हॉस्पिटल में भर्ती थे, तो उन्होंने बहुत सारी पत्रिकाएँ पढ़ीं। उन्हें ज़्यादातर लेख ज़रूरत से ज़्यादा लंबे लगे और वे उन लेखों को संक्षिप्त करने के प्रयोग करने लगे।

अस्पताल से घर लौटने के बाद वैलेस ने संक्षिप्त लेखों का एक संकलन तैयार किया, उसे *रीडर्स डाइजेस्ट* नाम दिया और देश भर के प्रकाशकों को उसका सैंपल भिजवाया। उन्होंने उस प्रकाशक को *डाइजेस्ट* देने का प्रस्ताव रखा, जो उन्हें इसका संपादक बनाने के लिये तैयार हो।

विशेषज्ञ इस प्रस्ताव से प्रभावित नहीं हुए। जिन प्रकाशकों ने जवाब दिया, उनमें से केवल विलियम रैन्डॉल्फ़ हर्स्ट ही ऐसे थे, जिनके हिसाब से इस तरह की पत्रिका सफल हो सकती थी, लेकिन उनका अनुमान था कि इसकी 30,000 से ज़्यादा प्रतियाँ नहीं बिक सकतीं। यह उनके लिये बहुत छोटा काम होगा।

वैलेस ने इस कोशिश में अपना सब कुछ दाँव पर लगा दिया था, इसलिये वे बुरी तरह निराश हो गये। वे यह नहीं देख समझ पाये कि प्रकाशकों की अस्वीकृति दरअसल उनकी ख़ुशक़िस्मती थी।

फिर मिनीपॉलिस में वैलेस को एक साथी मिल गई। लीला बेल अचेसन अपने भाई के घर पर वैलेस से मिलीं। डे विट की तरह ही वे भी ग़रीब थीं। मिनीपॉलिस छोड़ने से पहले वे डे विट वैलेस से प्रेम करने लगीं और पत्रिका का विचार उन्हें बहुत पसंद आया।

अगले कुछ महीने जब लीला सियेटल में थीं, तो डे विट ने संभावित ग्राहकों को पत्र लिखने में अपना समय लगाया। उनके पास कॉलेज के कैटेलॉगों का ढेर लगा था और उन्होंने कॉलेज के हर प्रोफ़ेसर को चिट्ठी लिखी। महिलाओं के क्लबों और प्रोफ़ेशनल समूहों से भी *रीडर्स डाइजेस्ट* का ग्राहक बनने का आग्रह किया गया। जब वे न्यूयॉर्क गए, तो अपने साथ अपना संदूक लेकर गए और चिट्ठियाँ भेजने की अपनी मुहिम में लगे रहे।

15 अक्टूबर 1921 को लीला और डे विट ने शादी कर ली और हनीमून पर जाने से पहले डे विट ने आख़िरी चिट्ठियाँ भेजीं।

जब वो लोग हनीमून से लौटे, तो बहुत से पत्र उनका इंतज़ार कर रहे थे। ग्राहकों ने कुल मिलाकर 5000 डॉलर के क़रीब रक़म सदस्यता शुल्क के रूप में भेजी थी। उन्होंने 1300 डॉलर उधार लेकर पिट्सबर्ग के एक मुद्रक को पहले अंक की 5000 प्रतियाँ छापने का ऑर्डर दे दिया। पहला अंक फ़रवरी 1922 में निकला और डे विट वैलेस तथा लीला बेल अचेसन इसके सहसंस्थापक, सहसंपादक और सहस्वामी थे।

लेकिन वे बाद के अंक कैसे निकाल पाये ? लीला नौकरी करती थीं और उनके ग्रीनविच विलेज अपार्टमेंट का किराया लीला की तनख़्वाह से ही निकलता था (वे दिन में आठ घंटे काम करने के बाद किसी तरह रात में संपादकीय काम करने का समय निकाल लेती थीं)। उन्होंने अपने मकान का एक कमरा किराये पर उठा दिया। चूँकि उनके पास उन पत्रिकाओं को ख़रीदने के पैसे नहीं थे, जिनसे उन्हें लेख लेने थे, इसलिये डे विट न्यूयॉर्क पब्लिक लायब्रेरी में बैठकर पीले काग़ज़ों पर मेहनत से लेख उतारते थे। वे तब तक काम करते थे, जब

तक कि उनकी आँखों के सामने अँधेरा नहीं छा जाता था और उनके कंधे नहीं दुःखने लगते थे, फिर वे लंच करने जाते थे और लौटकर दोबारा फुर्ती से अपने काम में जुट जाते थे।

जल्दी ही पत्रिका की सदस्यता संख्या इतनी बढ़ गयी, जितनी उन्होंने सपने में भी कल्पना नहीं की थी – 1926 में 50,000, 1929 में 228,000। वैलेस को प्रकाशक के रूप में अभूतपूर्व सफलता मिली थी। एक सीनियर एडिटर ने हाल ही में वैलेस दंपति के बारे में कहा है :

> वे दोनों एक दूसरे का पूरा साथ देते हैं। डे विट को एक ऐसी महिला की ज़रूरत थी, जो उनके काम में पूरी तरह विश्वास करे और मुझे लगता है कि अपने वैवाहिक जीवन की हर शाम को वे पांडुलिपियों के बारे में ही बात करते होंगे। लीला पत्रिका के लिये कला का काम सँभालती थीं और आपको यह जानकर हैरत होगी कि अस्सी साल की होने के बावजूद वे आज भी पत्रिका के कवर अपने हाथ से ही चुनती हैं।

वैलेस ने ख़ुद कहा था, 'मुझे लगता है कि लीला की वजह से ही *डाइजेस्ट* संभव हो पाई।'

मित्रता बंधनकारी होने के बजाय मुक्तिदायक भी हो सकती है, बशर्ते आप दोनों शुरुआत से ही स्वतंत्रता के कुछ नियम बना लें।

रिश्तों में ज़्यादा जगह छोड़ने के लिये यहाँ छह सुझाव दिये जा रहे हैं :

1. आलोचना से सावधान रहें

कई लोगों को अपने दोस्तों की आलोचना करना अच्छा लगता

है और वे ऐसा करके ख़ुद को सुपीरियर दिखाने की कोशिश करते हैं। अगर आप इस बीमारी से ग्रस्त हों, तो फ़ौरन इसका इलाज कर लें। एलिस मिलर का सिद्धांत बहुत बढ़िया है : 'अगर अपने दोस्तों की आलोचना करते समय आपको बहुत दुःख होता है, तो आप ऐसा सुरक्षित तरीक़े से कर सकते हैं। लेकिन अगर आपको आलोचना में ज़रा भी मज़ा आ रहा हो, तो आपको अपनी ज़ुबान पर लगाम कस देनी चाहिये।'

ईसा मसीह की एक बहुत अच्छी बात यह थी कि वे उन सुधारकों की तरह नहीं थे, जो लोगों को यह बताते थे कि उन्हें सुधर जाना चाहिये और अच्छा बनना चाहिये। इस तरह के सुधारकों से लोग घबरा जाते हैं। साधारण जनता ईसा मसीह के पास इसलिये खिंची चली आती थी, क्योंकि वे दयालु थे। दयालुता के कारण वे समझ जाते थे कि सामने वाले की ग़लती के पीछे छिपे कारण क्या हैं। वे जानते थे कि सामने वाले को अपने पापों और ग़लतियों का एहसास है : उसे उनकी याद दिलाने की क्या ज़रूरत है। उन्हें लगता था कि सामने वाले व्यक्ति को अपराध की भावनाओं के बजाय मुक्ति की भावना की ज़्यादा ज़रूरत है।

सामान्य लोग सुधारक को हमेशा नज़रअंदाज़ करते हैं, लेकिन वे संत से अपने आप प्रेम करने लगते हैं। दोनों में यह फ़र्क़ होता है : सुधारक का ध्यान दूसरे लोगों के पापों पर रहता है, जबकि संत अपने पापों के बारे में चिंतित रहता है।

डी. एल. मूडी महानतम ईसाई प्रचारकों में से एक हैं। उन्होंने हज़ारों लोगों का धर्मपरिवर्तन करवाया और कई धार्मिक संस्थाएँ स्थापित कीं। लेकिन उन्होंने ख़ुद को कभी महत्वपूर्ण नहीं समझा और कभी शान नहीं झाड़ी, जैसा उस

ज़माने के दूसरे प्रसिद्ध ईसाई प्रचारक करते थे। मूडी सहिष्णु और समझने वाले इंसान थे, जो बहुत कम आलोचना करते थे। उनकी एक प्रसिद्ध कहावत थी, 'अभी तो मैं डी. एल. मूडी के साथ ही इतना उलझा हुआ हूँ कि मेरे पास किसी दूसरे आदमी की ग़लती ढूँढ़ने की फ़ुरसत ही नहीं है।'

इसी अकेले कोटेशन के आधार पर मेरी हमेशा यही इच्छा हुई है कि काश मैं डी. एल. मूडी का दोस्त होता। उनके आस-पास रहना कितना आरामदेह होता, क्योंकि वे समझ जाते कि मैं अपनी कमियों को दूर करने की कोशिश कर रहा हूँ। और मुझे स्वीकार करके वे मेरे विकास में मेरी मदद कर सकते थे। किसी ने कहा था, 'लोग वह बन जाते हैं, जो बनने के लिये आप उन्हें प्रोत्साहित करते हैं - वह नहीं बनते, जो बनने के लिये आप उन्हें परेशान करते हैं,' और डी. एल. मूडी यक़ीनन प्रेरणादायक व्यक्ति थे।

प्रेम में हमारी सफलता बहुत हद तक हमारी इस योग्यता पर निर्भर करती है कि हम मानव स्वभाव को जस का तस स्वीकार कर लें। आलोचना करने या फ़ैसला सुनाने से प्रेम पैदा नहीं होता है। इसे दूसरे तरीक़े से कहा जाए, तो हम ख़ुद को समझने की जितनी कोशिश करते हैं, उतनी ही हमें दूसरों को समझने की भी करनी चाहिये। सिऑक्स इंडियन्स का नियम था, 'मैं अपने भाई की तब तक आलोचना नहीं करूँगा, जब तक कि मैं दो सप्ताह तक उसके जूते न पहन लूँ।' प्रेम के विशेषज्ञ हमेशा ख़ुद को प्रियजनों की जगह पर रखकर देखते हैं। संक्षेप में, वे सहिष्णु होते हैं।

इस गुण वाले अमेरिकियों में अब्राहम लिंकन का नाम सबसे ऊपर है। ख़ुद से वे अपने आलोचकों, पदलोलुप व्यक्तियों और सलाहकारों के विचार तथा भावनाएँ खुलेपन से सुनते थे, हालाँकि वे लोग ख़ुद को राष्ट्रपति से ज़्यादा

स्मार्ट समझते थे। लिंकन हमेशा उदारता का ही परिचय देते थे। उनका प्रिय कथन था, 'निंदा मत करो, ताकि आपकी निंदा न हो।'

गृहयुद्ध के दौरान जब मिसेज़ लिंकन ने दक्षिणी लोगों के बारे में कटुतापूर्ण बातें बोलीं, तो लिंकन ने जवाब दिया : 'मैरी, उनकी आलोचना मत करो, अगर हम उन परिस्थितियों में होते, तो हम भी वैसे ही होते।'

जॉन एफ़. केनेडी ने 1960 की चुनावी रात को लगभग इसी तरह की बात कही थी। केनेडी और उनके सहयोगी मतगणना के चक्रों के नतीजे जानकर कभी दुःखी तो कभी ख़ुश हो जाते थे। शुरुआत में केनेडी निक्सन से बहुत आगे थे, लेकिन शाम तक अंतर बहुत कम हो गया। आधी रात के बाद राष्ट्रपति आइज़नहॉवर के प्रेस सेक्रेटरी जिम हैगर्टी का फ़ोन आया कि निक्सन हार मान लेंगे और आइज़नहॉवर का बधाई का टेलीग्राम आने वाला है। आधा घंटे बाद उसने दोबारा फ़ोन करके बताया कि निक्सन का मूड बदल गया है, इसलिये अब टेलीग्राम नहीं भेजा जा रहा है। आख़िरकार सुबह 4 बजे थके हुए निक्सन टी.वी. पर नज़र आये। उन्होंने कहा कि अगर 'वर्तमान रुझान' जारी रहा, तो केनेडी की जीत तय है, लेकिन इस वक्तव्य में उन्होंने पूरी तरह हार स्वीकार नहीं की थी।

केनेडी के सहयोगी यह सुनकर आग-बबूला हो गए, लेकिन केनेडी ने शांति से टी.वी. बंद करते हुए कहा, 'अगर मैं उनकी जगह होता, तो शायद मैं भी यही करता।' और फिर वे सोने चले गये।

अगर हम ख़ुद को दूसरों की जगह रखकर देख सकें, जैसा लिंकन और केनेडी करते थे, तो हमारे लिये सहिष्णु बनना आसान हो जायेगा।

बीथोवन ने कहा था, 'हम सभी ग़लतियाँ करते हैं, लेकिन हर व्यक्ति अलग-अलग ग़लतियाँ करता है।' और गेटे ने कहा था, 'अधिक सहिष्णु बनने के लिये आपको केवल ज़्यादा बूढ़ा होना पड़ता है। मुझे किसी आदमी में ऐसी कोई ग़लती नहीं दिखती, जो मुझसे न हो सकती हो।' सेम्युअल जॉनसन ने इस बात को बहुत ही अच्छे ढंग से कहा था, 'भगवान ख़ुद इंसान की मौत से पहले उसका फ़ैसला नहीं करते हैं। फिर आप और मैं ऐसा क्यों करें?'

एक पल के लिये भी यह न सोचें कि मैं आपसे यह कह रहा हूँ कि आप सबसे सहमत हो जाएँ और किसी के सामने कोई विचार ही व्यक्त न करें। निश्चित रूप से आपको अपने विचार व्यक्त करने का अधिकार है। लेकिन आप सामने वाले व्यक्ति को भी उसके विचार व्यक्त करने का अधिकार दें। जब तक आप पज़ेसिव नहीं होते हैं, जब तक आप किसी की स्वतंत्रता में दख़ल नहीं देते हैं, तब तक सब कुछ ठीक है।

2. स्वीकार करने की भाषा बोलें

प्रसिद्ध मनोवैज्ञानिकों के व्यवहार से हम दोस्त बनाने की कला सीख सकते हैं, क्योंकि कई मरीज़ मानते हैं कि मनोचिकित्सक के साथ उनके संबंध जितने अच्छे हैं, उतने दुनिया में किसी के साथ नहीं हैं। डॉ. पॉल टूर्नियर, जो जेनेवा में रहते और काम करते हैं, इतने मशहूर हो चुके हैं कि कई युवा डॉक्टर उनकी तकनीकों के अध्ययन के लिये यूरोप जाते हैं। टूर्नियर विनम्रता से कहते हैं, 'जब विद्यार्थी मेरी "तकनीकों" का अध्ययन करने आते हैं, तो मुझे थोड़ा संकोच होता है, क्योंकि वे हमेशा निराश होकर लौटते हैं। ... मेरी तकनीक सिर्फ़ यह है कि मैं लोगों को स्वीकार करता हूँ।'

अगर हम सामने वाले व्यक्ति के समूचे व्यक्तित्व को जस का तस स्वीकार कर लें, तो इससे हमारे रिश्ते बहुत मज़बूत हो सकते हैं। इसका मतलब यह नहीं है कि हम उसकी हर चीज़ की तारीफ़ कर रहे हैं या उसकी हर बात को अच्छा मान रहे हैं। स्वीकृति बिलकुल अलग चीज़ है। मैं अपने ऑफ़िस में जो कहानियाँ सुनता हूँ, वे मेरी नैतिकता से मेल नहीं खाती हैं : विवाहेतर संबंध, मूर्खतापूर्ण योजनाएँ, और हर तरह के अपराध। अगर मुझे इन सभी मामलों में अपने विचार बताने या प्रतिरोध करने के लिये मजबूर कर दिया जाए और मैं कहूँ कि मरीज़ ग़लत काम कर रहा है, तो मैं ख़ुद को ईश्वर की जगह पर रख रहा हूँ। मैं ख़ुद को नर्वस ब्रेकडाउन का शिकार बनाने के रास्ते पर ले जा रहा हूँ।

मैंने यह सीखा है कि मैं रोगियों की बातों की तारीफ़ या निंदा किये बिना सिर्फ़ सुनकर रोगी को स्वीकार कर लूँ। मैं उस व्यक्ति की भावनाएँ सुनने और समझने की कोशिश करता हूँ। चिकित्सा में हम भावनाओं की सबसे ज़्यादा जाँच करते हैं। पति बताता है कि वह अकाउंट्स डिपार्टमेंट की एक युवती के साथ चक्कर चलाना चाहता है। एक किशोर घर से भाग जाना चाहता है। माँ यह इच्छा ज़ाहिर करती है कि काश उसके बच्चे नहीं होते। यही मनोचिकित्सा के सत्र की कच्ची सामग्री है। मैं लोगों को यह एहसास दिलाने की कोशिश करता हूँ कि उन्हें अपनी भावनाएँ रखने का हक़ है, कि उनकी भावनाएँ अच्छी या बुरी नहीं हैं और उनके बारे में बातें करना बहुत स्वास्थ्यवर्धक है।

डॉ. थॉमस गॉर्डन ने अपनी शानदार पुस्तक *पेरेन्ट इफ़ेक्टिवनेस ट्रेनिंग* में सुझाव दिया है कि आप अपने बच्चों की भावनाएँ जानने के लिये 'दरवाज़ा खोलने वाले' वाक्यों

का इस्तेमाल करें और उनकी बातें सुनते समय उनकी आलोचना न करें :

'सचमुच ?'

'तुमने ऐसा किया, अच्छा ?'

'बड़ी मज़ेदार बात है।'

'मुझे इसके बारे में और बताओ।'

'मैं इस बारे में तुम्हारे विचार जानना चाहता हूँ।'

'ऐसा लगता है, यह तुम्हारे लिये महत्वपूर्ण है।'

3. अपने मित्रों को अनूठा बनने के लिये प्रोत्साहित करें

अपनी मित्रता को प्रगाढ़ बनाने के लिये आपको अपने मित्रों की स्वभावगत विशेषताओं और उनके अनूठे सपनों को भी ध्यान में रखना होगा। अपने प्रियजनों को बँधे-बँधाए ढर्रे पर चलाने की कोशिश करने के बजाय आपको उनके अनूठेपन को प्रोत्साहन देना चाहिये। हर आदमी के पास अनूठे सपने होते हैं, जो किसी दूसरे के पास नहीं होते हैं और आप उन सपनों को साकार करने की प्रेरणा देकर उसके प्रिय बन सकते हैं।

24 मई 1965 को एक अजीब सी छोटी नाव मैसेशूसेट्स से समुद्र में चल पड़ी। इसमें सिर्फ़ रॉबर्ट मैनरी थे, जो क्लीवलैंड के अख़बार *प्लेन डीलर* के कॉपी एडिटर थे। दस साल तक कॉपी डेस्क पर काम करने के बाद मैनरी ने फ़ैसला किया कि अब उनकी ज़िंदगी नीरस हो चुकी है, इसलिये उन्होंने कुछ अलग करने का निर्णय लिया। उन्होंने नक़्शे ख़रीदे, कम्पास उठाया और अपनी नाव *टिंकरबेल* पर इंग्लैंड तक की समुद्री यात्रा करने का निश्चय किया। इतनी लंबी यात्रा करने वाली

यह सबसे छोटी नाव थी, जो सिर्फ़ 13.5 फ़ुट की थी।

वह ज़्यादातर लोगों को यह योजना बताने में घबरा रहा था, क्योंकि उसे डर था कि वे उसकी योजना को बदलने के लिये उस पर दबाब डालेंगे। इसलिये उसने असली कारण बताये बिना अख़बार से छुट्टी ले ली। अलबत्ता उसने अपने कुछ रिश्तेदारों को पत्र लिखकर बता दिया और उसकी बहन ने जवाब दिया, 'यह सुखद है कि कोई अपना सपना पूरा करने जा रहा है। हममें से बहुत कम लोगों में इतनी हिम्मत होती है।' बहरहाल, उसकी पत्नी वर्जीनिया ने उसका सबसे ज़्यादा हौसला बढ़ाया। 'दुनिया में किसी और के पास उतनी बढ़िया पत्नी नहीं होगी, जितनी मेरे पास है,' उसने बाद में कहा। 'वर्जीनिया कह सकती थी कि मैं दूसरे समझदार आदमियों की तरह व्यवहार करूँ और इस "पागलपन भरी यात्रा" के विचार को अपने दिल से निकाल दूँ। लेकिन वह जानती थी कि मैं अपने सपनों को साकार करना चाहता था और उसने मुझे इस बात की स्वतंत्रता दी कि मैं अपने सपने सच कर सकूँ। उसने मुझे इस बात की छूट दी कि मैं अपनी आत्मा में बज रहे संगीत पर थिरक सकूँ।'

यात्रा आदर्श और सुखद नहीं रही। वह कई रातों तक जागकर अपनी नाव को जहाज़ों से टकराने से बचाता रहा। कई सप्ताह समुद्र में रहने के बाद भोजन भी बेस्वाद लगने लगा। अकेलेपन के कारण उसे दृष्टिभ्रम भी होने लगा, उसका रडर तीन बार टूटा, वह कई दिनों तक बिलकुल चुप रहा, तूफ़ानों ने उसे कई बार नाव से गिरा दिया और वह अपनी कमर मैं बँधी रस्सी के कारण ही वापस नाव पर चढ़ने में कामयाब हुआ। अंततः 78 दिन समुद्र में रहने के बाद वह इंग्लैंड पहुँच ही गया।

तन्हा रातों में समुद्र में वह अक्सर सोचा करता था कि

धरती पर क़दम रखने के बाद वह क्या करेगा। उसने सोचा कि वह सबसे पहले तो किसी होटल में कमरा लेगा, डटकर भोजन करेगा और फिर एसोशियेटेड प्रेस के ऑफ़िस में जाकर देखेगा कि क्या उसकी कहानी में उनकी कोई दिलचस्पी है। लेकिन उसके आने की ख़बर पहले ही फैल चुकी थी और जो हुआ, उसके लिये वह बिलकुल तैयार नहीं था। तीन सौ नौकाएँ उसे बंदरगाह तक लाने के लिये गयीं और उन्होंने हॉर्न बजाकर उसका स्वागत किया। 40,000 लोग उसका उत्साह बढ़ाने के लिये किनारे पर मौजूद थे, जिनमें बहुत से रिपोर्टर भी शामिल थे। वह अचानक हीरो बन गया और उसकी कहानी दुनिया भर में फैल गयी।

लेकिन बंदरगाह पर शायद सबसे बड़ी हीरो खड़ी हुई थी, उसकी पत्नी। उसमें इतना साहस था कि उसने अपने पति को अपना सपना पूरा करने की स्वतंत्रता दी थी।

ज़ाहिर है, हर पत्नी ख़ुशी-ख़ुशी अपने पति को जान जोखिम में डालने की इजाज़त नहीं दे सकती, परंतु यह जानना महत्वपूर्ण है कि आपके प्रियजनों की अपनी अनोखी योजनाएँ होती हैं और अगर आपको उनसे प्रेम करना है, तो आपको उनकी योजनाओं से भी प्रेम करना पड़ेगा। यह अनोखापन कब सीमा पार कर जाता है ? विलियम जेम्स ने इसका नियम बताया था, 'दूसरे आदमी की ख़ुश रहने की सनक में तब तक हस्तक्षेप न करें, जब तक कि इससे आपके ख़ुश रहने में कोई सीधी दिक़्क़त न आये।'

जिस तरह हर अच्छी बात अति होने पर बुरी बन जाती है, उसी तरह स्वतंत्रता की अति भी बुरी हो सकती है। 'तुम अपना काम करो, और मैं अपना काम करूँ' की फ़िलॉसफ़ी अगर रिश्ते की बुनियाद बन जाती है, तो इसका मतलब है कि आप दोनों का रिश्ता मज़बूत नहीं है। निष्ठा

भी अनिवार्य है। अलग-अलग लोगों को स्वतंत्रता और निष्ठा के अलग-अलग समन्वय की ज़रूरत होती है और इस समन्वय को समय-समय पर फिर से संयोजित करना पड़ता है।

4. अकेलेपन की छूट दें

जिस दोस्ती में पज़ेसिवनेस नहीं है, उसमें सामने वाले व्यक्ति की प्राइवेसी या निजता की ज़रूरत का भी सम्मान किया जाता है। बहुत क़रीब होने से भी परेशानी हो सकती है। हमारे सभी संबंधों में हम क़रीब आते हैं और दूर जाते हैं। परिपक्व संबंध की एक पहचान यह है कि अगर आपका मित्र आपसे कुछ समय के लिये दूर भी हो रहा है, तब भी आप बेचैन नहीं होते हैं।

कॉरनेल मेडिकल स्कूल में मनोविश्लेषण के प्रोफ़ेसर डॉ. लॉरेंस हैटर कहते हैं, 'मेरे कई कलाकार दोस्त बहुत व्यस्त, रचनात्मक और बहुत निजता वाले लोग हैं। मैं उनसे कभी-कभार मिलता हूँ। लेकिन मैं उनके साथ ज़्यादा अंतरंग रहता हूँ और ज़्यादा खुलेपन से अपने दिल की बात कह पाता हूँ, जबकि रोज़ मिलने वाले लोगों के साथ ऐसा करना मेरे लिये संभव नहीं होता है।'

ख़ास तौर पर बच्चों को सपने देखने, रिहर्सल करने, अपनी अजीबोग़रीब और अद्भुत कल्पनाओं को खोजने के लिये प्राइवेसी या एकांत की ज़रूरत होती है। कई माता-पिता यह जानते हैं। एक दिन पाँच साल का बिल ऊपर अपने कमरे में था, तभी उसकी माँ की एक सहेली उनसे मिलने आयी। एक घंटे बाद सहेली ने पूछा, 'बिल वहाँ ऊपर क्या कर रहा है?'

उसकी माँ ने मुस्कराकर जवाब दिया, 'क्या पता? कई बार वह शांत रहता है, कई बार वह भालू बन जाता है, कई

बार वह अंतरिक्षयात्री बन जाता है। वह अपनी अलग दुनिया बना लेता है और मैं वहाँ तब तक नहीं जाती, जब तक कि वह मुझे बुलाता नहीं है।'

वह माँ जानती थी कि बच्चों को एकांत देने का मतलब है उनमें विश्वास दिखाना, जो उनके लिये बेहद ज़रूरी है।

यही वैवाहिक जीवन में भी सच है। यह संभव है कि हम इतने क़रीब आ जाएँ और इतने समय तक क़रीब रहें कि एक साथ रहने के कारण हमारा दम घुटने लगे। रैनर मारिया रिल्के कहती हैं :

> अच्छी शादी वह है, जिसमें एक जीवनसाथी दूसरे की निजता का रक्षक होता है। जब दोनों यह स्वीकार कर लेते हैं कि चाहे इंसान कितने भी क़रीब क्यों न हों, उनके बीच अनंत दूरियाँ हो सकती हैं, तो साथ-साथ रहकर प्रगति करना संभव हो जाता है। अगर वे अपने बीच की दूरी को स्वीकार कर लें, तो उनके लिये यह संभव होगा कि वे अपने पार्टनर को आसमान पर देखें।

5. दूसरे संबंधों को प्रोत्साहित करें

शेक्सपियर के अनुसार ईर्ष्या 'हरी आँखों वाला राक्षस' है, जिसने कई अंतरंग मित्रताओं को नष्ट कर दिया है। जब आपका सबसे पक्का दोस्त दूसरे दोस्तों के साथ समय गुज़ारता है या आपका कोई मित्र किसी सामाजिक कार्यक्रम में आपको नहीं बुलाता है और आप इस बात पर रूठ जाते हैं या परेशान हो जाते हैं, तो आपको ईर्ष्या के नकारात्मक प्रभाव से सावधान हो जाना चाहिये। आपका किसी पर एकाधिकार नहीं है,

और अगर आप किसी मित्र से चाहते हैं कि वह सिर्फ़ आप आपसे ही दोस्ती रखे, तो यह तो आपकी ज़्यादती है।

एक ही संबंध पर ज़्यादा बोझ डालने से ईर्ष्या उत्पन्न होने का ख़तरा बढ़ जाता है। ईर्ष्या का इलाज यह है कि आप अपनी रुचियों को व्यापक कर लें और विभिन्न समूहों में कई मित्र बना लें। कोई भी दूसरा व्यक्ति आपको 'कभी सुखी नहीं बना सकता।' अगर आप अपने प्रियजनों से ईर्ष्या नहीं करना चाहते हैं, तो आपके जीवन में बहुत सी रुचियाँ, बहुत से क्षेत्रों में प्रबल इच्छाएँ और कई संबंध होने चाहिये।

उदाहरण के तौर पर, कई लोग बहुत सा प्रेम तो इसलिये हासिल नहीं कर पाते हैं, क्योंकि उन्होंने कहीं पर यह घिसी-पिटी बात सुन ली है कि सफल विवाहित जोड़ों को दोस्तों की ज़रूरत नहीं होती है। जैसा एक युवा पत्नी ने कहा था, 'मेरा पति ही मेरा इकलौता दोस्त है, जिसकी मुझे ज़रूरत है।' इस रवैये से विवाह पर बहुत ज़्यादा दबाव पड़ता है। चाहे वैवाहिक जीवन कितना ही अद्‌भुत क्यों न हो, कोई भी एक इंसान आपकी सारी भावनात्मक आवश्यकताओं की पूर्ति नहीं कर सकता और यह बेहतर होगा कि आप दूसरे मानसिक संबंध बनाने की तरफ़ भी ध्यान दें। आपका जीवनसाथी यक़ीनन आपका सबसे अच्छा मित्र होना चाहिये, लेकिन वह एकमात्र मित्र नहीं होना चाहिये। अगर आपके पास दूसरे अंतरंग संबंध न हों, तो पोषण की कमी के कारण आप भावनात्मक रूप से कमज़ोर हो सकते हैं।

अगर कोई पति-पत्नी ऐसा सोचते हैं कि शादी के बाद वे अपने पुराने दोस्तों से संबंध तोड़कर दूसरे दंपतियों से मित्रता कर लेंगे, तो वे एक जाल में फँस रहे हैं। चार लोग एक दूसरे को बराबर पसंद करें, इस बात की संभावना बहुत कम होती है।

अगर किसी पति-पत्नी को अपने जैसे विचारों वाला दूसरा जोड़ा मिल जाता है, तो यह उनकी ख़ुशक़िस्मती है। परंतु जब ऐसा नहीं होता - और ऐसा अक्सर नहीं होता है - तो हमें ऐसे दृढ़ रिश्ते बना लेने चाहिये, जिनमें हमारा जीवनसाथी शामिल न हो।

मार्ज और डायना कॉलेज में साथ-साथ पढ़ती थीं और एक दूसरे की शादियों में भी शामिल हुई थीं। पहले तो उनके छोटे-छोटे बच्चे थे, इसलिये वे अक्सर बातें नहीं कर पाती थीं और वे दूर-दूर भी रहती थीं, परंतु जब वे पास रहने लगीं, तो वे अक्सर किसी रेस्तराँ में लंबा लंच लेने लगीं। उनके पतियों की रुचियाँ अलग-अलग थीं, इसलिये उन चारों का इकट्‌ठे आनंद लेना संभव नहीं था।

'जब मार्ज और मुझे इस बात का एहसास हुआ कि हमारे पति भी शायद यही चाहते हैं कि हम दोनों ही रिश्ते को आगे बढ़ाएँ, तो हमारा अपराधबोध ख़त्म हो गया,' डायना कहती हैं। 'हम दोनों ही बाख़ के संगीत की दीवानी हैं, जबकि एलन और मार्क बाख़ से बहुत चिढ़ते हैं, इसलिये हम कभी-कभार संगीत समारोहों में भी इकट्‌ठे जाती हैं। जब मैं उन रातों को एलन के पास बिस्तर में सोती हूँ, तो मैं इस बात के लिये कृतज्ञ होती हूँ कि वह मुझसे इस बात की उम्मीद नहीं करता कि हम हर काम इकट्‌ठे करें। कितनी अजीब बात है - मैं ख़ुश होती हूँ कि मेरे पास उसे बताने के लिये कुछ नया है। इन संगीत समारोहों का आधे से ज़्यादा आनंद तो इसी बात में छिपा है- घर आना और एलन को यह बताना कि संगीत का मुझ पर क्या असर हुआ।' मार्ज और डायना के प्रगाढ़ बंधन से उनकी शादियाँ कमज़ोर नहीं हुईं, बल्कि ज़्यादा सुखद बन गईं।

6. अपने संबंधों में बदलाव के लिए तैयार रहें

मान लीजिये, आपकी छोटी बहन बचपन में आपकी उँगली पकड़कर चलती हो और आप उस वक़्त उस पर अपना अधिकार समझती हों। अगर आप उसके वयस्क होने के बाद मधुर संबंध रखना चाहती हों, तो आपको उसे ज़्यादा जगह देनी होगी, उसे वयस्क के रूप में स्वीकार करना होगा, उसे अपनी बराबरी का दर्जा देना होगा। यह मुश्किल है, क्योंकि बरसों तक आपके संबंध एकतरफ़ा रहे हैं। लेकिन इसे बदलना ही होगा और अगर आप अपने संबंधों में बदलाव के लिये तैयार हों, तो यह बदल सकता है।

किशोर बच्चों को स्वतंत्रता देने के मामले में भी इसी तरह का बदलाव ज़रूरी है। कुछ समय पहले हम उनके जूतों के लेस बाँधते थे और सड़क पार करते समय उनका हाथ पकड़ते थे। हमें इन आदतों को भूलना होगा और ख़ुद को बार-बार याद दिलाना होगा कि अब वे छोटे बच्चे नहीं हैं, जो हम पर निर्भर हों।

एक समझदार माँ ने मुझसे हाल ही में कहा था, 'मैं अपने बच्चों को दो बड़ी चीज़ें देना चाहती हूँ। पहली तो जड़ें, और दूसरे पंख। पहली चीज़ आसान है, दूसरी मुश्किल है।'

हेनरी नूवेन मेहमाननवाज़ी के अलंकार का प्रयोग करते हुए हमसे अपने बच्चों को ज़्यादा स्वतंत्रता देने का आग्रह करते हैं :

> माता-पिता और बच्चों के संबंध को मेहमाननवाज़ी के संदर्भ में देखना अजीब लगेगा। लेकिन ईसाई धर्म के केंद्र में यह संदेश है कि बच्चे किसी की जायदाद नहीं हैं और उन पर शासन नहीं किया जाना चाहिये, बल्कि वे तो उपहार हैं, जिनका सम्मान किया जाना

चाहिये, जिनकी देखभाल की जानी चाहिये। हमारे बच्चे हमारे सबसे महत्वपूर्ण मेहमान हैं, जो हमारे घरों में आते हैं, हम उनका ध्यान रखते हैं, वे कुछ देर हमारे घर ठहरते हैं और फिर अपने रास्ते पर चले जाते हैं।

काश बच्चों की भावनात्मक समस्या लेकर मेरे ऑफ़िस में आने वाला हर मरीज़ इस कोटेशन को अपने बाथरूम के शीशे पर टाँग ले और हर दिन इसे पाँच बार पढ़े। मैं बार-बार देखता हूँ कि माता-पिता किस तरह प्रेम के नाम पर अपने बच्चों पर हुक्म चलाते हैं और उनका शोषण करते हैं। परिणाम यह होता है कि उनका रिश्ता टूट जाता है या कम से कम उसमें दरार तो पड़ ही जाती है।

अगर आप बच्चों के लालन-पालन पर कोई पुस्तक पढ़ना चाहते हैं और ख़ासकर इस बारे में कि आपके किशोर बच्चों को कितनी स्वतंत्रता दी जानी चाहिये, तो मैं अपने दोस्त चार्ली शेड की पुस्तक *प्रोमिसेस टु पीटर* पढ़ने की सलाह देता हूँ। मेरी पत्नी और मैं साल में इसे एक बार पढ़ने की कोशिश करते हैं। डॉ. शेड विस्तार से बताते हैं कि उन्होंने और मार्था ने अपने बच्चों के लिये किस तरह 'बढ़ती हुई स्वतंत्रता और स्वशासन' की योजना तैयार की। आप शायद अपने बच्चों को उतनी स्वतंत्रता न देना चाहें, जितनी कि शेड दंपति ने अपने बच्चों को दी है, परंतु आपको ऐसी *कोई* योजना बनानी होगी, जिससे आपके बच्चे धीरे-धीरे स्वतंत्र हो जाएँ, वरना आप अपने बच्चों के दोस्त नहीं बन पाएँगे।

मानवविज्ञानी ग्रेगरी बेट्सन पहले व्यक्ति थे, जिन्होंने पूरक और संतुलित संबंधों में फ़र्क़ स्पष्ट किया। बेट्सन के अनुसार जब दो पक्ष बराबर के नहीं होते हैं, तो उनमें पहले तो 'पूरक' संबंध बनता है, जिसमें निर्भरता और पोषण होता

है, सुपीरियॉरिटी और इन्फ़ीरियॉरिटी होती है। बराबरी के लोगों के संबंधों को उन्होंने 'संतुलित' संबंध नाम दिया। उनकी भाषा में कहा जाये, तो अपने बच्चों के साथ हमारे संबंध 'पूरक' से 'संतुलित' की ओर बढ़ने चाहिये।

यह ध्यान रखें कि इस तरह का बदलाव आपके लिये जितना मुश्किल होगा, उतना ही आपके बच्चे के लिये भी होगा। अपने बच्चे की दुविधा को समझने के लिये आपको यह सोचना होगा कि आपके माता-पिता के साथ आपके संबंध कैसे थे। चाहे आपके बच्चे या नाती-पोते हो गए हों, पर आप अपने माता-पिता के सामने एक बार फिर बच्चों जैसा व्यवहार करने लगते हैं।

एक महान स्कैंडिनेवियन अभिनेत्री से एक बार पूछा गया कि क्या वे अपनी माँ के साथ बराबरी का व्यवहार कर पाती हैं, जिस तरह एक वयस्क दूसरे के साथ करता है। 'मैं ऐसा करना पसंद करूँगी,' उन्होंने कहा। 'यह मेरा बहुत बड़ा सपना है। लेकिन मेरी माँ ऐसा नहीं होने देतीं। वे हमेशा माँ की ही भूमिका निभाती हैं और मुझे बेटी बने रहने पर मजबूर कर देती हैं। वे जानती ही नहीं हैं कि वे ऐसा कर रही हैं, और हमेशा यही चलता रहेगा। शायद यह मेरी भी ग़लती हो सकती है, क्योंकि अनजाने में ही मैं भी उनके सामने एक बार फिर बच्ची बन जाती हूँ। परंतु मैं सचमुच उनके व्यक्तित्व को समझना चाहती हूँ। वे क्या सोचती हैं, उनकी निराशाएँ व आशाएँ क्या हैं – एक माँ के रूप में नहीं, जिनके बारे में मुझे सब पता है – बल्कि एक महिला के रूप में।'

इसी तरह के बदलाव वैवाहिक जीवन में भी होते हैं, या कम से कम होने तो चाहिये। कई तलाक़ तो इसलिये होते हैं, क्योंकि निर्भरता में बदलाव होना चाहिये, लेकिन सशक्त जीवनसाथी सामने वाले की बढ़ती हुई स्वतंत्रता की

माँग के साथ संतुलन स्थापित नहीं कर पाता है। ऐसा तब अक्सर देखा जाता है, जब पत्नी निष्क्रिय और अपने आप में खोई रहने वाली होती है। वह सालों तक अपने बच्चों को पालने में ही जुटी रहती है। अचानक घोंसला ख़ाली हो जाता है और वह ख़ुद की तरफ़ देखकर यह महसूस करती है कि अब ज़िंदा रहने के लिये उसे अपने व्यक्तित्व को दृढ़ बनाना होगा। शायद उस पर महिला मुक्ति आंदोलन का असर हो गया हो और उसने कुछ पुस्तकें पढ़ ली हों। जो पति पहले शिकायत करता था कि उसकी पत्नी चुहिया जैसा व्यवहार करती है, अब इस बात से डर जाता है कि पत्नी का आत्मविश्वास बढ़ रहा है।

या यह दूसरे तरीक़े से भी हो सकता है। 40 साल की उम्र तक जो आदमी अपने कैरियर में आक्रामक था, अब वह ज़िंदगी की रफ़्तार कम कर देता है और घर, पत्नी तथा जीवन के शांत व आध्यात्मिक पहलुओं में रुचि लेने लगता है। उसकी पत्नी को इस नये आदमी के साथ संबंध बनाने में काफ़ी दिक़्क़त होती है।

हालाँकि इन दिक़्क़तों से निबटना आसान नहीं है, लेकिन हमारी निर्भरता में बदलाव होना चाहिये और स्वस्थ संबंधों में इतना लचीलापन होना चाहिये कि वे बदलती हुई ज़रूरतों के हिसाब से ढल जाएँ।

गेल शीही ने एक अधेड़, सफल डिज़ाइनर का इंटरव्यू लिया। इंटरव्यू का विषय था उसकी शादी और अधेड़ उम्र का प्यार। उसने कहा : 'मुझे लगता है अब मुझे अपनी निर्भरता को बताने की ज़रूरत है। और इसके बाद संभव है कि हम एक दूसरे का ज़्यादा ख़्याल रखें, जिसका निर्भरता से कोई लेना-देना न हो; जब दोनों पार्टनर एक दूसरे को विकास करते देखना चाहते हों, चाहे इसमें उन्हें व्यक्तिगत रूप से

कोई लाभ हो या न हो।'

शीही ने पूछा, 'एक दूसरे को जीते देखकर स्वतंत्रता का आनंद लेना?'

'हाँ। यह शादियों में कम होता है, गहरी दोस्तियों में ज़्यादा होता है।'

तो अपनी मित्रता को प्रगाढ़ बनाने का पाँचवाँ नियम है : *अपने रिश्तों में थोड़ी जगह दें।*

खण्ड - 2

अंतरंगता विकसित करने के पाँच मार्गदर्शक सिद्धांत

अध्याय 7

स्पर्श करें

पूरी सृष्टि में एक ही मंदिर है - इंसान का शरीर। जब हम इंसान के शरीर को छूते हैं, तो जैसे हम स्वर्ग को छू लेते हैं।

— थॉमस कार्लायल

कुछ साल पहले युवा मेडिकल विद्यार्थियों का एक समूह एक अस्पताल के बच्चों के वॉर्ड में प्रशिक्षण ले रहा था। एक ख़ास मेडिकल विद्यार्थी बच्चों को विशेष पसंद था। वे हमेशा उसका अभिवादन ख़ुशी से करते थे।

दूसरों को इसका कारण समझ नहीं आया। अंततः उन्होंने फ़ैसला किया कि वे उसकी जासूसी करके पता लगाएँगे कि किस वजह से वह बच्चों को इतना आकर्षित कर पा रहा है।

जासूसी करने वाले को रात तक कुछ पता नहीं चल पाया। लेकिन जब वह प्रशिक्षणार्थी रात का अपना आख़िरी

राउंड लगा रहा था, तो सारा रहस्य खुल गया। उसने हर बच्चे को गुड-नाइट किस किया।

अंतरंगता बढ़ाने का पहला मार्गदर्शक सिद्धांत है :

प्रेम के प्रदर्शन के लिये अपने शरीर का इस्तेमाल करें।

आपके शरीर का सबसे शक्तिशाली अंग

हमारा शरीर अपने आस-पास के लोगों से सच्ची अंतरंगता स्थापित करने में सर्वश्रेष्ठ साधन बन सकता है। अगर आप गहरे रिश्तों को देखें, तो आप पाएँगे कि ज़्यादातर लोगों की स्पर्श क्षमता बहुत तीव्र होती है और लोगों के साथ रहते समय वे उन्हें छूते रहते हैं। चर्चा के दौरान वे अपनी आँखों से सुनते हैं, क़रीब आ जाते हैं और अपना प्रेम जताने के लिये अक्सर अपने शरीर के स्पर्श का सहारा लेते हैं।

एश्ले मॉन्टेग्यू ने स्पर्श की कला पर एक लंबी और ज्ञानवर्धक पुस्तक लिखी है। उनका मानना है कि त्वचा सिर्फ़ हमारे शरीर का आवरण या कवच नहीं है; यह तो दरअसल हमारा सबसे शक्तिशाली इंद्रिय अंग है। त्वचा में लगभग पाँच लाख संवेदनशील तंतु होते हैं, जो मस्तिष्क तक संदेश ले जाते हैं। हमारे शरीर में त्वचा सबसे महत्वपूर्ण अंग है। कोई भी इंसान बहरा और अंधा होकर जी सकता है, गंध और स्वाद की अनुभूति के बिना ज़िंदा रह सकता है, लेकिन त्वचा जो काम करती है, उसके बिना ज़िंदा रहना असंभव हो जाता है। कभी यह माना जाता था कि जानवर अपने बच्चों को सिर्फ़ साफ़ रखने के लिये उन्हें चाटते हैं। परंतु जैसा मॉन्टेग्यू साबित करते हैं, जानवरों के चाटने का कारण इससे ज़्यादा गहरा है। उचित शारीरिक विकास और व्यवहार के विकास के लिये त्वचा का उचित उत्तेजन अनिवार्य है।

छुए जाने की इच्छा

सभी प्राणियों के बच्चे बचपन में अपने माँ के शरीर से चिपक जाते हैं, अपने भाई-बहनों से चिपके रहते हैं। हर प्राणी प्रेम का स्पर्श पसंद करता है। कुत्तों को तो सहलाये जाने की अमिट भूख होती है, बिल्लियाँ इसके लिये अपनी पूँछ हिलाती हैं, और डॉल्फ़िनें भी थपथपाया जाना पसंद करती हैं।

19वीं सदी में आधे से भी ज़्यादा दुधमुँहे बच्चे अपने पहले ही साल में मैरास्मस नामक बीमारी से मर गये। मॉन्टेग्यू के अनुसार 1920 में भी अमेरिका के शिशु संस्थानों में एक साल से कम बच्चों की मृत्यु दर शत-प्रतिशत के क़रीब थी! डॉ. हेनरी चैपिन ने किस तरह जासूसी करके इस चिंताजनक समस्या का हल खोजा, यह एक रोमांचक कहानी है।

न्यूयॉर्क के प्रख्यात बाल रोग विशेषज्ञ डॉ. चैपिन ने पाया कि बच्चों को साफ़-सुथरे, कीटाणुरहित वॉर्डों में रखा जाता था, लेकिन उन्हें गोद में नहीं लिया जाता था या छुआ नहीं जाता था। चैपिन कुछ महिलाओं को लाये और उनसे कहा कि वे बच्चे को गोद में लें, उनके साथ बातें करें, और उन्हें थपथपाएँ। ऐसा करने पर मृत्यु दर काफ़ी कम हो गयी।

इन बच्चों की अनावश्यक मौत के लिये ज़िम्मेदार कौन था? शिशु संस्थानों के डायरेक्टर्स तो क़तई दोषी नहीं थे। वे तो सर्वश्रेष्ठ उपलब्ध वैज्ञानिक जानकारी के हिसाब से बच्चों को पाल रहे थे। असली खलनायक था कोलम्बिया यूनिवर्सिटी का शिशु रोग का प्रोफ़ेसर एम्मेट होल्ट। होल्ट ने *द केयर एंड फ़ीडिंग ऑफ़ चिल्ड्रन* नामक पुस्तक लिखी थी, जो 1894 में पहली बार प्रकाशित हुई और 1935 में इसका 15वाँ संस्करण आ गया। अपनी लंबी लोकप्रियता के दौरान यह सबसे ज्ञानी ग्रंथ मानी जाती थी, अपने ज़माने का सर्वमान्य सत्य। और इस पुस्तक में लेखक ने माताओं से

कहा था कि वे झूलों को हटा दें और रोने पर बच्चों को गोद में न लें, क्योंकि छूने से बच्चे बिगड़ जाते हैं और उन्हें संक्रमण हो सकता है। प्रेमपूर्ण स्पर्श को अवैज्ञानिक कहा गया था। अब हम जान चुके हैं कि पर्याप्त शारीरिक स्पर्श न मिलने पर बच्चे चिड़चिड़े हो जाते हैं। सामान्य और असामान्य बच्चों के साथ कई प्रयोगों से यह पता चला कि जिन बच्चों को उनके माता-पिता का सबसे ज़्यादा शारीरिक स्पर्श मिला, उनका आई क्यू सबसे ज़्यादा रहा और उन्होंने जल्दी बोलना तथा चलना शुरू किया।

बच्चों को शारीरिक प्रेम की बहुत ज़्यादा ज़रूरत होती है। लॉस एंजेलिस के हॉवर्ड मैक्सवेल अपने समय के अनुरूप थे। जब उनकी चार वर्षीय पुत्री मैलिन्डा 'द थ्री लिटिल पिग्स' की दीवानी हो गयी और उनसे हर रात इसे पढ़कर सुनाने की ज़िद करने लगी, तो मिस्टर मैक्सवेल ने ख़ुश होकर वह कहानी टेप कर दी। जब मैलिन्डा ने अगली बार कहानी सुनाने के लिये कहा, तो पिता ने टेप चालू कर दिया। दो रातों तक तो उनका यह प्रयोग सफल रहा, लेकिन तीसरी रात को मैलिन्डा ने कहानी की किताब अपने पिता के हाथ में थमा दी।

'अब क्या है, बेटा,' पिता ने कहा, 'तुम तो जानती हो कि टेप कैसे चलाया जाता है?'

'हाँ,' मैलिन्डा ने जवाब दिया, 'लेकिन मैं उसकी गोद में तो नहीं बैठ सकती।'

कई माता-पिता अपने बच्चों को पाँच-छह साल की उम्र के बाद छूना बंद कर देते हैं और उसके बाद बच्चे भी एक दूसरे को छूना बंद कर देते हैं। हमारी संस्कृति के प्रबल सामाजिक दबाव के आगे वे झुक जाते हैं। हम मानते हैं कि वयस्कों के लिये स्पर्श ज़रूरी नहीं है। इटैलियन और फ्रांसीसी

लोग एक घंटे की चर्चा में सामान्यतः एक दूसरे को सौ बार छूते हैं। जबकि अमेरिका के लोग इस दौरान तीन बार से भी कम छूते हैं।

गॉर्डन इन्केलेस ने अमेरिका के विश्वविद्यालयों में मालिश की कला सिखाई है। उनका कहना है कि ज़्यादातर वयस्क अमेरिकियों की त्वचा भूख से मुरझायी हुई है। 'ज़िंदगी भर की भूख के बाद त्वचा को जब दो घंटे मालिश मिलती है, तो यह खिल उठती है। उन क्षणों में साधारण चेहरों पर भी वही भाव दिखने लगते हैं, जो संतों और स्वामियों के चेहरों पर दिखते हैं।

केवल दो ही स्थितियों में हम किसी दूसरे वयस्क को ख़ुद को छूने की अनुमति देते हैं : सेक्स के दौरान, और उन लोगों के सामने जिन्हें छूने का लायसेंस मिला है – टेलर, नाई, मसाज करने वाले, डॉक्टर। ये प्रोफ़ेशनल भी सावधान रहते हैं कि वे भावशून्य ढंग से स्पर्श करें, ताकि सामने वाला उसे सेक्स का संकेत न समझे। बहरहाल, सेक्स की अंतरंगता और चिकित्सा के भावशून्य ठंडे स्पर्श के बीच भी स्पर्श के असंख्य प्रकार होते हैं।

ईसा मसीह बार-बार लोगों का स्पर्श करते थे। उन्होंने कोढ़ी की तरफ़ 'अपना हाथ बढ़ाया और छुआ' *(मैथ्यू 8:3)*। जब पीटर की सास बीमार थीं, तो ईसा मसीह ने 'उनका माथा छुआ और उनका बुखार ग़ायब हो गया' *(मैथ्यू 8:15)*। और जब माताएँ अपने छोटे बच्चों को उनके पास लाती थीं, तो 'वे उन्हें अपनी बाँहों में ले लेते थे और उन्हें आशीर्वाद देते थे, उन पर अपना हाथ रखते थे' *(10:16)*।

बिना बोले प्रेम कैसे जताएँ

अभिनेत्री मैलिना मर्करी की आत्मकथा *आई वाज़ बॉर्न ग्रीक*

इन वाक्यों से शुरू होती है :

> मैंने जिस पहले आदमी से प्रेम किया, उसका नाम था स्पाइरॉस। वह बहुत ही आकर्षक और सम्मोहक था। उसके मुँह में बाक़ी पुरुषों से ज़्यादा मिठास थी। मुझे उसका आलिंगन बहुत ज़्यादा पसंद था, एक ऐसा आलिंगन जिसमें गुलाबजल और तुलसी की महक आती थी। वह शक्तिशाली था। वह लंबा था। वह मुझसे बहुत प्यार करता था। उसने मेरे बचपन को बहुत सुखी बना दिया। स्पाइरॉस मेरे दादाजी थे।

अगर आप अपने आस-पास के लोगों के क़रीब आना चाहते हैं, तो आप संप्रेषण की उस शक्ति को जान लें, जो आपके हाथों में है। अपने काम के दौरान कई बार मैं यह नहीं समझ पाता कि जटिल समस्याओं के जवाब में क्या बोलूँ। सहज अनुभूति से कई बार मैं अपनी कुर्सी पर से उठ जाता हूँ और मरीज़ की बाँह पर अपना हाथ रख देता हूँ। इस तरह मैं उसे यह बताने की कोशिश करता हूँ कि मैं उसकी भावनाओं को गहराई से महसूस करता हूँ।

एक दिन एक निराश और परेशान बच्ची का अपॉइंटमेंट था। ज़्यादातर वक़्त वह बेक़ाबू होकर रोती रही। अगले सप्ताह मैं उसी विषय पर चर्चा से पहले पिछले हफ़्ते की रिपोर्ट सुनने के लिये तैयार था, लेकिन मुझे हैरत हुई कि उसे याद ही नहीं था कि हमारी बातचीत किस विषय पर हुई थी। उसे तो सेशन के बारे में सिर्फ़ इतना याद था कि उसके बाहर जाते समय मैंने उसे गले लगाया था। पुरुषों और महिलाओं दोनों ने ही मुझे अक्सर बताया है कि उन्हें कई बार सबसे ज़्यादा ज़रूरत इस बात की होती है कि उनका जीवनसाथी उन्हें गले लगा ले और कुछ देर तक चिपकाये रखे।

शारीरिक स्पर्श की अधिकता भी शब्दों की अधिकता की तरह ही ख़तरनाक हो सकती है, लेकिन जब यह आपके प्रेम की सच्ची अभिव्यक्ति हो, तो स्पर्श से आप किसी के उतने क़रीब आ सकते हैं, जितने कि एक हज़ार शब्द बोलकर भी नहीं आ पाएँगे। पुरुषों के पास दूसरे पुरुषों की प्रेमपूर्ण मालिश करने के दूसरे तरीक़े होते हैं। हाथ मिलाने की आदत डालें। सामने वाले के पास जाकर अपने शरीर को उसके निकट ले जाकर हाथ मिलाने से एक संदेश जाता है। पीठ थपथपाना, पेट में मज़ाक़ से मुक्का मारना, या बात करते समय किसी के कंधे पर हाथ रखना – आप अपनी शब्दावली में इन संकेतों को शामिल कर सकते हैं।

अपोज़िट सेक्स के साथ हमारे संपर्क में स्पर्श का मतलब हमेशा सेक्स से संबंधित नहीं होना चाहिये। हमें शारीरिक रूप से प्रोत्साहित करना चाहिये, तसल्ली देना चाहिये या प्रेम प्रदर्शित करना चाहिये।

जब शराब की लत मार्क पर हावी थी, तो सोमवार उसका सबसे बुरा दिन होता था। शनिवार और रविवार को लगातार शराब पीने के कारण वह किसी तरह ख़ुद को घसीटकर सोमवार की सुबह ऑफ़िस ले जाता था, लेकिन वह दिन उसके लिये आठ घंटे की यातना साबित होता था। उसका कहना है, 'शाम को घर लौटने पर मैं सीधे अपने बेडरूम में चला जाता था। मैं किसी से भी बात नहीं करना चाहता था। लेकिन कई बार, जब मैं बिस्तर पर लेटकर अख़बार पढ़ता था, तो मेरी पुत्री कैटरीना हलो कहने आ जाती थी। वह देखती थी कि मेरी हालत ख़राब है और किसी तरह उसे मालूम पड़ जाता था कि मुझे सहारे की ज़रूरत है, हालाँकि मैं उससे यह कहता नहीं था। वह मेरे पास लेट जाती थी और मेरी बाँह पर हाथ रख देती थी,

हालाँकि मैं अख़बार पढ़ता रहता था। हम कुछ नहीं बोलते थे, लेकिन मुझे लगता था, जैसे उसके स्पर्श से मेरे शरीर से कई ज़हर बाहर निकल रहे हैं।

यह संयोग नहीं है कि बाइबल चिकित्सा के लिये हाथ रखने की सलाह देती है। हमें इस बात का अंदाज़ा ही नहीं है कि हम स्पर्श से कितना कुछ कर सकते हैं।

सेक्स का स्पर्श

आपके पार्टनर के साथ आपकी अंतरंगता सेक्स के स्पर्श से बढ़ सकती है। सेक्स के दौरान हम प्रबल प्रेम की ऐसी अभिव्यक्ति कर सकते हैं, जो शब्दों के माध्यम से संभव नहीं है। ग़लत बात तो यह है कि हम शारीरिक स्पर्श को मूलभूत कामक्रीड़ा तक ही सीमित रखते हैं। हम सेक्स उन्मुक्तता के युग में रह रहे हैं, फिर भी युगल एक दूसरे के शरीर को नज़रअंदाज़ करते हैं। सेक्स के विशेषज्ञ जानते हैं कि सेक्स के हिसाब से शरीर के संवेदनशील अंग कौन से हैं, लेकिन वे भी शरीर के 95 प्रतिशत हिस्से पर ज़्यादा ध्यान नहीं देते।

सेक्स की परेशानियों से ग्रस्त दंपतियों के साथ हमारे काम के दौरान - ऐसी महिलाएँ जिन्हें ऑरगैज़्म नहीं होता था और ऐसे पुरुष जो नपुंसकता महसूस करते थे - मेरे सहयोगियों और मैंने हमेशा पाया कि पति और पत्नी एक दूसरे का स्पर्श नहीं करते थे। वे प्यार से एक दूसरे को दुलारते नहीं थे, थपथपाते नहीं थे, चुंबन नहीं लेते थे, गले नहीं लगाते थे। शादी की शुरुआत में वे यह सब करते थे, लेकिन धीरे-धीरे स्पर्श की आदतें छूट गयीं। कोई हैरत की बात नहीं कि उनके सेक्स जीवन में समस्याएँ आ गईं।

सेक्स संबंधी इन सभी समस्याओं का उपचार मूलभूत रूप से एक ही है : हम उन्हें एक बार फिर एक दूसरे को छूने

को कहते हैं। मास्टर्स और जॉनसन का स्पर्श अभ्यास सभी लोगों के लिये बहुत आनंददायी साबित हो सकता है। इसके लिये आपको किसी सेक्स क्लीनिक जाने की ज़रूरत नहीं है। आप घर बैठे ही यह काम कर सकते हैं। अगर हर दंपति इस अभ्यास को नियमित रूप से करे, तो वैवाहिक संबंध बहुत सुधर जाएगा।

यहाँ आपको वह अभ्यास बताया जा रहा है। एक ऐसा समय चुनें, जब आप अपने बेडरूम का दरवाज़ा बंद कर सकें और आपको कोई डिस्टर्ब न करे। परंतु ऐसा देर रात को न करें, क्योंकि उस समय आप दोनों थके होते हैं। अब बिस्तर पर नग्न होकर पास-पास लेट जाएँ। शुरुआती 20 मिनट तक एक जीवनसाथी दूसरे को देगा, जबकि दूसरा पाएगा। पाने वाले का इकलौता काम यही है कि आप चुपचाप लेटे रहें और अपने जीवनसाथी को लाड़ करने दें। पलटकर उसे स्पर्श न करें, इधर-उधर न देखें और बात न करें, सिर्फ़ अपने जीवनसाथी को बताएँ कि आपको क्या अच्छा लगता है, कहाँ आपको हल्का स्पर्श चाहिये और कहाँ आपको ज़्यादा ताक़त का स्पर्श चाहिये। जब आपका पार्टनर आपके शरीर पर लोशन मले, तो अपनी त्वचा की संवेदनाओं को महसूस करें। यह सेक्स की पूर्व-क्रीड़ा नहीं है और हम यह सलाह देते हैं कि शुरुआती कुछ सत्रों में दंपतियों को स्तनों और गुप्तांगों का स्पर्श नहीं करना चाहिये।

और इसके बाद सेक्स का आनंद भी नहीं लेना चाहिये। क्यों ? क्योंकि अगर आपको पता है कि इसके बाद सेक्स नहीं होगा, तो आप अपना पूरा ध्यान इस बात पर लगाएँगे कि आप अपनी त्वचा के माध्यम से क्या महसूस कर रहे हैं। 20 मिनट तक आनंद उठाने के बाद अपनी भूमिकाएँ बदल लें।

यह अभ्यास करने के बाद कई दंपति हमारे ऑफ़िस

में आकर बताते हैं कि उन्हें छूने और छुए जाने में बहुत आनंद मिला। जिन लोगों की शादी को 20 या 30 साल हो चुके हैं, वे भी आकर बताते हैं, 'मैंने कभी अपने जीवनसाथी के शरीर को पूरी तरह नहीं छुआ था, और मुझे ऐसा करना बहुत अच्छा लगा!' और बिना पूछे ही मैं जान जाता हूँ कि यह उसके जीवनसाथी को भी अच्छा लगा होगा।

हमने यह भी पाया है कि अगर पति-पत्नी में इस बात को लेकर मतभेद हों कि सेक्स कितनी बार होना चाहिये, तो इस अभ्यास के बाद उनके मतभेद कम हो जाते हैं। अक्सर पति को यह शिकायत रहती है कि पत्नी सेक्स के लिये तैयार नहीं होती। लेकिन शारीरिक दुलार से मिले आनंद के बाद पति की सेक्स की ज़रूरत उतनी प्रबल नहीं रहती है, क्योंकि उसे शारीरिक स्पर्श से बहुत आनंद मिल चुका है। दूसरी तरफ़, पत्नी को शारीरिक दुलार से जो आनंद मिलता है, उससे वह सेक्स के लिये ज़्यादा उत्तेजित हो जाती है और ज़्यादा शारीरिक संसर्ग के लिये प्रेरित होती है। इस तरह दोनों की सेक्स आवश्यकता लगभग समान हो जाती है।

तो अपने प्रियजनों के साथ अंतरंगता विकसित करने के लिये पहला मार्गदर्शक सिद्धांत है : *प्रेम के प्रदर्शन के लिये अपने शरीर का इस्तेमाल करें।*

अध्याय 8

तारीफ़ करने की कला

मैं एक अच्छी तारीफ़ पर दो माह तक ज़िंदा रह सकता हूँ।

— मार्क ट्वेन

दूसरी क्लास के क्लासरूम में एक दिलचस्प मनोवैज्ञानिक शोध किया जा रहा था। टीचर ने शिकायत की थी कि बच्चे बेक़ाबू होते जा रहे हैं और उन पर क़ाबू करना दिनोंदिन मुश्किल होता जा रहा है। वे अपना काम करने के बजाय खड़े होकर इधर-उधर घूम रहे थे।

दो मनोवैज्ञानिक स्टॉपवॉच लेकर कमरे के पीछे से कई दिन तक बच्चों और टीचर के व्यवहार पर नज़र रखते रहे। हर 10 सेकंड बाद वे अपने पैड पर लिखते थे कि इस दौरान कितने बच्चे अपनी सीट से उठे। औसत रूप से 20 मिनट के पीरियड में बच्चों ने 360 बार अपनी सीट छोड़ी और खड़े हुए, जबकि टीचर ने हर 20 मिनट के पीरियड में औसतन सात बार कहा, 'बैठ जाओ।'

मनोवैज्ञानिकों ने सुझाव दिया कि टीचर जान-बूझकर 'बैठ जाओ' आदेश देने की संख्या बढ़ा दे और देखे कि क्या होता है। अगले कुछ दिनों में टीचर ने अपने 20 मिनट के पीरियड में औसतन 27.5 बार 'बैठ जाओ' का आदेश दिया। क्या इससे बच्चों के व्यवहार में अंतर आया ? यक़ीनन। अब वे हर पीरियड में 540 बार खड़े होने लगे, यानी 50 प्रतिशत की वृद्धि। अपने डाटा की जाँच के लिये शोधकर्ताओं ने टीचर से अपनी सामान्य दर से आदेश देने को कहा और दो ही दिन में विद्यार्थियों के खड़े रहने का प्रतिशत पुरानी दर पर लौट आया। फिर उन्होंने दो दिन के लिये 'बैठ जाओ!' वाले आदेश को फिर बढ़ाने के लिये कहा और एक बार फिर सीट से उठने वाले बच्चों की संख्या बढ़ गई।

अब इस मज़ेदार बात पर ग़ौर फ़रमाएँ। आख़िरी सप्ताह में शोधकर्ताओं ने टीचर को सलाह दी कि टीचर 'बैठ जाओ!' आदेश बिलकुल न दे और इसके बजाय वह उन बच्चों की तारीफ़ करे, जो अपनी सीट पर बैठकर काम कर रहे थे। परिणाम ? *खड़े होने और घूमने वाले बच्चों की संख्या में 33 प्रतिशत कमी देखी गयी, जो पूरे प्रयोग के दौरान बच्चों का सर्वश्रेष्ठ व्यवहार था।*

इस बात से हमें क्या पता चलता है ? यही कि बच्चे वही व्यवहार करते हैं, जिसकी तरफ़ ध्यान दिया जाता है, चाहे वह व्यवहार नकारात्मक ही क्यों न हो। जब बच्चे लड़ते हैं, तो माता-पिता उन्हें कठोर अनुशासन में रखते हैं, परंतु जब बच्चे अच्छी तरह से खेलते हैं, तो वे उन्हें नज़रअंदाज़ कर देते हैं। माता-पिता को लगता है कि उस समय उन पर ध्यान देने की ज़रूरत नहीं है, लेकिन यहीं पर माता-पिता ग़लती करते हैं। अच्छे व्यवहार के लिये उनकी तारीफ़ न करना बहुत बड़ी ग़लती है।

यह सिद्धांत कोई हाल ही में नहीं खोजा गया है। लिंकन ने बहुत समय पहले कहा था, 'गैलन भर सिरके के बजाय एक बूँद शहद से ज़्यादा मक्खियाँ पकड़ी जा सकती हैं।'

अगर आप लोगों के साथ सफल संबंध जोड़ने का तरीक़ा खोज रहे हैं, तो प्रशंसा की कला सीख लें। विस्कॉन्सिन के क्लासरूम में जो तरकीब काम आयी थी, वही आपके कर्मचारियों, आपके ग्राहकों, आपके टीचर्स और आपके जीवनसाथी के साथ भी काम आ सकती है। तारीफ़ में जादू होता है।

अंतरंगता विकसित करने का दूसरा मार्गदर्शक सिद्धांत सीधा सा है :

दिल खोलकर तारीफ़ करें।

1936 में एक अनजान वाय एम सी ए प्रशिक्षक ने एक पुस्तक प्रकाशित की। इस प्रशिक्षक ने सेल्समैन की अपनी अच्छी-ख़ासी नौकरी छोड़ दी थी और वह चाहता था कि सेल्समैनशिप के अनुभवों के आधार पर वह सार्वजनिक भाषण और लोक-व्यवहार के सिद्धांत जनता को सिखाये। न्यूयॉर्क के वाय एम सी ए के डायरेक्टर्स उसे दो डॉलर प्रति लेक्चर की फ़ीस देने के लिये तैयार नहीं थे, क्योंकि कोर्स का विषय नया था और यह पहली बार हो रहा था। लेकिन प्रशिक्षक ने हार नहीं मानी और उसने कमीशन के आधार पर कोर्स चलाने का प्रस्ताव रखा और आख़िरकार डायरेक्टर्स मान गये।

दो साल में ही यह कोर्स इतना लोकप्रिय हो गया कि उस युवा प्रशिक्षक को एक रात में दो डॉलर की जगह तीस डॉलर मिलने लगे। न्यूयॉर्क के एक प्रकाशक एक्ज़ीक्यूटिव ने यह कोर्स किया और उसे मानव संबंधों की वह सामग्री

इतनी पसंद आयी कि उसने प्रशिक्षक को इसे पुस्तक के रूप में प्रकाशित करवाने के लिए प्रेरित किया। उस युवक का नाम था डेल कारनेगी और उसकी पुस्तक *हाऊ टु विन फ़्रैंड्स एंड इन्फ़्लुएंस पीपुल (लोक-व्यवहार)* प्रकाशित होने के बाद 10 साल तक *द न्यूयॉर्क टाइम्स* बेस्ट सेलर लिस्ट में रही। यह रिकॉर्ड आज तक नहीं टूटा है। एक करोड़ प्रतियाँ बिकने के बाद भी हर साल इस पुस्तक की दो लाख प्रतियाँ बिक रही हैं।

कारनेगी की पुस्तक में ऐसी क्या जादुई बात है ? पूरी पुस्तक का रहस्य 'लोगों के साथ व्यवहार करने का अचूक रहस्य' अध्याय में छिपा है और यह उस पुस्तक के पाँच खंडों की सबसे मूलभूत बात है। ऐसा नहीं है कि यह डेल कारनेगी का मौलिक विचार था। हर सफल प्रेमी, हर कामयाब मैनेजर, हर अच्छा पिता इस तकनीक का हर दिन प्रयोग करता है। अपने सर्वश्रेष्ठ रूप में आपने भी इसका प्रयोग किया होगा। कारनेगी ने इसे इस तरीक़े से कहा है : *'दिल खोलकर तारीफ़ करें और मुक्त कंठ से प्रशंसा करें।'*

चार्ल्स श्वाब उन चुनिंदा लोगों में से एक थे, जो हर साल दस लाख डॉलर कमाते थे। एन्ड्रयू कारनेगी श्वाब को 3000 डॉलर प्रतिदिन से ज़्यादा क्यों देते थे ? क्या इसलिये, क्योंकि वे स्टील के निर्माण के बारे में बाक़ी लोगों से ज़्यादा जानते थे ? नहीं। श्वाब ने ख़ुद कहा है कि उनके नीचे काम कर रहे कई लोगों का तकनीकी ज्ञान उनसे ज़्यादा है। श्वाब को इतनी बड़ी तनख़्वाह सिर्फ़ इसलिये मिलती थी, क्योंकि उनमें लोगों के साथ व्यवहार करने की कला थी। यहाँ पर हम उन्हीं के शब्दों में उनका रहस्य बता रहे हैं :

> 'मैं मानता हूँ कि मेरी सबसे बड़ी पूँजी अपने कर्मचारियों का उत्साह बढ़ाने की कला है और मैं जानता हूँ कि

> उत्साह बढ़ाने का सबसे अच्छा तरीक़ा सराहना और प्रोत्साहन है। कोई भी बात किसी व्यक्ति की महत्वाकांक्षाओं को इतनी बुरी तरह से नहीं कुचलती है, जितनी कि अपने वरिष्ठ व्यक्तियों की आलोचना। मैं किसी की आलोचना नहीं करता हूँ। मैं प्रोत्साहन देने में विश्वास करता हूँ। इसलिये मैं तारीफ़ करने के लिये तत्पर रहता हूँ और ग़लती निकालने में कंजूसी बरतता हूँ। अगर मुझे कोई बात पसंद आती है, तो मैं दिल खोलकर तारीफ़ करता हूँ और मुक्त कंठ से सराहना करता हूँ।'

कई विद्वान आलोचक ऐसी तकनीकों को बेईमानी भरी और शोषण करने वाली कहकर इनकी आलोचना करते हैं। *हाऊ टु विन फ्रैंड्स एंड इन्फ़्लुएंस पीपुल* को दर्जनों बार घटिया साहित्य कहा गया है। लेकिन अगर आप सामने वाले को यह बताते हैं कि आपको उसकी कौन सी बात पसंद है, तो इसमें शोषण का सवाल ही कहाँ उठता है। अगर आपका उद्देश्य सिर्फ़ सामने वाले को ख़ुश करना हो, तो यह तो अच्छी बात है। मैं डेल कारनेगी की ख़ुद की एक कहानी आपको सुनाना चाहता हूँ :

> मैं पोस्ट ऑफ़िस में रजिस्ट्री करने गया था और लाइन में लगा था। मुझे लगा कि क्लर्क लिफ़ाफ़ों का वज़न लेते हुए, उन पर टिकट चिपकाते हुए और पैसे गिनते हुए बोर हो रहा था, क्योंकि उसे हर दिन यही काम करना पड़ता है। मैंने ख़ुद से कहा : 'मैं कोशिश करूँगा कि क्लर्क को मेरी बातें अच्छी लगें। मेरी बातें उसे अच्छी लगें, इसलिये मुझे ख़ुद के बारे में नहीं, बल्कि उसके बारे में बातें करनी होंगी। अब मैंने ख़ुद से पूछा, 'इस आदमी में ऐसा क्या है, जिसकी मैं सच्ची

तारीफ़ कर सकता हूँ?' यह पता लगाना कई बार मुश्किल होता है, ख़ासकर अजनबियों के साथ। लेकिन यहाँ पर यह बहुत ही आसान था। मैंने तत्काल ही ऐसी चीज़ देख ली, जिसकी मैं दिल खोलकर तारीफ़ कर सकता था।

जब वह मेरे लिफ़ाफ़े को तौल रहा था, तो मैंने उत्साह भरे स्वर में कहा : 'काश मेरे बाल भी आप जैसे होते!'

वह थोड़ा चौंका और फिर उसके चेहरे पर चमक आ गई। उसने विनम्रता से कहा, 'अब तो यह उतने अच्छे नहीं रहे।' मैंने उससे कहा कि हालाँकि ये पहले जितने अच्छे नहीं होंगे, लेकिन अब भी ये बहुत ही आकर्षक हैं। वह बेहद ख़ुश हो गया। हम लोगों ने कुछ देर तक दिलचस्प बातचीत की और उसके आख़िरी शब्द थे, 'कई लोगों ने मेरे बालों की तारीफ़ की है।'

मैं शर्त लगाता हूँ कि वह आदमी हवा में उड़ता हुआ लंच करने गया होगा। उसने रात को घर लौटकर अपनी पत्नी को यह बात बतायी होगी। मैं शर्त लगाता हूँ कि उसने शीशे में ख़ुद को देखा होगा और कहा होगा, 'मेरे बाल कितने सुंदर हैं!'

मैंने एक बार लोगों को यह कहानी सुनायी। समूह में बैठे एक आदमी ने मुझसे यह सवाल पूछा, 'आपको इससे क्या मिला?'

मैं उससे क्या हासिल करने की कोशिश कर रहा था!!!

अगर हम इतने ज़्यादा स्वार्थी हो जाएँ कि हम सामने वाले से बिना कुछ लिये उसे ज़रा सी ख़ुशी या तारीफ़ भी न दे सकें, तो हमारी आत्माएँ मर चुकी हैं और हमें निश्चित रूप से असफल हो जाना चाहिये। और

> हाँ, मैं उससे बदले में कुछ चाहता था, और जो मैं चाहता था वह मुझे मिल भी गया। मैं चाहता था कि मैं उसे ख़ुश कर दूँ, कि मैं बिना प्रतिदान की आशा के उसे कुछ दे सकूँ। हालाँकि अब यह घटना पुरानी हो चुकी है, लेकिन आज भी इसे याद करके मेरे दिल में ख़ुशी की लहर दौड़ जाती है और मेरे चेहरे पर चमक आ जाती है।

अगर आप अपने मस्तिष्क को दूसरे लोगों की अच्छाइयाँ खोजने का प्रशिक्षण दें, तो आपको आश्चर्य होगा कि आप उनमें कितनी सारी अच्छाइयाँ खोज सकते हैं और उनकी कितनी ज़्यादा तारीफ़ कर सकते हैं। रैल्फ़ वॉल्डो इमर्सन ने कहा था, 'हर आदमी मुझसे किसी न किसी बात में बेहतर होता है। मैं उसकी वह बात सीख लेता हूँ।' अगर इमर्सन जैसा विद्वान इस तरह की बात कहता है, तो हम जैसे साधारण लोगों के लिये यह मुश्किल नहीं होना चाहिये कि हम अपने पड़ोसियों की अच्छी बातों को खोजकर उनकी तारीफ़ करें।

अगर हम बिना उम्मीद के प्रशंसा करना सीख जाएँ, तो हम अपनी प्रशंसा की कला को और विकसित कर सकते हैं। कई मौक़ों पर, जैसे अच्छे भाषण या बढ़िया डिनर के बाद तारीफ़ करना सामाजिक परंपरा या शिष्टतापूर्ण व्यवहार माना जाता है। सर हेनरी टेलर ने अपनी 19वीं सदी की पुस्तक *द स्टेट्समैन* में यह कहा है कि थोड़ा रुककर उस घटना को याद करते हुए तारीफ़ करना ज़्यादा प्रभावी साबित होता है :

> जब भाषण ख़त्म हो और भाषण देने वाला बैठने लगे, तो उस समय होने वाली तारीफ़ को वह सभ्य समाज की औपचारिकता समझेगा। लेकिन अगर आप कुछ

> समय बाद उसकी तारीफ़ करेंगे और उसे बताएँगे कि आपको उसकी कही बातें इतनी पसंद आयी हैं कि वे आपको इतने समय बाद भी याद हैं, तो आपने उसके भाषण को जितने समय तक याद रखा है, वह आपकी तारीफ़ को उससे भी ज़्यादा लंबे समय तक याद रखेगा।

आत्म-सम्मान कैसे विकसित किया जाता है

अगर आप अपने आस-पास के लोगों की तारीफ़ करने की स्वर्णिम आदत डाल लेते हैं, तो आपको इसके अद्भुत संचयी परिणाम मिलेंगे। शिशु मनोवैज्ञानिक डॉ. पॉल रॉबर्ट्स कहते हैं कि स्वीकृति और प्रेम के नियमित संदेश बच्चे की आत्म-छवि बनाने के लिए बहुत महत्वपूर्ण होते हैं। इन संचित संदेशों से बच्चा इस निष्कर्ष पर पहुँचता है, 'मैं जानता हूँ कि वे मुझे पसंद करते हैं।' और वह इस दुविधा में नहीं रहता है, 'शायद वे पसंद करते हैं, शायद वे पसंद नहीं करते। देखते हैं अगली बार उनकी प्रतिक्रिया क्या होती है।' जब सकारात्मक जानकारी बच्चे की यादों के बैंक में जमा होती है, तो बच्चा कभी-कभार की डाँट या आलोचना का सफलतापूर्वक सामना कर सकता है। क्या माता-पिता बच्चों में आत्मविश्वास विकसित करने में सचमुच अपना योगदान दे सकते हैं ? रूथ स्टैफ़र्ड पील कहती हैं, 'हाँ, वे ऐसा कर सकते हैं।'

> इसका रहस्य यह है : देखें कि बच्चे में कौन सी जन्मजात प्रतिभा या गुण छिपे हुए हैं, फिर धीरे-धीरे से (एकदम से ज़्यादा की उम्मीद न करें) उसे उन क्षेत्रों में प्रोत्साहित करें। किसी एथलीट पिता के लिये यह मुश्किल होगा कि वह अपने बेटे को फ़ुटबॉल के बजाय शतरंज खेलने के लिये प्रेरित करे। लेकिन अगर बेटे को शतरंज खेलना है, तो इससे उसका आत्मविश्वास

> बढ़ेगा। अगर वह एक चीज़ अच्छी तरह से कर लेता है, तो उसे विश्वास हो जायेगा कि वह दूसरी चीज़ें भी अच्छी तरह से कर लेगा और वह कोशिश करने में नहीं डरेगा।

प्रशंसा करने या प्रशंसा छिपाने के विकल्प से हम किसी व्यक्ति की आत्म-छवि पर काफ़ी हद तक नियंत्रण पा जाते हैं। हमारे क्लीनिक में हम शरीर की छवि पर चर्चा कर रहे थे और अलग-अलग लोग बता रहे थे कि वे ख़ुद को किस रूप में देखते हैं। एक लंबी, दुबली युवती ने कहा :

'मैं ख़ुद को मोटी और मुँहासों वाली मानती हूँ।'

'आपका यह कहना है कि आप कभी मोटी और मुँहासों वाली थीं?' किसी ने पूछा।

'नहीं, मेरी नज़रों में आज भी मेरी यही छवि है।'

यह युवती किसी तरह से मोटी नहीं थी। वह तो दुबली थी और उसकी त्वचा भी बहुत सुंदर और साफ़ थी। तो फिर क्या यह उसका विकृत आत्म-अवलोकन था? इसमें कोई संदेह नहीं कि उसके विकास की किसी अवस्था में, शायद उसकी किशोरावस्था की शुरुआत में वह अनाकर्षक रही होगी। शायद किसी ने उसके शरीर का मज़ाक़ उड़ाया होगा। वह तस्वीर उसके दिमाग़ में बैठ गयी और किसी ने उसे बदलने की कोशिश नहीं की। यह बहुत सुंदर युवती जानती ही नहीं थी कि वह कितनी सुंदर थी, सिर्फ़ इसलिये क्योंकि कोई उसे यह बात नहीं बता रहा था।

सर्वश्रेष्ठ निकालने की शक्ति

'तारीफ़ महान मस्तिष्कों के लिये प्रेरणा है।' किसी ने कहा था और हम सभी में बहुत शक्ति छिपी है – हम अपनी

तारीफ़ से लोगों को प्रेरित कर सकते हैं। तारीफ़ करने में कुछ ख़र्च नहीं होता, परंतु हमारे आस-पास के लोग तारीफ़ सुनने के लिये कुछ भी करने को तैयार रहते हैं। प्रसिद्ध अमेरिकी मनोवैज्ञानिक विलियम जेम्स ने कहा था : 'हर मनुष्य दिल की गहराई से चाहता है कि उसकी सराहना हो।'

डेल कारनेगी तारीफ़ करवाने की इस इच्छा के बारे में कहते हैं : 'जो दुर्लभ व्यक्ति लोगों की प्रशंसा की इस भूख को संतुष्ट करता है, वह लोगों को अपने वश में कर सकता है और उसकी मौत पर क़ब्र खोदने वाले को भी अफ़सोस होगा।'

गाँधीजी ने करोड़ों लोगों को अपनी सामान्य सीमाओं से आगे निकलने के लिये प्रेरित किया और उन्होंने ऐसे काम किये, जो न कभी देखे गए थे, न सुने गए थे। गाँधीजी की जीवनी लिखने वाले लुई फ़िशर लोगों को प्रेरित करने की गाँधीजी की कला के बारे में संकेत देते हैं : 'वे लोगों की बुराइयाँ नहीं देखते थे। वे लोगों को उस रूप में नहीं देखते थे जैसे वे थे, बल्कि उस रूप में देखते थे जैसे वे बनना चाहते थे और इसी कारण वे सबमें अच्छाइयाँ ही देखते थे और इसी कारण वे अक्सर इंसानों को बदल देते थे।'

हममें से ज़्यादातर लोग इतने सौभाग्यशाली होते हैं कि हमारी शुरुआती ज़िंदगी में कोई न कोई ऐसा होता है - कोई शिक्षक, दादा-दादी, नाना-नानी, दोस्त - जो हममें ख़ास रुचि लेता है और हमारी कमज़ोरियों के बजाय हमारे मज़बूत पहलुओं पर रोशनी डालता है, जिन्हें कोई और नहीं देख पाता। अगर आप इस तरीक़े से अपने आस-पास के लोगों को प्रेरित करेंगे, तो आप हमेशा उन्हें अपना कर्ज़दार बना लेंगे और आपके जाने के लंबे समय बाद भी आप उन्हें याद रहेंगे।

जब एन मॉरो चार्ल्स लिन्डबर्ग से मिलीं, तो वे राष्ट्रीय

हीरो थे। उन्होंने अटलांटिक पार करने के लिये 40000 डॉलर जीते थे और वे इस शहर से उस शहर उड़ान भर रहे थे। एन के पिता मेक्सिको में राजदूत थे। लिन्डबर्ग की मेक्सिको यात्रा के दौरान इन दोनों में एक ऐसे प्रेम की शुरुआत हुई, जो 47 साल तक चला। एन भी अपने पति की ही तरह संकोची और एकांतप्रिय थीं, परंतु उनके जीवन की त्रासदियों के बावजूद और इतने मशहूर व्यक्ति से शादी होने के बाद भी वे अमेरिका की सबसे लोकप्रिय लेखिकाओं में से एक बनीं।

अपनी शादी का वर्णन करते समय वे अपने कैरियर की सफलता के बारे में इशारा करती हैं। उनके पति को अपनी पत्नी की क्षमताओं पर असामान्य विश्वास था। वे कहती हैं :

> गहरे प्रेम में उन्मुक्तता की प्रबल शक्ति होती है ... आदर्श, प्रेम में दोनों ही जीवनसाथी एक दूसरे को नये और भिन्न संसार में जीने के लिये मुक्त करते हैं। मैं भी इस सामान्य नियम का अपवाद नहीं थी। मुझसे प्रेम किया जा रहा था, सिर्फ़ यही जानना मेरे लिये अद्‌भुत था और इसने मेरी दुनिया बदल दी, ज़िंदगी और अपने बारे में मेरा नज़रिया बदल दिया। इससे मुझे आत्मविश्वास, शक्ति और एक नया चरित्र मिला। मैं जिस आदमी से शादी करने वाली थी, वह मुझमें और मेरी क्षमताओं में विश्वास करता था और इसका परिणाम यह हुआ कि मैं जितना सोचती थी, उससे कहीं ज़्यादा हासिल कर पाई।

अब मैं आपको बताना चाहता हूँ कि मेरे दोस्त ब्रूस लार्सन को प्रशंसा की शक्ति का कैसा अनुभव हुआ। यह घटना आप ब्रूस के शब्दों में ही सुनिये :

एक सुबह मुझे न्यू जर्सी से न्यूयॉर्क जाने वाला हवाई जहाज़ पकड़ना था। मैं पिछली रात को ही एक सम्मेलन से लौटा था और मुझे दूसरे सम्मेलन में शामिल होने जाना था।

मैं थका हुआ था। मैंने समझदारी से अपने समय का बजट नहीं बनाया था और मैं नहीं जानता था कि मेरे सामने कितना थका देने वाला कार्यक्रम था। जल्दी उठने और नाश्ता करने के बाद मैं बेहद नकारात्मक मूड में हवाई अड्डे पहुँचा। जब हवाई जहाज़ ने उड़ान भरी, तो मैं ख़ुद को लेकर दुःखी हो रहा था।

मैं अपनी गोद में एक ख़ाली नोटबुक रखकर बैठा हुआ था और ईश्वर से प्रार्थना कर रहा था, 'हे प्रभु, मेरी मदद करो। मुझे कुछ विचार दो, जिन्हें लिखकर मैं अपने सम्मेलन में आने वाले लोगों को प्रेरणा दे सकूँ।'

लेकिन कोई ज़ोरदार विचार नहीं आया। मैंने यूँ ही कुछ वाक्यांश उतार लिये और अपराध बोध से और भी ज़्यादा ग्रस्त हो गया। इस तरह की स्थिति अस्थायी पागलपन का एक रूप है। इससे हमारा ईश्वर पर से विश्वास उठ जाता है और हम यह भूल जाते हैं कि ईश्वर हमें किसी भी तरह की स्थिति से उबार सकता है।

आधी यात्रा पूरी होने पर एक एयर होस्टेस कॉफ़ी लेकर पास से गुज़री। सभी यात्री पुरुष थे, क्योंकि महिलाएँ इतनी समझदार होती हैं कि वे सुबह सात बजे हवाई जहाज़ से यात्रा नहीं करती हैं। जब एयर होस्टेस मेरे पास से गुज़री, तो मैंने उसे कहते सुना, 'अरे, किसने इंग्लिश लेदर आफ़्टरशेव लोशन लगाया है। मैं इस लोशन को लगाने वाले आदमी पर मोहित हो जाती हूँ। वह कौन है ?'

तत्काल उत्साह से मैंने अपना हाथ हिलाया और कहा, 'मैं।'

एयर होस्टेस ने क़रीब आकर मेरा गाल सूँघा। मैं ख़ुश था कि अब सब लोगों का ध्यान मेरी तरफ़ था। बाक़ी यात्री मुझे ईर्ष्या भरी नज़रों से देख रहे थे।

पूरी यात्रा के दौरान एयर होस्टेस और मैं हँसी-मज़ाक़ करते रहे। जब भी वह मेरी सीट के पास से गुज़रती थी, मैं उसे छेड़ देता था या वह कोई मज़ाकिया बात कह देती थी और मैं उसके जवाब में ख़ुशी-ख़ुशी कोई ठिठोली कर देता था। पच्चीस मिनट बाद जब हवाई जहाज़ उतरने वाला था, तब मैंने महसूस किया कि मेरा अस्थायी पागलपन ग़ायब हो गया था। इस तथ्य के बावजूद कि मैंने हर काम गड़बड़ किया था – मैंने समय का ठीक बजट नहीं बनाया था, मैंने ठीक से तैयारी नहीं की थी, मेरा नज़रिया ठीक नहीं था – अचानक हर चीज़ बदल गई। मुझे अब यह नया एहसास हुआ कि मैं ईश्वर से प्रेम करता था और वह भी मेरी असफलताओं के बावजूद मुझसे प्रेम करता था।

यही नहीं, मैं अपने आप से, अपने आस-पास के लोगों से और सम्मेलन में मेरा इंतज़ार कर रहे लोगों से ज़्यादा प्रेम करने लगा। ऐसा लग रहा था, जैसे मैं वह पागल था, जिसे ईसा मसीह ने छू दिया था और मैं ईसा मसीह के क़दमों में बैठा हुआ था। मैंने अपनी गोद में रखी नोटबुक को देखा और पाया कि उसमें इतने सारे विचार लिखे हुए थे, जो पूरे हफ़्ते मेरे काम आएँगे।

'हे भगवान,' मैंने सोचा, 'ऐसा कैसे हुआ ?' तब मुझे महसूस हुआ कि कोई मेरे जीवन में आया था और

> उसने चाबी घुमा दी थी। यह एक छोटी सी चाबी थी, जिसे घुमाने वाली अजनबी थी। लेकिन इस छोटी सी प्रशंसा ने मुझे एक बार फिर से उत्साही इंसान बना दिया। यह अनपेक्षित प्रशंसा मुझे एक बार फिर मुख्य धारा में ले आयी।

प्रशंसा की कला ही जादुई कुंजी है। पाब्लो कैसल्स ने कहा था, 'जब तक कोई तारीफ़ और प्रेम कर सकता है, तब तक वह हमेशा जवान रहेगा।' तो अंतरंगता विकसित करने का दूसरा मार्गदर्शक सिद्धांत है : *दिल खोलकर तारीफ़ करें।*

अध्याय 9

विवाह की कॉफ़ी कप अवधारणा

हमने साइकोथैरेपी के लिए एक अद्‌भुत शब्द खोज लिया है : बातचीत।

—पेनी और रिचर्ड क्रेना

प्रिय एन लैंडर्स :

मेरा पति मुझसे ज़रा भी बात नहीं करता। वह हर रात को अख़बार पढ़ता है या टी.वी. देखता है। जब भी मैं उससे कोई सवाल पूछती हूँ, वह हूँ-हाँ में जवाब देता है। कई बार तो वह यह भी नहीं करता है। उसे तो बस एक नौकरानी और कभी-कभार इच्छा होने पर साथ सोने वाली महिला की ज़रूरत है। वह दोनों को ख़रीद सकता है। कई बार तो मुझे हैरानी होती है कि उसने शादी की ही क्यों है।

इस तरह की शिकायतें असामान्य नहीं हैं। हालाँकि इसके कारण पूरी तरह स्पष्ट नहीं हैं, लेकिन हममें से कई लोगों में यह प्रवृत्ति होती है कि जो लोग हमारे जीवन में

सबसे महत्वपूर्ण होते हैं, हम उन्हीं से बातें करना बंद कर देते हैं।

कुछ समय पहले एक मनोवैज्ञानिक ने एक प्रयोग किया। वह जानना चाहता था कि औसत पति-पत्नी एक सप्ताह में कितनी देर तक बातचीत करते हैं।

प्रयोग को सटीक बनाने के लिये शोधकर्ता ने हर जगह माइक्रोफ़ोन फ़िट कर दिये, ताकि उनका हर शब्द रिकॉर्ड किया जा सके, चाहे उनकी बातचीत कितनी ही सामान्य क्यों न हो, जैसे नाश्ते की टेबल पर टोस्ट देने का आग्रह या दुकान से कुछ ख़रीदने जाते समय की पूछताछ। हर शब्द रिकॉर्ड किया गया।

एक सप्ताह में 168 घंटे होते हैं, यानी 10,080 मिनट। आपको क्या लगता है कि औसत पति-पत्नी एक दूसरे से कितने समय बोले होंगे। नहीं, 10 घंटे नहीं, एक घंटा भी नहीं, या आधा घंटा भी नहीं। औसतन कुल 17 मिनट बातें हुईं। जर्मेन ग्रीर कहते हैं, 'अकेलेपन से भी ज़्यादा क्रूर उस आदमी के क़रीब रहना है, जिसने बोलना छोड़ दिया हो।'

एक महिला का विवाहेतर प्रेम क्यों शुरू हुआ

शब्द सस्ते होते हैं, लेकिन सर्वश्रेष्ठ संबंधों में वे अनिवार्य होते हैं। एक महिला मेरे ऑफ़िस में आयी। उसकी शादी को कई साल हो चुके थे। उसका हाल ही में दूसरे आदमी के साथ प्रेम प्रसंग शुरू हुआ था। मैंने अनुमान लगाया कि उनकी चोरी से होने वाली मुलाक़ातों में सेक्स उनका प्रमुख लक्ष्य होगा। 'नहीं,' उसने कहा, 'आपको सच बताऊँ, मैं उसके साथ सिर्फ़ दो-तीन बार ही सोई हूँ और वह अनुभव कोई ख़ास रोमांचक नहीं रहा। मैं उससे इतना प्रेम इसलिये करती हूँ और उसके साथ रहना इतना ज़्यादा पसंद सिर्फ़ इसलिये

करती हूँ, क्योंकि हम बातें कर सकते हैं। हम घंटों तक बिना रुके बातें कर सकते हैं – मैं अपने दिल की हर बात उसे बता सकती हूँ और वह भी ऐसा ही कर सकता है। मेरे पति और मैं इस तरह से बातें क्यों नहीं कर सकते?'

शायद ऐसे बहुत से कारण हो सकते हैं, जिनकी वजह से वह और उसके पति उस तरीक़े से बातें नहीं कर सकते होंगे, जिनमें से एक यह हो सकता है कि उसके पति को यह मालूम ही नहीं होगा कि बात करना इतना महत्वपूर्ण हो सकता है।

एरिक हॉफ़र सैन फ्रांसिस्को में बंदरगाह पर काम करने वाला मज़दूर था। वह शाम को फ़िलॉसफ़ी की पुस्तकें लिखता था। *द ट्रू बिलीवर, द ऑर्डियल ऑफ़ चेन्ज* और *द पैशनेट स्टेट ऑफ़ माइन्ड* जैसी पुस्तकों ने आख़िरकार उसे मशहूर बना दिया। हॉफ़र का बचपन काफ़ी मुश्किलों में गुज़रा था। जब वह सात साल का था, तो उसकी माँ गुज़र गई थीं। बाद में उसी साल हॉफ़र अचानक और बिना किसी स्पष्ट कारण के अंधा हो गया। 15 साल की उम्र में उसकी आँखों की रोशनी लौटने तक एक किसान महिला ने उसकी देखभाल की। उसने हॉफ़र को शब्दों का महत्व सिखाया।

उसने उस महिला के बारे में लिखा है :

> उस महिला ने सचमुच मुझे प्यार किया होगा, क्योंकि आठ साल का वह अंधापन मेरे दिमाग़ में एक सुखद याद की तरह है। मुझे बहुत सी बातें और हँसी वाली घटनाएँ याद हैं। मैंने बहुत बातें की होंगी, क्योंकि मार्था बार-बार कहती थी, 'मुझे याद है तुमने यह कहा था, तुम्हें याद है तुमने वह कहा था।' उसे मेरी कही हर बात याद थी और ज़िंदगी भर मुझे इस बात

का एहसास रहा कि मैं जो सोचता और कहता हूँ, वह याद रखने लायक़ है। उसने मुझे यह बहुत बड़ा सबक़ सिखाया।

ज़ाहिर है, सिर्फ़ बकबक करने से क़रीबी रिश्ते नहीं बनते हैं। चर्चाएँ कई तरह की होती हैं और सिर्फ़ धाराप्रवाह बोलने से ही दो लोगों के बीच अंतरंगता की गारंटी नहीं दी जा सकती है। बहरहाल यह भी सच है कि *बिना* चर्चा के कोई अंतरंगता हो ही नहीं सकती है। सालों तक किसी को जानने और प्रेम करने के लिये आपको नियमित रूप से बातचीत करने की ज़रूरत होती है। यह बिलकुल स्पष्ट नज़र आता है, लेकिन मैंने कई क़रीबी रिश्तों को सिर्फ़ इसलिये बिखरते देखा है, क्योंकि लोग-बाग एक-दूसरे से बात करना बंद कर देते हैं। अंतरंगता विकसित करने का तीसरा मार्गदर्शक सिद्धांत है :

बातचीत के लिये फ़ुरसत का समय नियम से निकालें।

स्टैन और रिचर्ड दस साल से हर गुरुवार को गोल्फ़ खेल रहे हैं। उनमें बहुत से अंतर हैं। स्टैन एक छोटे से टी.वी. रिपेयर बिज़नेस का मालिक है और रिचर्ड एक कमर्शियल आर्टिस्ट है। परंतु गोल्फ़ के मैदान पर दोनों का मिलना एक महत्वपूर्ण परंपरा है, जिसे वे कभी नहीं तोड़ते हैं, बशर्ते वे शहर से बाहर न गए हों।

'हम कहते हैं कि हम यह व्यायाम के लिये और प्राकृतिक वातावरण में रहने के लिये करते हैं,' स्टैन का कहना है, 'लेकिन इसका असली कारण यह है, और हम दोनों ही यह बात जानते हैं कि हम बातचीत करने के लिये यहाँ मिलते हैं। हमें सप्ताह में कम से कम एक बार बातचीत करने की

ज़रूरत होती है।'

पिछले साल रिचर्ड की नौकरी छूट गयी और वह लगभग छह महीनों तक बेरोज़गार रहा। उसका कहना है कि गुरुवार की चर्चाओं से उसे उस मुश्किल समय में काफ़ी सांत्वना मिली।

चर्चा की योजना

चार्ली शेड ने विवाह के विषय पर बहुत दिलचस्प और बुद्धिमानी की बातें लिखी हैं। उन्हें इस विषय पर विशेषज्ञता दर्शाने का हक़ है। उन्होंने पाँच बच्चे पाले हैं और मार्था से उनकी शादी अमेरिका की सबसे अच्छी शादियों में से एक है। अपनी एक पुस्तक में वे बताते हैं कि अपनी पत्नी के साथ तालमेल बनाये रखने के लिये वे उसके साथ दो अपॉइंटमेंट रखते हैं : सप्ताह में एक बार वे दोनों एक साथ डिनर करने जाते हैं और हर दिन 15 मिनट तक एक दूसरे से गहराई से बातें करते हैं।

डिनर डेट पर सिर्फ़ वे दोनों ही होते हैं। कोई तीसरा साथ में नहीं होता। 'कई बार यह लंच होता है,' वे बताते हैं, 'लेकिन जब भी और जहाँ भी हम लंच लेते हैं, हम अपनी टेबल पर कोहनियाँ रखकर एक दूसरे की आँखों में गहराई से देखते हैं। हम आँखों के माध्यम से एक दूसरे के दिल तक पहुँच जाते हैं।'

दूसरा अपॉइंटमेंट – हर दिन 15 मिनट तक गहराई से बातचीत करने का होता है। इस दौरान घरेलू ख़र्च या बच्चों की समस्याओं या साप्ताहिक पिकनिक की योजनाओं पर बातचीत नहीं होती है। विषय होता है, 'मार्था और चार्ली के भीतर क्या चल रहा है?'

एक और दंपति ने बताया कि विवाह की उनकी

अवधारणा कॉफ़ी कप की अवधारणा है। डिनर लेने और बर्तनों को डिशवॉशर में रखने के बाद दोनों अपने कॉफ़ी के कप लेकर टेबल पर बैठ जाते हैं और बताते हैं कि उनका आज का दिन कैसा गुज़रा। इस चर्चा के आकर्षण के बारे में पति का कहना है, 'मुझे लगता है कि अगर मैं अपनी पत्नी को पूरी तरह समझ गया, तो हमारी ज़िंदगी कम दिलचस्प हो जाएगी। लेकिन वह मेरे लिये रहस्य बनी रहती है और मैं शाम की चर्चा का इंतज़ार करता हूँ, क्योंकि मुझे पता होता है कि मैं उसमें कोई नई बात देखूँगा।'

एक और दंपति यह मानते हैं कि घर पर कॉफ़ी पीने के बजाय कॉफ़ी हाउस में जाना बेहतर होता है। आपके घर में यह संभावना बनी रहती है कि आप इधर-उधर के कामों में लग जाएँ, जैसे पार्टनर के बोलते समय आप टी.वी. देखने लगें या कपड़ों को तह करने लगें। इसलिये आप अपने जीवनसाथी के साथ बाहर कॉफ़ी पीने जाएँ और एक दूसरे का हाथ थामकर आमने-सामने बैठकर उस पर पूरा ध्यान दें। आप ख़ुद देखेंगे कि इससे आपके रिश्तों में नयी जान आ जायेगी।

मुद्दे की बात यह है कि अगर हम चाहें और कोशिश करें तो अपने जीवनसाथी के साथ अच्छी, समृद्ध बातचीत संभव है।

बच्चों के साथ बातचीत कैसे करें

अपने बच्चों के साथ बातचीत करना भी इतना ही महत्वपूर्ण है। चार्ली शेड अपनी पुस्तक *प्रॉमिसेस टु पीटर* में ऐसा करने का एक फ़ॉर्मूला बताते हैं। जब उनके बच्चे बड़े हो रहे थे, तो चार्ली अपने हर बच्चे को महीने में एक बार अकेले बाहर डिनर के लिये ले जाते थे। बच्चा ही रेस्तराँ चुनता था और

डिनर के बाद वे एक जनरल स्टोर में जाकर 50 सेंट की कोई चीज़ ख़रीदते थे। शेड कहते हैं कि जब उनके बच्चे उस मुश्किल उम्र में पहुँचे, जिसे किशोरावस्था कहते हैं (जब बच्चे अपनी गुफा में चले जाते हैं और परिवार के सदस्यों से बात करना बंद कर देते हैं और सिर्फ़ खाने के समय परिवार के क़रीब आते हैं), तब भी वे इन नियमित चर्चाओं का आनंद लेते थे। 'कई बार सिर्फ़ टटोलने के लिये मैंने गुफा में रहने वाले किशोर से कहा, "आज हमारे बाहर जाने का शनिवार है! मुझे लगता है कि तुम्हारा जाने का मूड नहीं है?" क्या आप यक़ीन करेंगे? एक बार भी किसी ने भी बाहर जाने से इंकार नहीं किया।'

बातचीत में मेहनत लगती है

हम अपने अंतरंग लोगों के साथ नियमित बातचीत करने से इसलिये भी बचते हैं, क्योंकि इसमें काफ़ी मेहनत करनी पड़ती है। एक अकेली माँ बताती है कि वह बच्चों को सुलाने से पहले आधा घंटे तक उनसे बातचीत करती है। 'इस दौरान हम योजनाएँ बनाते हैं कि हम क्या करने वाले हैं और यह विचार-विमर्श करते हैं कि उस दिन क्या हुआ या सिर्फ़ इधर-उधर की बातें करते हैं। मैं अपने बच्चों के लिये दूसरे काम तो बहुत अच्छे तरीक़े से कर सकती हूँ - जैसे कहानियाँ सुनाना, खेल खेलना, या खाना बनाना - लेकिन बैठकर उनके साथ बातचीत करना सबसे मुश्किल होता है।'

यह मुश्किल हो सकता है, लेकिन वे बच्चे ख़ुशनसीब हैं जिन्हें ऐसी माँ मिली है, जो यह मुश्किल काम करने के लिये तैयार है। अगर हम अपने काम में इतने व्यस्त हों कि हमारे पास अपने बच्चों से बात करने का समय न हो, तो हम सचमुच ज़रूरत से ज़्यादा व्यस्त हैं।

एक दिन फ्रांसिस ज़ेवियर मिशनरी काम के बाद थके हुए घर लौटे। वे अपने कमरे में आराम करने गए और उन्होंने सख़्त हिदायत दी कि किसी भी हाल में उन्हें डिस्टर्ब न किया जाये। लेकिन कुछ ही समय बाद उन्होंने अपने कमरे का दरवाज़ा खोलकर कहा, 'अगर कोई बच्चा आये, तो मुझे जगा देना।'

अंतरंगता विकसित करने का तीसरा मार्गदर्शक सिद्धांत है : *बातचीत के लिये फ़ुरसत का समय नियम से निकालें।*

अध्याय 10

बातचीत करने की कला कैसे सीखें

प्यार का पहला फ़र्ज़ है सुनना।

—पॉल टिलिश

मैं एक महिला को जानता हूँ, जिसे पार्टियों से नफ़रत थी। 'किसी सामाजिक समारोह में जाने से पहले मैं ख़ुद से कहती थी : 'लोकप्रिय बनने की कोशिश करो। उत्साही दिखो। अच्छी बातें करो। चर्चा करो।' लेकिन ऐसा करने की कोशिश करते वक़्त मैं ज़्यादा पी जाती थी और उदासी के माहौल में घर लौटती थी। ऐसा लगता था, जैसे मैं फ़िट नहीं थी।

'लेकिन अब किसी पार्टी में जाने से पहले,' वे कहती हैं, 'मैं ख़ुद से सिर्फ़ यह कहती हूँ कि जो भी मुझसे बात करे, मैं उसकी बात प्रेम से सुनूँ, उसके नज़रिये को समझने की कोशिश करूँ, लोगों को जानने की कोशिश करूँ और उनसे बहस करने, विषय बदलने या उनका विरोध करने से बचूँ। मेरा रवैया होता है : मुझे इस बारे में और बताएँ। वह व्यक्ति

मुझे अपनी आत्मा दिखा रहा है। उसकी ज़िंदगी थोड़ी सूखी हुई है, छोटी है और फ़ालतू बातों में उलझी हुई है, लेकिन कुछ ही देर बाद वह मुझे अपनी सच्ची आत्मा दिखा देता है। तब वह सचमुच जीवंत और रोचक बन जाता है।'

आपको यह जानने के लिये मनोवैज्ञानिक होने की ज़रूरत नहीं है कि यह नई नीति अपनाने के बाद बहुत से लोग उससे बातें करना पसंद करने लगे। उसने बातचीत में सामने वाले का दिल जीतने की कला सीख ली। अंतरंगता विकसित करने का चौथा मार्गदर्शक सिद्धांत है :

सुनना सीखें।

कई व्यक्ति लोगों के बीच में बहुत चुप या नर्वस हो जाते हैं और चिंता करते हैं कि उनके पास कहने के लिये ज़्यादा दिलचस्प बातें नहीं हैं। बहरहाल, वास्तव में अच्छा वक्ता बनने के लिये आपको दिलचस्प या बौद्धिक होने की ज़रूरत नहीं है। आपको तो सिर्फ़ इतना सीखने की ज़रूरत है कि सुना कैसे जाता है।

यह एक आसान रहस्य है, जो आपको दिलचस्प बना देगा। मुझे आज तक वह दिन याद है, जब मैं बिल कैरूथ से मिलने गया, जो इतिहास पढ़ाने के लिये हमारे शहर में आये थे। वे बहुत बढ़िया कपड़े पहनते थे, वे बहुत बुद्धिमान और रोचक व्यक्ति थे, लेकिन किसी कारण से उन्होंने मुझ जैसे चुपचाप रहने वाले और अजीब से लड़के में दिलचस्पी ली।

'मिस्टर कैरूथ,' मैंने कहा, 'मेरी इच्छा है कि काश आप मुझे यह सिखाते कि मैं लोगों के साथ आपकी तरह बातें कैसे करूँ। मुझे तो कोई बात सूझती ही नहीं है।'

'लॉय,' उन्होंने आँख मारते हुए जवाब दिया, 'दिलचस्प

बनने का रहस्य है दिलचस्पी लेना।'

25 सालों तक लोगों से व्यवहार करने में यह छोटी सी सलाह मेरे बहुत काम आयी है, हालाँकि मैं हज़ारों लोगों से मिला हूँ। ऐसे सवाल पूछें, जिनका जवाब देना सामने वाले को अच्छा लगे। लोगों को अपने बारे में बोलने के लिये प्रोत्साहित करें।

सुनने की मनोचिकित्सा

हम जैसे मनोचिकित्सकों के पास रोगी इसलिये आते हैं, क्योंकि वे जानते हैं कि हम उनकी बात जितने ध्यान से सुनते हैं, उतने ध्यान से कोई दूसरा नहीं सुनता।

जब एक महिला ने यह कहा कि वह विश्लेषण के लिये मनोविश्लेषक के पास जा रही है, तो चर्च जाने वाले उसके मित्र ने कहा, 'तुम्हारे ईसाई दोस्त हैं। अगर तुम्हें कोई समस्या है, तो तुम उनसे बात क्यों नहीं कर सकतीं ?'

'हाँ,' उस महिला ने जवाब दिया, 'शायद मैं यही करती, बशर्ते उनमें से एक भी सचमुच मेरी बात सुनता। लेकिन क्या तुम्हें पता है, मेरी बात सुनने के बजाय मेरे चर्च के दोस्त तत्काल मेरी बात काट देंगे और ख़ुद के बारे में बोलने लगेंगे ? हालाँकि इस बात के लिये पैसे देना थोड़ा अजीब लगता है, लेकिन अगर कोई 50 मिनट तक मेरी तरफ़ पूरा ध्यान दे, तो इससे मुझे बहुत अच्छा लगेगा।'

श्रोता हमेशा लोकप्रिय क्यों होता है

चूँकि बहुत कम लोग दूसरों की बातें मन लगाकर सुनते हैं, इसलिये यह बात तो तय है कि ऐसा करने वाले लोग जितने चाहे उतने दोस्त बना सकते हैं और जिनके साथ गहरी दोस्ती करना चाहें, कर सकते हैं। वॉल्टेयर ने लिखा था, 'दिल का

रास्ता कान से होकर गुज़रता है।'

अमेरिका के शीर्षस्थ मनोवैज्ञानिक डॉ. कार्ल रॉजर्स कहते हैं कि कई बार जब कोई मरीज़ किसी गहन और छिपी हुई भावना के बारे में बात करता है, तो उसकी आँखें नम हो जाती हैं, जैसे कह रही हों, 'भगवान का शुक्र है! आख़िर किसी ने तो मेरी बात *सुनी!*'

ईसा मसीह एक अद्‌भुत वक्ता थे। यह कहा गया है कि वे महान शिक्षक और महान उपचारक थे। लेकिन लोगों के साथ उनके व्यवहार में यह भी दिखाई देता है कि वे ध्यान से सुनने वाले श्रोता भी थे। उन्होंने कोढ़ियों, रोमन अफ़सरों, अंधे आदमियों, धर्मगुरुओं, वेश्याओं, मछेरों, राजनेताओं, माताओं, धर्मांध व्यक्तियों और वकीलों से काफ़ी सवाल पूछे।

उनका यह गुण ज़रा असामान्य है। कई जीनियस व्यक्तियों की बातचीत एकतरफ़ा होती है। वे मुँह से बोलते तो हैं, लेकिन कान से सुनते नहीं हैं। परंतु ईसा मसीह सुनते भी थे। वे सामने वाले आदमी की बात सुनना चाहते थे और उसे पूरी तरह जानना चाहते थे।

अगर सुनना इतना महत्वपूर्ण है, तो हमें अच्छे श्रोताओं के कुछ गुण जान लेने चाहिये।

1. अच्छे श्रोता अपनी आँखों से सुनते हैं

संप्रेषण विशेषज्ञों के अनुसार मुँह बंद रहने के बावजूद हम बहुत सी बातें कह देते हैं। जब लोग आपसे बात करते हैं, तो उन्हें इस बारे में बहुत से संदेश मिलते हैं कि आप उनकी बातों में कितनी दिलचस्पी ले रहे हैं। याद रखें : दिलचस्प बनने का सबसे अचूक तरीक़ा है दिलचस्पी लेना। और आपकी दिलचस्पी कितनी है, इसका पता आपकी देहभाषा (body language) से चल जाता है। आँख मिलाकर बात

करना एक प्रबल संकेत है। अगर आप किसी के बोलते समय दीवार या दूसरे लोगों की तरफ़ देखें, तो वक्ता जान जाता है कि आप उसकी बातों में दिलचस्पी नहीं ले रहे हैं। दूसरी तरफ़ अगर आप किसी के बोलते समय उससे नज़रें मिलाएँ, तो उसे ऐसा लगेगा, जैसे आप उसकी तारीफ़ कर रहे हों।

बेहद सफल पादरी गॉर्डन कॉस्बी से मिलने के बाद किसी ने कहा था, 'उस आदमी के सुनने का तरीक़ा अद्‌भुत है। जब आप बोलते हैं, तो वह आपकी आँखों में आँखें डालकर सुनता है। वह बाक़ी सारी चीज़ों की तरफ़ से अपना ध्यान हटा लेता है और आपके बोले हर शब्द को पूरे ध्यान से सुनता है। वह इतना ज़्यादा ध्यान देता है कि वक्ता को यह अपनी प्रशंसा लगती है।'

आँखें मिलाना लोगों के साथ अंतरंगता बढ़ाने के लिये एक शक्तिशाली चुंबक की तरह काम करता है। *बॉडी लैंग्वेज* की लेखिका डॉ. जूलियस फ़ास्ट का कहना है कि देर तक आँखें मिलाना प्रणय प्रदर्शन के दौरान सबसे ज़्यादा महत्त्वपूर्ण मुद्रा होती है। 'अगर आप किसी से दो सेकंड से ज़्यादा देर तक आँखें मिलाते हैं,' वे कहती हैं, 'तो यह एक स्पष्ट संकेत है कि आप सामने वाले में रुचि ले रहे हैं।'

2. अच्छे श्रोता सलाह कम देते हैं

गृहयुद्ध के दिनों में लिंकन ने अपने पुराने दोस्त लियोनार्ड स्वेट को चिट्ठी लिखकर वॉशिंगटन बुलवाया। लिंकन ने लिखा था कि वे उसके साथ कुछ समस्याओं पर विचार करना चाहते हैं।

चिट्ठी पाते ही स्वेट व्हाइट हाउस पहुँचा और लिंकन ने घंटों तक उसके सामने अपने विचार रखे कि दासप्रथा

ख़त्म करने के क्या फ़ायदे होंगे और क्या नुक़सान होंगे। लिंकन ने पत्र पढ़े, अख़बारों में छपे लेख पढ़कर सुनाये। कई लोग उनकी इसलिये आलोचना कर रहे थे, क्योंकि वे दासों को मुक्त नहीं कर रहे थे, जबकि कई लोग इस बात के लिये उन्हें कोस रहे थे, क्योंकि वे उन्हें मुक्त करने जा रहे थे। घंटों तक बोलने के बाद लिंकन ने अपने पुराने पड़ोसी से हाथ मिलाया और विदा ली। लिंकन ने समस्या के बारे में उस दोस्त के विचार पूछे ही नहीं। पूरे समय सिर्फ़ लिंकन ही बोले थे। इससे उनके विचार स्पष्ट हुए और वे सही तरीक़े से सोच सके। स्वेट ने कहा, 'चर्चा के बाद उनका दिमाग़ हल्का हो गया।' लिंकन को सलाह की ज़रूरत नहीं थी। उन्हें तो सिर्फ़ एक अच्छे श्रोता की ज़रूरत थी, जो दोस्ताना और सहानुभूतिपूर्ण ढंग से उनकी बात सुने और जिसके सामने वे अपनी समस्याओं का बोझ हल्का कर सकें।

प्रेम के विशेषज्ञ सलाह देने से कतराते हैं। जब लोग आपके सामने समस्याएँ लेकर आते हैं, तो ऐसा लग सकता है कि वे आपकी सलाह चाहते हैं। वे कह भी सकते हैं कि उन्हें सलाह की ज़रूरत है। लेकिन ज़्यादातर मामलों में अगर आप उनकी बात सिर्फ़ ध्यान से सुन लेते हैं, तो वे आपको धन्यवाद देंगे। चूँकि आप उनकी समस्या को उनके दिल से बाहर निकालकर अपने बीच की टेबल पर ले आते हैं, इसलिये समस्या स्पष्ट हो जाती है और वे ख़ुद ही निर्णय कर सकते हैं।

युवा लोगों के साथ तो आपको इस बात का विशेष ध्यान रखना चाहिये कि आप ज़्यादा सलाह न दें, क्योंकि इससे भविष्य की बातचीत पर बुरा असर पड़ सकता है। फ़िलिप वायली ने जनरेशन गैप का विश्लेषण करते हुए कहा है :

'युवा अमेरिकियों की मूलभूत शिकायत यह नहीं है

कि उन्हें विरासत में इतना पाखंड, झूठ, ग़लतियाँ, गड़बड़ियाँ या समस्याएँ मिली हैं। इसके बजाय, उन्हें सबसे ज़्यादा कष्ट यह है कि वे बड़े लोगों से बात नहीं कर पाते हैं। मुझे यह विश्वास हो चुका है कि ज़्यादातर बच्चे एक भी वयस्क व्यक्ति से खुलकर बातचीत नहीं कर पाते हैं, अंतरंग संबंध नहीं बना पाते हैं। ऐसा क्यों होता है ? जब आप पूछते हैं, तो आपको एक ही जवाब मिलता है : बातचीत करने की उनकी कोशिशों को हम सलाह देकर बुरी तरह से और पूरी तरह से कुचल देते हैं।

3. अच्छे श्रोता कभी विश्वास नहीं तोड़ते हैं

प्रगाढ़ दोस्ती का एक लक्षण यह है कि लोग आपको अपने रहस्य बता देते हैं। धीरे-धीरे वे आपको अपने बारे में ऐसी बातें बताने लगते हैं, जिन्हें उजागर करके आप उन्हें नुक़सान पहुँचा सकते हैं। फिर वे यह देखते हैं कि आप उनके विश्वास पर खरे उतरते हैं या नहीं। अगर आप उनका विश्वास नहीं तोड़ते हैं, तो वे राहत की साँस लेंगे और आपको अपने अन्य रहस्य भी बता देंगे।

तो गहरे संबंध की इच्छा रखने वाले हर व्यक्ति के लिये इस नियम का पालन करना ज़रूरी है : अपने होंठ सिलना सीखें। अगर किसी को पता चल जाये कि आपने उसकी कोई गोपनीय जानकारी या रहस्य उजागर कर दिया है, तो वह आपसे दोस्ती तोड़ लेगा और भविष्य में आपको अपने दिल की कोई बात नहीं बतायेगा।

अगर आप रहस्य उजागर कर देते हैं, तो दूसरों को यह बात निश्चित रूप से पता चल जायेगी। जब आप किसी व्यक्ति को तीसरे व्यक्ति का रहस्य बताते हैं, तो सुनने वाला

समझ जाता है कि आप पर भरोसा नहीं किया जा सकता। जब आपने किसी दूसरे का रहस्य गोपनीय नहीं रखा, तो आप उसका रहस्य भी गोपनीय नहीं रखेंगे, यह समझने के लिये बहुत ज़्यादा बुद्धिमानी की ज़रूरत नहीं है।

तो विश्वसनीय बनने का तरीक़ा यह है : किसी को पता न चलने दें कि आप किसी के विश्वासपात्र हैं। यह हममें से कई लोगों के लिये मुश्किल होता है, क्योंकि हम अपने अहं को संतुष्ट करने के लिये दूसरों को यह बताना चाहते हैं कि हमारे दोस्त हम पर विश्वास करते हैं। लेकिन अगर हम ऐसा करेंगे, तो कुछ समय बाद कोई भी हम पर विश्वास नहीं करेगा।

नशे में धुत्त एक आदमी शराबख़ाने से लड़खड़ाता हुआ निकला और अपने पादरी से टकराते-टकराते बचा, जो वहाँ से गुज़र रहा था।

शराबी बोला, 'अरे, मिस्टर पादरी, मुझे अफ़सोस है कि आपने मुझे इस हाल में देख लिया।'

'तुम मेरे देखने से क्यों परेशान हो, सैम ? ईश्वर भी तो तुम्हें इस हाल में देख रहा है।'

'हाँ,' शराबी ने कहा, 'लेकिन वह आपके जितना मुँह नहीं चलाता है।'

4. अच्छे श्रोता चक्र को पूरा करते हैं

अपनी पुस्तक *मिराजेस ऑफ़ मैरिज* में लेडरर और जैक्सन एक अभ्यास बताते हैं, जिससे आपको दोस्त बनाने में मदद मिलेगी और आप अपनी मित्रता को प्रगाढ़ बना पाएँगे। इस अभ्यास का उद्देश्य है संप्रेषण का चक्र पूरा करना।

यहाँ एक अपूर्ण चक्र का उदाहरण दिया जा रहा है। पति और पत्नी समुद्र किनारे कार से जा रहे हैं। पत्नी कहती है :

'कितना सुंदर सूर्यास्त है!'

पति का जवाब? ख़ामोशी। पूरी तरह ख़ामोशी।

वह इसका क्या मतलब निकालेगी?

ख़ामोशी को नकारात्मक प्रतिक्रिया समझा जा सकता है। इससे वह समझ जाती है कि कहीं कोई गड़बड़ है। लेकिन इससे पत्नी को यह पता नहीं चलता है कि गड़बड़ कहाँ है।

तो हमें चक्र को पूरा करने की आदत डालनी होगी। लेडरर और जैक्सन इस अभ्यास के तीन क़दम सुझाते हैं : पहला व्यक्ति कोई बात कहता है। दूसरा व्यक्ति उस बात को स्वीकार करता है। पहला व्यक्ति उसके स्वीकार करने पर सहमति देता है।

उदाहरण के तौर पर :

मैरी : क्या तुम लॉन्ड्री से कपड़े ले आये?

डिक : नहीं, मैं नहीं ला पाया। कार पार्क करने की जगह ही नहीं थी।

मैरी : शायद कल मैं लॉन्ड्री लेने जा सकती हूँ।

यह रहा एक और उदाहरण : **जोन :** मैं आज बॉब बार्टलेट से मिली थी। **गेल :** वह इन दिनों कैसा है? **जोन :** वह ठीक-ठाक दिख रहा था।

दूसरे की बात पूरे ध्यान से सुनना उसकी सबसे बड़ी प्रशंसा है। ऐसा करके आप यह बता रहे हैं कि आपकी दृष्टि में सामने वाले के विचारों का मूल्य है।

एक युवती दो लोगों के साथ अलग-अलग दिन डिनर करने गई। एक रात उसने प्रसिद्ध ब्रिटिश राजनेता विलियम ई. ग्लैडस्टोन के साथ डिनर लिया और उसकी अगली ही रात वह बेंजामिन डिज़राइली के साथ डिनर करने गयी।

जब उससे इन दो प्रसिद्ध लोगों के साथ डिनर के अनुभवों के बारे में पूछा गया, तो उसने सोचकर जवाब दिया, 'जब मैं ग्लैडस्टोन के साथ डिनर करके वापस लौटी, तो मैं सोच रही थी कि ग्लैडस्टोन इंग्लैंड के सबसे बढ़िया पुरुष हैं। लेकिन जब मैं डिज़राइली के साथ डिनर करके लौटी, तो मैं सोच रही थी कि मैं इंग्लैंड की सबसे बढ़िया महिला हूँ।'

5. जब कोई विश्वास करता है, तो अच्छे श्रोता कृतज्ञता दर्शाते हैं

जब भी लोग आपको कोई राज़ की बात बताते हैं, तो लगभग हमेशा उन्हें यह डर होता है कि उन्होंने ज़रूरत से ज़्यादा कह दिया है। वे आपको सावधानी से देखेंगे कि कहीं आपकी भौंह तो नहीं उठी है या उनमें आपका विश्वास तो कम नहीं हुआ है।

इसलिये यह महत्वपूर्ण है कि आप उनका डर दूर कर दें। जब मैं लोगों को अपने गड़े मुर्दे उखाड़ते देखता हूँ, तो मैं उनके ज़्यादा क़रीब महसूस करता हूँ - मुझे इस बात पर गर्व होता है कि उन्होंने मुझ पर इतना भरोसा किया कि वे मुझे अपने रहस्य बता रहे हैं। इसलिये मैं हमेशा उन्हें धन्यवाद देने की कोशिश करता हूँ। मैं उन्हें बताता हूँ कि उनकी बात मेरे दिल को छू गयी है, कि उनका रहस्य जानने के बाद भी मैं उनके बारे में बुरा नहीं सोच रहा हूँ।

ऐसे रहस्य जानना जिनसे आप सामने वाले को नुक़सान पहुँचा सकें, आपके लिये बड़े सम्मान की बात है, क्योंकि आपके मित्र ने आपको वह रहस्य बताने से पहले काफ़ी सोच-विचार किया होगा। अगर आप अपनी कृतज्ञता मुक्त भाव से प्रदर्शित करेंगे, तो आप अंतरंगता के द्वार खोल देंगे।

अध्याय 11

आँसू भगवान का दिया उपहार हैं

मैं हमेशा ऐसे लोगों को देखकर दुःखी हुई हूँ, जो भावना से, भावुकता से डरते हैं, जो दिल खोलकर रो नहीं सकते। क्योंकि जो लोग यह नहीं जानते हैं कि रोया कैसे जाता है, वे यह भी नहीं जानते हैं कि हँसा कैसे जाता है।

— गोल्डा मायर

मेरे सामने वाली कुर्सी पर बैठा एक बिल्डिंग कॉन्ट्रैक्टर कह रहा था, 'मैं हर एक को कहते सुनता हूँ कि सफल विवाह का रहस्य है - बातचीत। लेकिन अगर आप मुझसे पूछें, तो उस औरत से आप किस मुद्दे पर बात करेंगे, जिसके साथ आप 29 साल से रह रहे हैं। मैं ज़्यादातर चीज़ों के बारे में उसके विचार जानता हूँ। हम दोनों ही राजनीति के बारे में एक दूसरे के विचार जानते हैं, उसने मेरी कहानियाँ सैकड़ों बार सुनी हैं, इसलिये जब मैं रात को घर आता हूँ, तो हम एक दूसरे से यही पूछते हैं कि हमने लंच में क्या खाया और इसके बाद हमारी बातचीत ख़त्म हो जाती है।'

इस दंपति की तरह अगर हम भी अपनी बातचीत सिर्फ़ तथ्यों तक सीमित रखें, तो अच्छी से अच्छी दोस्ती में भी चर्चा काफ़ी सीमित हो जायेगी। लेकिन अगर आप और आपका जीवनसाथी शाम को अपनी भावनाओं के बारे में बात करते हैं, तो आपके पास बोलने के लिये बहुत कुछ रहता है, क्योंकि दिन भर में आपके मन में सैकड़ों अलग-अलग तरह की भावनाएँ जागी होंगी। हमारी भावनाओं का जगत बड़ी तेज़ी से बदलता है और भावनाओं के बारे में किसी दोस्त से बात करने का नाम ही तो अंतरंगता है।

बातचीत को तीन श्रेणियों में विभाजित किया जा सकता है : तथ्य, विचार और भावना। ज़ाहिर है, सभी क़िस्म की बातचीतों में इन तीनों का कुछ न कुछ अंश होता है, लेकिन आप यह देख सकते हैं कि किस तरह दो लोग क़रीब आते समय तथ्यों से विचारों और फिर भावनाओं तक आते हैं। नये परिचित अक्सर अपनी बातचीत को तथ्यों तक सीमित रखते हैं। फिर वे एक दूसरे के सामने अपने विचार प्रकट करने का विश्वास दिखाते हैं और आख़िरकार जब वे सचमुच दोस्त बन जाते हैं, तो फिर भावनाओं के बारे में बातें होती हैं।

यहाँ तीन तरीक़े बताये जा रहे हैं, जिनके द्वारा कोई आदमी अपने ऑफ़िस के पार्टनर को बता सकता है कि उसका लंच कैसा रहा :

तथ्य तक सीमित : 'टॉम और मैंने आज लंच में सैंडविच खाये।'

विचार के साथ : 'टॉम और मैंने आज लंच करते समय बातचीत की। मुझे सचमुच नहीं मालूम कि कंप्यूटर पर जाने का उसका विचार काम करेगा या नहीं।'

भावना के साथ : 'टॉम के साथ लंच लेकर लौटते

वक़्त मैं उदास था। मुझे लगता है मैं निराश इसलिये था, क्योंकि टॉम बॉस का ख़ास आदमी है, जबकि मैं ख़ास नहीं हूँ।'

अध्ययन से पता चला है और यह जानकर किसी को आश्चर्य नहीं होगा कि जिन लोगों की नयी-नयी शादी होती है, वे लोग पुराने दंपतियों से दुगुनी से भी ज़्यादा बातचीत करते हैं। लेकिन बातचीत के समय के अलावा उनकी बातचीत के विषय पर ग़ौर करना भी बहुत महत्वपूर्ण है। पहली बात तो यह कि उनकी बातचीत उस तरह की होती है, जिसमें क़रीबी दोस्तों को मज़ा आता है - एक दूसरे के विश्वास और भावनाएँ बताना और जानना, यह बताना कि हमें क्या पसंद है और क्या नहीं है। इसके अलावा, सेक्स, सौंदर्यशास्त्रीय विषयों पर विचारों का आदान-प्रदान। भविष्य की योजनाएँ। बाद के वर्षों में चर्चा ज़्यादा सांसारिक हो जाती है - धन संबंधी निर्णय, घरेलू मामले, बच्चों की समस्याएँ।

पराये पुरुष के प्रेम में पड़ने वाली एक विवाहित महिला ने बताया कि दोनों पुरुषों के साथ बात करने में कितना अंतर होता है, 'मेरे पति के साथ हमेशा ऑफ़िस या बच्चों के बारे में ही बात होती है, या फिर घरेलू जीवन के संकटों या पहलुओं पर ही चर्चा होती है। मैं अपने पति से यह नहीं कहती, 'मुझे विश्वास है,' या 'मैं ऐसा महसूस करती हूँ।' दरअसल मुझे इनकी कमी अखरती ही नहीं है। अब इस नये आदमी के सामने मेरे विश्वास और भावनाएँ आनंद का स्रोत बन गए हैं। मैं उसके सामने अपनी भावनाओं को खोलकर रख देती हूँ, अपनी पूरी बात स्पष्ट करती हूँ, अपने भीतर छिपी सच्चाइयों को उजागर करती हूँ, जिन्हें मैंने बरसों से अपने दिल में क़ैद करके रखा हुआ था।'

अगर विवाहित लोग अपनी भावनाओं को बताने की कोशिश करें, तो उनकी शामें ज़्यादा रोमांचक साबित हो

सकती हैं।

अंतरंगता विकसित करने का छठा मार्गदर्शक सिद्धांत है :

अपनी भावनाओं के बारे में खुलकर बात करें।

मुझे-हमेशा-शक्तिशाली-दिखना-चाहिये सिंड्रोम

हम अपनी गहरी भावनाओं का इतना कम इज़हार क्यों करते हैं ? हम अपने पक्के दोस्तों से भी कई बातें क्यों छिपाते हैं ? शायद इसके कई कारण होते हैं, लेकिन इसका एक कारण यह है कि हमने कहीं सुना है कि अगर हम अपनी ज़रूरतों के बारे में बात करेंगे या भावुक हो जाएँगे, तो लोग हमें पसंद नहीं करेंगे। परंतु सच इसके बिलकुल विपरीत होता है। जब लोगों को हमारी ज़रूरतों के बारे में पता चलेगा, तो वे हमारे क़रीब आ जाएँगे।

एक महिला की शादी हाल ही में टूटी थी। उसका कहना है कि तलाक़ के बाद वह अपनी सहेलियों के ज़्यादा क़रीब आ गयी है और उनमें घनिष्ठता बढ़ गयी है। 'पहले मैं दूसरों की परेशानियाँ तो सुनती थी,' उसने कहा, 'लेकिन कभी अपनी परेशानियाँ नहीं बताती थी। अब मैं सब कुछ कह डालती हूँ। एक दिन किसी ने मुझसे कहा, "मुझे तुम्हारा सुपरवुमैन का पुराना अभिनय पसंद नहीं आता था। अब तुम ज़्यादा संवेदनशील, ज़्यादा खुली-खुली लगती हो। इस रूप में तुम मुझे बहुत अच्छी लगती हो।"'

कई बार हम भावनात्मक मुखौटे पहनने की आदत इसलिए डाल लेते हैं, क्योंकि शुरुआती अनुभव ग़लत थे। मिसाल के तौर पर, एक सुंदर युवती किसी पुरुष को प्रेम नहीं करने देती थी। वह इतनी एकांतप्रिय और उदासीन

नज़र आती थी कि आख़िरकार सारे पुरुष निराश होकर उससे दूर चले गये। उसे परामर्श देते समय हमने उसके अतीत की यादों को कुरेदा, ताकि हम यह जान सकें कि वह पुरुषों को अपने पास क्यों नहीं आने देती है। आख़िरकार हमें कारण पता चल गया। जब वह छोटी थी, तो उसके शरीर पर बहुत ज़्यादा बाल थे। एक दिन पड़ोस के बच्चे तैरने आये और उन्होंने उसे 'झाड़ी' कहकर चिढ़ाया।

'मैं रोने लगी,' उसने कहा, 'अपने रोने पर मैं इतनी शर्मिंदा थी कि अपने गैरेज में छुप गयी और दरवाज़ा बंद कर लिया। मैं वहाँ आधा घंटे बंद रहकर रोई और तभी मैंने यह फ़ैसला कर लिया था कि कोई भी अब मुझे इतनी बुरी तरह चोट नहीं पहुँचा सकता।'

दुःख की बात यह थी कि वह दूसरों को न सिर्फ़ चोट पहुँचाने से रोक रही थी, बल्कि प्रेम करने से भी रोक रही थी।

मेनिंजर फ़ाउंडेशन के प्रेसिडेंट डॉ. रॉय मेनिंजर ने एक बैठक में यह बताया कि महिलाओं की बजाय पुरुषों को मुझे-हमेशा-शक्तिशाली-दिखना-चाहिये सिंड्रोम की बीमारी ज़्यादा होती है। मेनिंजर का कहना था, 'अमेरिकी पुरुष अपने आपको इंसानी ज़रूरत के सिस्टम के बजाय एक शक्तिशाली मशीन मानता है।'

आत्मविश्वास बहुमूल्य है और यह अमेरिकी सपने में रचा-बसा है। परंतु इसे उस हद तक नहीं ले जाना चाहिये कि लोग शक्तिशाली होने के बजाय कठोर हो जाएँ। यह उन्हें उदासीन और एकाकी प्रवृत्ति का बना सकता है। ऐसे लोग प्रेमपूर्ण संबंधों से इसलिये दूर भागते हैं, क्योंकि उन्हें कमज़ोरी और निर्भरता से डर लगता है।

हममें से ज़्यादातर लोगों को बचपन में सिखाया गया है कि हमें हमेशा अपनी भावनाओं को छिपाना चाहिये और

अपने शब्द तौलकर बोलना चाहिये। मेरे पास एक मरीज़ आया, जिसने यह सबक़ कुछ ज़्यादा ही गहराई से सीख लिया था। इसी कारण वह आत्महत्या करने के लिये विवश हो गया। वह मेरे ऑफ़िस में सिर्फ़ दो बार आया था, लेकिन मैंने ख़ुद को सौ बार कोसा है कि मैं उसके दर्द की गंभीरता को क्यों नहीं समझ पाया। लेकिन बाहर से उसके लक्षण ख़ास गंभीर नहीं दिख रहे थे। वह एक प्रसिद्ध कॉलेज में अपनी पढ़ाई पूरी करने ही वाला था। वह लंबा, आकर्षक और ख़ुशमिज़ाज था। उसका परिवार उसकी शिक्षा पर उदारता से ख़र्च कर रहा था और उसके जीवन में किसी तरह की चिंता की कोई बात नहीं थी।

वह जिस परेशानी में फँसा था, वह हमारी वर्तमान सेक्स नैतिकता और मुँह बंद रखने की नीति पर दुःखद प्रकाश डालती है। वह एक युवती के साथ कई महीनों से सो रहा था। यह युवती उसके सबसे अच्छे मित्र से प्रेम करने लगी और उसके साथ भी सेक्स के मज़े लेने लगी। सब कुछ खुले में हो रहा था। समस्या यह थी कि उसे लग रहा था कि एक परिपक्व और सुसंस्कृत व्यक्ति होने के नाते उसे इस स्थिति से विचलित नहीं होना चाहिये और वह यह नहीं समझ पा रहा था कि वह इतना ईर्ष्यालु और विचलित क्यों है।

मन ही मन वह दर्द और ग़ुस्से से छटपटा रहा था, लेकिन ऊपर से वह अपने दोस्तों और अपनी प्रेमिका के सामने ख़ुश रहने का नाटक कर रहा था। वह इस तरह व्यवहार कर रहा था, जैसे सब कुछ ठीक हो। लेकिन उसकी आत्मा इतना बोझ नहीं उठा पायी और एक रात उसने अपनी प्रेमिका की कार उधार ली और उसमें दूर जाकर अपने मुँह में गोली मार ली।

हालाँकि उस युवक की आत्महत्या को कई साल हो

चुके हैं, लेकिन मैं अक्सर उसके बारे में सोचता रहता हूँ।

उसकी प्रेमिका और उसके कॉलेज के दोस्त आत्महत्या वाले दिन मुझसे मिलने आये और उसके बाद कई हफ़्तों में हम कई बार मिले। उन्होंने थोड़े ग़ुस्से से कहा, 'काश, उसने हमें बताया होता कि उसे कैसा महसूस हो रहा था!'

क्या ख़ामोशी से दुःख झेलना बहुत अच्छी बात है? नहीं। अगर ईसा मसीह खुलकर रो सकते थे और अब्राहम लिंकन के गालों पर अक्सर आँसू बहते नज़र आते थे, तो अपनी भावनाओं को दिल में क़ैद रखना हमारे लिए कोई अच्छी बात नहीं है। आप अपने दर्द से दूसरों को वंचित रखकर उनके प्रति दया नहीं करते हैं। जैसा *ऑलिवर ट्विस्ट* उपन्यास में चार्ल्स डिकेन्स ने मिस्टर बम्बल के मुँह से कहलवाया है, रोना 'फेफड़ों को साफ़ करता है, चेहरे को धोता है, आँखों की कसरत करवाता है और ग़ुस्से को कम करता है, इसलिये जी भर के रोओ।'

कैलिफ़ोर्निया के मनोविश्लेषक टैज़ डब्ल्यू. किन्नी का मानना है कि महिलाओं की तुलना में तीन गुना पुरुष शराबी इसलिये होते हैं, क्योंकि पुरुष रोने से परहेज़ करते हैं। बचपन से उन्हें सिखाया गया है कि रोना औरतों का काम है और मर्द कभी नहीं रोते हैं। कुछ पैग पी लेने के बाद जब वे रिलैक्स हो जाते हैं, तो उन्हें ग़ुस्सा करने या दुखड़ा सुनाने का बहाना या लायसेंस मिल जाता है। आँसू ईश्वर का दिया महान उपहार हैं - हमारे सिस्टम में लगा सेफ़्टी वॉल्व हैं - और आँसू बहने पर शर्मिंदा होने की कोई ज़रूरत नहीं है।

क़रीब आने के लिए आँसू का महत्व

रोना कमज़ोरी की निशानी नहीं है। किसी के सामने रोना सामने वाले व्यक्ति पर नकारात्मक टिप्पणी नहीं है। इसके

बजाय हम उस व्यक्ति का सम्मान करते हैं, जिसके सामने हम रो सकते हैं। हमारे आँसू अत्यधिक प्रसन्नता के क्षणों में भी निकल सकते हैं, सुंदरता की उपस्थिति में, या अचानक राहत के समय भी। इसके अलावा, आँसुओं से आपके रिश्ते प्रगाढ़ बन सकते हैं। एग्नेस टर्नबुल रोमांचित स्वर में बताती हैं कि उन्हें ऑनरेरी डिग्री मिली। 'जब मैं उसे लेने के लिये खड़ी हुई,' वे कहती हैं, 'तो मेरे पति के गालों पर आँसू बह रहे थे। मेरे इस छोटे से सम्मान का क्षण उसके लिये इतना महत्वपूर्ण था कि वह आँसू बहा रहा था, यह देखकर मेरे मन में भावनाओं का ज्वार आ गया।' शब्दों में इतनी शक्ति नहीं थी कि वे पति की भावनाओं को उतनी प्रबलता से पत्नी तक पहुँचा देते, जितना कि आँसुओं ने पहुँचा दिया।

कवि रॉबर्ट हेरिक आँसुओं को 'आँख की उदात्त भाषा' कहते हैं। अगर विशेषज्ञ सही हैं कि हमारा अधिकांश संप्रेषण अशाब्दिक होता है, तो हमारे स्वाभाविक रूप से गिरने वाले आँसू दूसरों के क़रीब आने का माध्यम बन सकते हैं।

मेरी पत्नी की भावनाओं की रेंज इतनी ज़बर्दस्त है कि वह कोई भी अच्छी ख़बर सुनकर रो सकती है। जब मैं यह कहता हुआ दरवाज़े से घुसता हूँ कि आज मुझे एक मैग्ज़ीन में लेख लिखने का काम मिला है, तो वह मुझे अपनी बाँहों में ले लेती है और एक पल के लिये रोती है। या जब हमारे सिर झुके होते हैं और हमारी नौ साल की बच्ची ईश्वर को बताती है कि वह अपने भाई, माता-पिता और पिल्लों, और हैमबर्गर के लिये ईश्वर को धन्यवाद देती है, तो मैं समझ जाता हूँ कि जब मेरी पत्नी प्रार्थना के बाद सिर उठायेगी, तो उसकी आँखें छलछला रही होंगी। क्या आँखों में इतनी जल्दी आँसू आने का मतलब यह है कि वह कमज़ोर है? बिलकुल नहीं, स्थिति तो विपरीत है। वह बहुत दृढ़ महिला

है। वह मुझे अपने आँसू दिखाकर अपने दिल में झाँकने का मौक़ा देती है।

चार जादुई शब्द : 'मुझे तुम्हारी ज़रूरत है'

अंतरंगता विकसित करने का मूलभूत सिद्धांत है : ज़रूरतमंद बनने की हिम्मत कीजिये। जो आदमी हमें अपनी कमज़ोरी बताता है और कहता है, 'मुझे तुम्हारी ज़रूरत है', उसे निराश करना मुश्किल होता है।

'क्या आप जानते हैं, मैंने ख़ुद को अपने पति के सबसे क़रीब कब महसूस किया?' एक सुंदर पत्नी ने मुझसे पूछा। 'तब जब मैंने पाया कि वह भालू से डरता है।' उसका पति एक आत्मविश्वासी हवाईजहाज़ पायलट है और पत्नी को यह नहीं लगता था कि वह *किसी भी चीज़* से डरता होगा, लेकिन जब उसे उसकी कमज़ोरी पता चली, तो वह उससे ज़्यादा प्रेम करने लगी।

जब मैं मार्क स्वेन्सन के साथ अपनी गहरी दोस्ती पर नज़र डालता हूँ, तो मुझे महसूस होता है कि इसकी शक्ति का एक कारण यह भी है कि हमने एक दूसरे के सामने बहुत से दुःख झेले हैं। हममें से कोई भी दूसरे को फ़ोन करके कहता है, 'क्या मैं तुम्हारे पास आकर कुछ देर बात कर सकता हूँ? कुछ हो गया है, जिसकी वजह से मैं परेशान हूँ और मुझे तुम्हारी ज़रूरत है।'

'मुझे तुम्हारी ज़रूरत है।' इन शब्दों में जादू है। हम सभी को यह सुनकर अच्छा लगता है कि किसी दूसरे को हमारी ज़रूरत है। जब आपको किसी की सचमुच ज़रूरत हो, उस वक़्त अगर आप यह कहना सीख लें, तो आपके लिये वे दरवाज़े भी खुल जाएँगे, जो दूसरों के लिये बंद होंगे। मैंने देखा है कि पुरुष महिलाओं को आकर्षित करने के लिये

इस तकनीक का प्रयोग बार-बार करते हैं। महिलाएँ कमज़ोर पुरुषों के प्रति आकर्षित नहीं होती हैं, लेकिन वे ऐसे व्यक्ति के प्रति आकर्षित ज़रूर होती हैं, जिन्हें उनकी ज़रूरत हो।

हम यहाँ मानव व्यवहार के जिस सिद्धांत के बारे में चर्चा कर रहे हैं, वह बहुत पुराना है। यह सूत्र है : 'अगर आपको किसी अजनबी को दोस्त बनाना हो, तो मदद माँगें।' अगर आप लोगों की स्वाभाविक दयालुता को पुकारेंगे, तो वे आपके क़रीब आएँगे, क्योंकि शायद उन्हें मदद पाने के बजाय मदद करने में ज़्यादा संतुष्टि का एहसास होता है।

इकट्ठे दुःख झेलना

1974 में डॉक्टरों को पता चला कि बेट्टी फ़ोर्ड को स्तन कैंसर है। शुक्रवार को उन्होंने प्रथम महिला होने के नाते अपने सारे अपॉइंटमेंट पूरे किये और बिना किसी घोषणा के शाम को 5:55 बजे अपनी कार से अस्पताल पहुँच गईं। पूर्व राष्ट्रपति फ़ोर्ड कहते हैं कि उस शाम को व्हाइट हाउस लौटते समय वे जितना अकेलापन महसूस कर रहे थे, उतना उन्होंने ज़िंदगी में पहले कभी नहीं किया था। 'मुझसे ज़्यादा परेशान वो थे,' वे लिखती हैं। 'मैं सोचती हूँ कि मैंने स्थिति का सामना बहादुरी से किया। मैंने सोचा कि यह एक और संकट है, जो गुज़र जायेगा।'

ऑपरेशन के पाँच दिन बाद उन्हें रोने का दौरा पड़ गया। उनके डॉक्टर ने उन्हें बताया कि ऑपरेशन के बाद निराशा का दौरा पड़ना बहुत ही सामान्य बात है। डॉक्टर ने कहा कि वे जी भरकर रो लें और अपनी सारी निराशा बाहर निकाल दें। लेकिन उनके दिमाग़ में सवाल यह था कि वे कितनी जल्दी अपने पैरों पर खड़ी होकर फिर से व्हाइट हाउस जा सकती हैं। जब उन्होंने ऑपरेशन के बाद पहली

बार अपने दायें हाथ से कप उठाया, तो उन्हें ख़ुशी का एहसास हुआ। ऑपरेशन के एक हफ़्ते बाद वे इतना अच्छा महसूस करने लगीं कि व्हाइट हाउस रवाना हो गयीं।

घर लौटने के चार दिन बाद इन दोनों ने अपने विवाह की 26वीं सालगिरह मनाई। वे लिखती हैं :

> यह अद्भुत सालगिरह थी। स्वस्थ होना, ज़िंदा होना और घर पर होना कितना अद्भुत था। मेरी आत्मा में कोई घाव नहीं था। मुझे ऐसा नहीं लगा, जैसे मैं विकलांग थी। जेरी और मेरी शादी को बहुत साल हो चुके थे और यह साबित हो चुका था कि हमारा प्रेम सच्चा है। मेरे पास अपने पति पर संदेह करने का कोई कारण नहीं था। अगर उसका पैर कट जाता, तो भी मैं उसे छोड़कर नहीं जाती। और मैं जानती थी कि वह भी मुझे छोड़कर नहीं जायेगा, क्योंकि बदक़िस्मती से मेरे स्तन का ऑपरेशन हुआ था।

मिसेज़ फ़ोर्ड को कई महिलाओं की चिट्ठियाँ मिलीं, जिनमें उन्होंने लिखा था कि उनके ऐसे ऑपरेशन के बाद वे अपने शरीर की तरफ़ देखना तक गवारा नहीं कर पाती थीं, लेकिन मिसेज़ फ़ोर्ड पट्टी उतरने के बाद से ही उस निशान को लेकर उत्सुक थीं। वे चिंतित थीं कि वे दुबारा अपनी शाम की पोशाक कैसे पहन पाएँगी। 'जेरी का कहना था कि मैं मूर्ख हूँ। "अगर तुम आगे से लो कट की पोशाक नहीं पहन सकतीं, तो तुम पीछे से लो कट की पोशाक पहन लेना।"'

लोग आपका दिमाग़ नहीं पढ़ सकते

एक आदमी की शादी संकट में थी। वह हर हफ़्ते समूह में

बैठकर हमें बताता था कि वह अपनी ज़िंदगी में क्या चाहता है और उसके घर में महाभारत चल रहा है। समूह के सदस्य समझने लगे थे कि वह उन लोगों को तो अपनी ज़रूरतें बता रहा था, लेकिन शायद उसने अपनी पत्नी को अपनी ज़रूरतें नहीं बताई थीं।

उदाहरण के तौर पर, कुछ ही समय पहले उसका सबसे पक्का दोस्त दिल के दौरे से गुज़र गया। 'मैं आख़िरी आदमी था, जो कफ़न के पास खड़ा था,' उसने समूह को बताया, 'मैं आख़िरी आदमी था, जिसने क़ब्र में मिट्‌टी फेंकी और मैं ही आख़िरी आदमी था, जो क़ब्रिस्तान से बाहर निकला। यह दोस्त मेरे लिये इतना महत्वपूर्ण था। और क्या आप जानते हैं, मेरी पत्नी ने एक बार भी यह नहीं कहा कि वह शवयात्रा में मेरे साथ चलना चाहती है? मुझे उसके साथ की ज़रूरत थी, लेकिन वह मेरे साथ नहीं थी।'

समूह के कई सदस्यों ने एक स्वर में उससे पूछा : 'क्या आपने उसे बताया था कि आपको उसके साथ की ज़रूरत है?'

'नहीं,' उसने जवाब दिया। 'उसे पता होना चाहिये था कि मुझे उसके साथ की ज़रूरत है। शादी के इतने साल बाद भी क्या मुझे उससे यह कहना पड़ेगा?'

हम चाहते हैं कि हमारे दोस्त और हमारे जीवनसाथी हमारे इतने क़रीब हों कि वे हमारे बिना बोले अपने आप हमारी ज़रूरतों को समझ लें, लेकिन अक्सर ऐसा नहीं होता है। इसलिये क्योंकि शादी के लंबे समय बाद हमें यह एहसास नहीं होता कि हमारा जीवनसाथी हमारे विचारों को पढ़ सकता है। इस आदमी के विवाह की त्रासदी यह थी कि जब तक पत्नी को उसकी ज़रूरतों के बारे में पता नहीं चलेगा, तब तक वह उन्हें पूरा नहीं कर पायेगी। शायद वे दोनों एक दूसरे

से चोट खाने के बाद धीरे-धीरे दूर हो गए होंगे। किसी समय उसने अपनी पत्नी से मदद माँगी होगी और उसे मदद नहीं मिली होगी। इसके बाद उसने फ़ैसला किया होगा कि अब वह कभी मदद नहीं माँगेगा।

अगर आप अपनी ज़रूरतों को खुलकर बता देते हैं, तो आप ख़तरा उठाते हैं। हो सकता है, सामने वाला कभी-कभार सकारात्मक प्रतिक्रिया न दे। लेकिन अगर कभी-कभार की निराशा के कारण आप अपनी ज़रूरतें बताना ही छोड़ देते हैं, तो यह दुर्भाग्यपूर्ण है, क्योंकि ऐसा करके तो आप निराशा को अपना स्थायी साथी बना लेते हैं।

अंतरंगता विकसित करने का पांचवाँ मार्गदर्शक सिद्धांत है : *अपनी भावनाओं के बारे में खुलकर बात करें।*

खण्ड - 3

रिश्ते को नष्ट किये बिना नकारात्मक भावनाओं से निबटने के दो तरीक़े

अध्याय 12

अच्छा आदमी कहीं नहीं पहुँच पाता है

ग़ुस्सा करो, लेकिन पाप मत करो, अपने ग़ुस्से को सूरज के साथ डूब जाने दो।

—एफ़ेसियन्स 4:26 आर.एस.वी.

हम मनोचिकित्सा क्लीनिक में अक्सर इस आदमी का इलाज करते हैं। आप भी उसे जानते होंगे, क्योंकि यह आदमी हर जगह दिख जाता है। वह आपके परिवार का कोई सदस्य हो सकता है। मैं अच्छे आदमी के बारे में संकेत कर रहा हूँ। वह बहुत मुस्कराता है, हर एक के साथ ख़ुश नज़र आता है, वह कभी नहीं झगड़ता, उसे कभी ग़ुस्सा नहीं आता, उसे सभी पसंद करते हैं और ऐसा माना जाता है कि उसके कई गहरे दोस्त होंगे। लेकिन दरअसल इस तरह के व्यक्ति न सिर्फ़ बहुत सी मनोवैज्ञानिक समस्याएँ इकट्ठी कर लेते हैं, बल्कि अपने महत्वपूर्ण संबंधों को भी बिगाड़ लेते हैं।

यह विरोधाभासी नज़र आ सकता है, क्योंकि उस आदमी

का दुनिया में कोई दुश्मन नहीं होता है। बहरहाल, लोकप्रियता का मतलब अंतरंगता नहीं होता है। हालाँकि इस आदमी को सभी लोग सतही तौर पर तो पसंद करते हैं, लेकिन गहरा प्रेम कोई नहीं करता है। इसके कई कारण हैं :

- उसे खुला नहीं समझा जाता। हमेशा ख़ुश इंसान के साथ कोई न कोई ऐसी बात होती है, जो सच नहीं लगती है।
- वह नीरस होता है। अच्छा आदमी आस-पास रहे, तो शुरुआत में तो हम उसे पसंद करते हैं, लेकिन लंबे समय में हमें ऐसे लोगों का साथ पसंद होता है, जिनमें भावनाएँ हों। प्रबल भावना वाले लोगों के साथ कई बार हमें चिढ़ हो सकती है, लेकिन कम से कम वे बोर नहीं करते हैं।
- अगर वह ग़ुस्सा नहीं दिखा सकता, तो वह प्रेम भी नहीं दिखा पाएगा। उसकी भावनाएँ इतनी कसकर बंद हैं, इतनी नियंत्रित हैं कि ऐसे आदमी की रेंज बहुत सीमित होती है।
- अनजाने में ही वह अपनी निष्क्रिय शत्रुता से अपने रिश्तों में ज़हर घोलता है।

मनोवैज्ञानिक लगभग हर बात पर एक दूसरे से असहमत होते हैं, लेकिन एक बात पर वे आश्चर्यजनक रूप से एकमत हैं : ऐसा कोई आदमी नहीं होता है, जिसे ग़ुस्सा नहीं आता हो – ऐसे लोग अपने ग़ुस्से को दबाते हैं। और ग़ुस्से को दबाने से सैकड़ों मनोवैज्ञानिक समस्याएँ पैदा हो सकती हैं, जैसे अल्सर, माइग्रेन और हाइपरटेंशन और इसके अलावा रिश्तों की गंभीर समस्याएँ।

'मैं कभी ग़ुस्सा नहीं होता, मैं सिर्फ़ आहत होता हूँ'

निष्क्रिय शत्रुता दोस्ती की घास में छिपा कष्टकारी सर्प है। यहाँ एक उदाहरण दिया जा रहा है। जेनेट और मोनिका ने एक बुटीक खोला। बरसों की सहेलियाँ अब पार्टनर बन गयीं और उन्हें हर दिन इकट्ठे काम करना है। दुकान सुबह 10 बजे खुलती है और इस हफ़्ते जेनेट दो दिन देर से आयी। मोनिका इस बात पर चिढ़ गई, लेकिन उसने कुछ नहीं कहा। आज जेनेट पहले से भी ज़्यादा देर से दुकान में दाख़िल हुई, तब तक मोनिका दुकान खोलने का काम पूरा कर चुकी थी। जेनेट ने माफ़ी नहीं माँगी, जिससे मोनिका को चोट पहुँची। दोपहर तक वह स्टोररूम में बैठकर ख़ामोशी में अफ़सोस करती रही। वह भुनभुनाती रही, उसने जेनेट के सवालों के संक्षिप्त जवाब दिये और साफ़ दिख रहा था कि वह किसी बात से चिढ़ी हुई है। आख़िरकार जेनेट ने पूछ ही लिया : 'क्या तुम किसी बात पर नाराज़ हो?'

'कौन, मैं? नहीं तो।' उसने जवाब दिया।

यह लड़ने का घटिया तरीक़ा है। निष्क्रिय शत्रुता वाले लोगों के साथ रहना खुलेपन से ग़ुस्से का इज़हार करने वाले लोगों के साथ रहने से ज़्यादा मुश्किल होता है। इसलिये क्योंकि निष्क्रिय शत्रु दर्जनों तरीक़ों से यह जता सकता है कि उसे चोट पहुँची है, यह नहीं बताता है कि गड़बड़ क्या है। परिणाम यह होता है कि बढ़ती शिकायतों के अम्ल रिश्ते को खोखला कर देते हैं।

निष्क्रिय शत्रुता रखने वाले कई व्यक्ति जब कहते हैं कि वे ग़ुस्सा नहीं हैं, तब वे सच नहीं बोल रहे हैं – हो सकता है कि वे शत्रुता महसूस न करते हों। उनका भावनात्मक नियंत्रण तंत्र इतना विकसित होता है कि यह ग़ुस्से को बहुत नीचे दबा देता है और उन्हें इस बात का एहसास ही नहीं

होता कि वे कितने ग़ुस्से में हैं।

चाय की केतली का सिद्धांत

ग़ुस्से को गहराई में दबाने का एक और विनाशकारी परिणाम यह होता है कि अंततः किसी बात पर विस्फोट होना तय है। नकारात्मक भावनाओं को धीरे-धीरे निकालते रहने की तुलना में यह बहुत भयंकर होता है। जब हम अपना संतुलन खो देते हैं, तो ऐसा अक्सर इसलिये होता है, क्योंकि हमारे भीतर ग़ुस्सा काफ़ी समय से बढ़ रहा था और अब धीमी आँच में सुलगते रहने के बाद भीतर बहुत सी भाप जमा हो चुकी है। आख़िरकार, चाय की केतली उफन जाती है।

जब आम तौर पर अच्छा आदमी बुरी तरह ग़ुस्सा होता है, तो कोई समझ नहीं पाता है कि उसे क्या हो गया। आख़िरकार उसका ग़ुस्सा कम होता है, वह बुरी तरह अपराधबोध से ग्रस्त हो जाता है, बहुत ज़्यादा माफ़ी माँगता है और एक बार फिर निष्क्रिय तरीक़े से समस्या झेलने लगता है।

ज़्यादा ग़ुस्से में संप्रेषण कम होता है

जब निष्क्रिय शत्रुता रखने वाले लोग भड़कते हैं, तो उनका ग़ुस्सा वर्तमान शिकायत की तुलना में बहुत ज़्यादा होता है, क्योंकि वे अपनी पुरानी शिकायतों का ग़ुस्सा भी साथ में निकालते हैं। परिणाम यह होता है कि संप्रेषण ठप्प हो जाता है।

एक रात को कीथ मिलर की इच्छा हुई कि सेक्स का आनंद लिया जाये, इसलिये उसने अपनी पत्नी से बड़े मधुर और मनमोहक अंदाज़ में कहा, 'प्रिय, क्या बिस्तर पर चलें ?'

'नहीं,' उसने जवाब दिया, 'मुझे अभी यह लेख ख़त्म करना है। तुम अकेले ही सोने चले जाओ।'

कीथ का गर्व आहत हो गया। वह अकेला गया और सो गया। अगली सुबह उठते समय उसका मूड बहुत ख़राब था और उसे अपना टोस्ट जला हुआ दिखा। अचानक उसका भावनात्मक बाँध टूट गया। उसने टोस्ट की तश्तरी उठाकर किचन की दीवार पर दे मारी।

उसकी पत्नी का मानना था कि उसका यह व्यवहार जले हुए टोस्ट पर होने वाली सामान्य प्रतिक्रिया से ज़्यादा था। कीथ ने कहा, 'लेकिन सवाल टोस्ट का नहीं था। असली मुद्‌दा तो सेक्स था!'

ग़ुस्से को दबाते रहने का एक ख़तरा यह भी है कि जब हमारा ग़ुस्सा आख़िरकार निकलता है, तो यह ग़लत जगह पर निकल सकता है। इसका सबसे आम उदाहरण उस पति का है जिसका ऑफ़िस में दिन ख़राब गुज़रा। वह अपने बिज़नेस सहयोगियों के बीच में बड़ा कुंठित और चिड़चिड़ा महसूस कर रहा था और वह अपने ऑफ़िस के ग़ुस्से को अपने परिवार पर निकाल देता है। परिवार के सदस्यों को वह चिट्‌ठी मिलती है, जो किसी और के नाम थी, लेकिन वे यह बात नहीं समझ पाते हैं और परिवार की ख़ुशियाँ तबाह हो जाती हैं।

स्वस्थ क्रोध

चूँकि आक्रामकता, कुंठा और क्रोध हम सबमें होते हैं, इसलिये सर्वश्रेष्ठ रिश्तों में इन नकारात्मक भावनाओं के लिये जगह छोड़ी जाती है। मैंने आज तक कोई अंतरंग रिश्ता नहीं देखा, जिसमें कभी न कभी कोई न कोई चिढ़ने वाली या ग़ुस्से वाली या शत्रुता वाली बात न हुई हो। और अगर दोस्ती की शुरुआत में ही आप दोनों इस बात पर सहमत हो जाएँ कि नकारात्मक भावनाओं का स्वागत किया जायेगा, तो इससे

बहुत मदद मिल सकती है।

दरअसल क्रोध एक सकारात्मक शक्ति भी बन सकता है। 'मनुष्य और मोटरकार अंदरूनी विस्फोटों की शृँखला के कारण प्रगति करते हैं,' चैनिंग पौलॉक ने लिखा था। क्रोध हमारे ख़ून में एड्रीनलिन भेज सकता है और हमारी थकी हुई मांसपेशियों में ग्लाइकोजन भेजकर उन्हें सक्रिय कर सकता है। ईसा मसीह की आँखें अक्सर क्रोध से जलती थीं और मार्टिन लूथर का कहना था, 'नाराज़ होने पर मैं बेहतर तरीक़े से लिख सकता हूँ, प्रार्थना कर सकता हूँ और भाषण दे सकता हूँ, क्योंकि मेरा मस्तिष्क फुर्तीला हो जाता है, मेरी समझ पैनी हो जाती है और सभी सांसारिक चिंताएँ तथा प्रलोभन मुझसे दूर चले जाते हैं।'

ग्रेजुएट स्कूल ऑफ़ साइकोलॉजी के डीन डॉ. नील वॉरेन बताते हैं कि शुरुआती धार्मिक लालन-पालन के दौरान उन्हें यह सिखाया गया था कि ग़ुस्सा करना पाप है। ईसा मसीह को दयालु और नम्र बताया गया है, जिन्हें भावनाएँ उस तरह से प्रभावित नहीं करती थीं, जिस तरह से वे हमें करती हैं। लेकिन बाद में बाइबल का क़रीबी अध्ययन करने के बाद उन्होंने पाया कि ईसा मसीह अक्सर क्रोधित होते थे और ईश्वर ने भी अपने ग़ुस्से को क़ाबू में रखने की कोई कोशिश नहीं की। ओल्ड टेस्टामेंट में 'क्रोध' शब्द 450 बार आया है (जबकि प्रेम शब्द सिर्फ़ 350 बार आया है) और यह शब्द 375 बार ईश्वर के क्रोध के लिये प्रयुक्त हुआ है।

महात्मा गाँधी अपने आत्म-त्याग और अहिंसा के लिये हमेशा प्रसिद्ध रहेंगे। लेकिन जब गाँधीजी से पूछा गया कि उनके जीवन का सबसे रचनात्मक अनुभव क्या था, तो उन्होंने दक्षिण अफ़्रीका के अपने क्रोध का ज़िक्र किया।

1893 की बात थी। गाँधी नामक एक संघर्षशील युवा

वकील प्रीटोरिया जा रहा था। वह नहीं जानता था कि वहाँ पर काले लोगों के फ़र्स्ट क्लास में चढ़ने की परंपरा नहीं थी। ट्रेन के गार्ड ने इस छोटे से काले आदमी को डिब्बे से उतरकर दूसरे दर्जे में बैठने को कहा। गाँधी के प्रतिरोध करने पर पुलिस कांस्टेबल ने उनका सामान प्लेटफ़ॉर्म पर फेंक दिया और ट्रेन चल दी। उन्हें मजबूरन वेटिंग रूम में रुकना पड़ा, जो ठंडा था और वहाँ रोशनी भी नहीं थी। बिना ओवरकोट के उन्होंने वह रात एक कोने में गुज़ारी और रात भर वे इस अपमान पर क्रोध के मारे काँपते रहे। सुबह तक गाँधी ने फ़ैसला कर लिया था : वे रंगभेद के ख़िलाफ़ लड़ेंगे, चाहे इसकी उन्हें कोई भी क़ीमत क्यों न चुकानी पड़े।

जेफ़रसन की जीवनी पढ़ते समय मुझे एक ऐसी पंक्ति दिखी, जो पहली नज़र में मूर्खतापूर्ण लग रही थी : 'सभी महान लोगों की तरह जेफ़रसन भी बहुत ज़्यादा नफ़रत करते थे।' मेरे हिसाब से नफ़रत कोई अच्छी बात नहीं थी, लेकिन मैंने जेफ़रसन और गाँधी जैसे महान लोगों के सफल कैरियर को शुरू करने वाली क्रोध की घटनाओं को देखा और पाया कि शायद इस बात में दम था। क्रोध एक बहुत रचनात्मक शक्ति बन सकता है।

ग़ुस्सा करो, सामने वाले का ग़ुस्सा सहन भी करो

इसी सिक्के का दूसरा पहलू है। स्वस्थ संबंध सिर्फ़ इसलिये स्वस्थ नहीं रहते हैं, क्योंकि आप अपनी नकारात्मक भावनाओं को बाहर निकाल देते हैं। वे इसलिये भी स्वस्थ रहते हैं, क्योंकि आप अपने प्रियजनों को भी ऐसा करने देते हैं। आपके मित्र ख़ुशक़िस्मत होंगे, यदि उन्हें आपके साथ रहने के लिये हमेशा अच्छे मूड में रहने की ज़रूरत न हो। अगर उन्हें पता हो कि उनका मूड ख़राब होने पर भी आप उन्हें अस्वीकार

या नापसंद नहीं करेंगे, तो वे आपको अपना सच्चा मित्र मानेंगे।

ऐसा दोस्त बनना आसान है, अगर आप यह समझ लें कि उनके ग़ुस्से और आक्रोश का आपसे कोई लेना-देना नहीं है। बात सिर्फ़ यह है कि उनका मूड ठीक नहीं है और वे आपकी मदद से अपने भीतर का कुछ ज़हर बाहर निकालना चाहते हैं। हमें सिर्फ़ इतना ध्यान रखना है कि भावनाओं पर टिप्पणी किये बिना सामने वाले की बात सुनते रहें।

असहमति के बाद भी समझा कैसे जाये

संप्रेषण को ख़त्म करने का एक अचूक तरीक़ा वह वाक्यांश है, जिसे हम अक्सर गंभीर चर्चा में सुनते हैं : 'इतने परेशान न हों।'

यह शायद सबसे दुर्भाग्यपूर्ण वाक्य है, जो आप भावनात्मक मुश्किल में फँसे किसी दोस्त से कह सकते हैं। उदाहरण के तौर पर देखें कि विवाह में इसका प्रयोग करने पर क्या होता है।

एक पत्नी ग़ुस्से में घर लौटती है, क्योंकि स्टोर में सेल्सगर्ल ने उसके साथ बदतमीज़ी की थी।

'मैं दुबारा उस स्टोर में नहीं जाऊँगी,' वह तमतमाती हुई कहती है, और उसका ग़ुस्सा उसके पूरे शरीर में साफ़ नज़र आता है।

'देखो प्रिय, इतनी परेशान मत होओ,' पति ने तसल्ली देते हुए कहा, 'याद रखो, इन क्लर्कों को कितनी कम तनख़्वाह मिलती है और शायद वह सेल्सगर्ल दिन भर काम करते-करते थक गई होगी।'

तसल्ली देने की इस कोशिश पर उसकी प्रतिक्रिया क्या थी ? क्या पत्नी का मूड ठीक हुआ ? वह और भड़क

गई, क्योंकि उसका पति सेल्सगर्ल का पक्ष ले रहा था।

उसके पति का लक्ष्य तो अच्छा था। वह पत्नी को शांत करना चाहता था और उसकी बुरी भावनाओं को ख़त्म करना चाहता था। और शायद उसे यह भी लगा हो कि उसकी पत्नी का ग़ुस्सा कुछ हद तक जायज़ नहीं है और उसे दूसरे पहलू को देखने की भी ज़रूरत है।

लेकिन उसे यह एहसास ही नहीं था कि उसे अपनी पत्नी के साथ सहमत या असहमत होने की कोई ज़रूरत नहीं थी। पत्नी को इस बात की कोई ख़ास परवाह नहीं होगी कि क्या पति की नज़र में उसकी भावनाएँ जायज़ हैं - वह तो सिर्फ़ किसी को अपनी बात सुनाना चाहती थी। उसकी भावनाओं के बारे में टिप्पणी करके पति ने उसे ज़्यादा ग़ुस्सा दिला दिया। यही नहीं, उसने दोनों के बीच एक दीवार भी खड़ी कर दी, क्योंकि अब पत्नी को लग रहा था कि उसका पति उसकी भावनाएँ समझ नहीं पा रहा है, जो बहुत दर्दनाक भाव हो सकता है।

सच तो यह है कि लोगों को समय-समय पर बुरा लगने का हक़ होता है। और अगर हम उन्हें प्रेम करते हैं, तो हमें उनकी नकारात्मक भावनाओं को तत्काल दूर करने की कोशिश नहीं करनी चाहिये। हमें उन्हें अनुभव करने की स्वतंत्रता देना चाहिये।

डॉ. एडिथ मंगन मेरी प्रिय मनोवैज्ञानिक हैं। वे विवाह परामर्श के बारे में बहुत कुछ जानती हैं। उनका कहना है :

> हमारी मुश्किल कुछ हद तक तो हमारी यह सोच है कि हमारे पास अपने जीवनसाथी की हर समस्या का जवाब होना चाहिये। वास्तव में, कोई भी व्यक्तिगत रिश्ता समस्याओं के समाधान या सवालों के जवाब

पर नहीं टिका होता है। हमारा सर्वोच्च लक्ष्य होना चाहिये एक दूसरे को समझना, एक दूसरे के क़रीब आना, एक दूसरे का अनुभव करना। अपने पति के साथ बातचीत करने के लिये आपको उसके हर सवाल का जवाब देना ज़रूरी नहीं है। ज़रूरी सिर्फ़ यह है कि आप उसकी बात समझें, उसे छुएँ और उसका स्वाद लें।

कुछ समय तक सामने वाले को ख़ुद से नफ़रत करने दें

हम आपकी प्रेमिका के नकारात्मक मूड को स्वीकार करने के विषय पर बात कर रहे थे, लेकिन अब हम एक मुश्किल विषय पर बात करेंगे। क्या होगा, अगर कोई आपसे ग़ुस्सा हो ?

यह आसान नहीं है। मुझे आज तक ऐसा आदमी नहीं मिला, जिसे किसी का गरजना-बरसना अच्छा लगा हो। लेकिन ऐसा कभी-कभार होता है और मित्रता के लिये शायद यह स्वस्थ लक्षण है। अगर आप अपने मित्र की कटुता को कम करने के लिये कुछ नियमों का पालन करते हैं, तो आप इस स्थिति का सफलतापूर्वक सामना कर सकते हैं। यहाँ पर कुछ सुझाव दिये जा रहे हैं :

घबराएँ नहीं। कई लोग मान लेते हैं कि चूँकि सामने वाला उन पर ग़ुस्सा है, इसलिये अब रिश्ता हमेशा-हमेशा के लिये ख़त्म हो गया। ऐसा हमेशा नहीं होता। हर मित्रता में तूफ़ान आते हैं और अगर आप उनके लिए तैयार रहते हैं, तो आप उनके आने पर डरकर दूर नहीं भागेंगे।

अपने गुस्से को दबाएँ भी नहीं। जब आपका प्रियजन ग़ुस्सा निकाल रहा हो, तो आप शांति से बैठ भी सकते हैं, और नहीं भी बैठ सकते। जिस तरह आपका मित्र अपनी

भावनाओं को नहीं दबा रहा है, उसी तरह आपको भी अपनी भावनाएँ दबाने की ज़रूरत नहीं है। नाट्य-आलोचक वाल्टर केर अक्सर अपने लेखक-दोस्तों के ग़ुस्से का शिकार होते थे, जब वे उनके नाटकों की ख़राब समीक्षा लिखते थे। 'मैं उन्हें कुछ समय तो भड़ास निकालने देता था,' वे कहते हैं, 'मैं उन्हें छह महीने तक रूठने का समय देता था, लेकिन अगर वे इसके बाद भी नाराज़ रहते थे, तो मैं भी पलटकर ग़ुस्सा हो जाता था।'

भावनाओं को स्थायी न मानें। यह नहीं सोचना चाहिये कि चूँकि आपके मित्र ने आज आपकी धज्जियाँ उड़ा दी हैं, इसलिये वह कल भी इसी मूड में रहेगा। दरअसल, ऐसी ज़्यादातर भावनाएँ अल्पकालीन होती हैं। जो महिला कहती है, 'मैं उसकी कही बात कभी नहीं भूलूँगी,' दरअसल ख़ुद को ही चोट पहुँचा रही है, क्योंकि एक बार ग़ुस्सा उतर जाने पर बोलने वाले को शायद यह याद ही नहीं रहेगा कि उसने ऐसी कोई बात कही थी।

याद रखें, आप प्रेम और क्रोध एक साथ कर सकते हैं। हममें से ज़्यादातर लोग अपने अंतरंग रिश्तों में प्रेम और क्रोध का मिला-जुला रूप रखते हैं और अगर आप अपने प्रियजन के क्रोध में इस बात का ध्यान रखेंगे, तो इससे आपको मदद मिलेगी। चार्ली शेड बताते हैं कि उन्हें अपनी पत्नी से झगड़ने के बाद उसकी यह चिट्ठी किचन की टेबल पर मिली :

> प्रिय चार्ली :
> मैं तुमसे नफ़रत करती हूँ।
> प्रेम, मार्था।

अपने ग़ुस्से को निकालने के वैकल्पिक तरीक़े

मैं यहाँ पर यह स्पष्ट कर दूँ कि मैं आपको अपने महत्वपूर्ण

रिश्तों में हर कहीं दुर्भावना का ज़हर उगलने की सलाह नहीं दे रहा हूँ। कई लोग सबके सामने बात साफ़ कर देते हैं, क्योंकि उन्होंने किसी मनोवैज्ञानिक को यह कहते सुना है कि क्रोध व्यक्त करना स्वस्थ है। मैं ऐसी सलाह नहीं देता हूँ। अपनी नाराज़गी बताने के लिये आपको सही जगह और सही मौक़े की तलाश करनी चाहिये। अगर आप सावधानी को हवा में उड़ा दें और हर जगह ग़ुस्सा होने लगें, दिखाने लग जाएँ तो हो सकता है कि आपकी नौकरी चली जाये या कोई इससे भी बुरी बात हो जाये।

अनियमित रिश्तों में तो आपको ग़ुस्सा करने की परेशानी उठाने की ज़रूरत ही नहीं है। इसके बजाय चुपचाप वहाँ से चल दें। दूसरे मामलों में, आपको समय, स्थान और ग़ुस्से से हो सकने वाले नुक़सान पर विचार करना चाहिये। अगर आपके मित्र का आत्म-सम्मान इस समय कमज़ोर है, या आपका प्रियजन इस वक़्त मूलभूत आत्म-सम्मान के लिये आप पर निर्भर है, तो आपको सावधानी से क़दम उठाना होगा।

पहला विकल्प : आप जिस पर ग़ुस्सा हों, उसके सामने अपने ग़ुस्से का इज़हार करने के बजाय किसी दोस्त के सामने करें। अगर आपका बॉस आपको पगलाए दे रहा है, तो उस पर बरस पड़ना समझदारी नहीं होगी। इसके बजाय आप अपनी बहन या दोस्त या जीवनसाथी के सामने अपने बॉस को बुरा-भला कह सकते हैं और अपने दिल की भड़ास निकाल सकते हैं।

दूसरा विकल्प : अपने ग़ुस्से को बाहर निकालने के लिये कोई शारीरिक तरीक़ा अपनाएँ। कई लोगों में दूसरे लोगों से ज़्यादा शत्रुता और आक्रामकता होती है। ऐसे लोगों के लिये व्यायाम या खेल ज़रूरी है, जो जितना ज़्यादा

प्रतिस्पर्धात्मक हो, उतना ही बेहतर होगा। टेनिस, रैकेटबॉल, जॉगिंग, बैग पर मुक्के मारना इत्यादि आपके ग़ुस्सैल स्वभाव को कम कर देंगे।

एक पुराना मज़ाक़। एक आदमी और औरत की शादी को 50 साल हो गए थे। उनसे किसी ने उनके सुखद वैवाहिक जीवन का रहस्य पूछा। वृद्ध आदमी ने जवाब दिया, 'मेरी पत्नी और मैंने शादी के समय एक फ़ैसला किया था। फ़ैसला यह था कि जब उसे मुझ पर ग़ुस्सा आयेगा, तो वह मुझे सब कुछ सुनाकर अपना ग़ुस्सा शांत कर लेगी। और अगर मुझे उस पर ग़ुस्सा आयेगा, तो मैं बाहर टहलने चला जाऊँगा। मुझे लगता है, आप हमारी शादी की सफलता का श्रेय इस बात को दे सकते हैं कि मैंने अपनी ज़्यादातर ज़िंदगी बाहर टहलते हुए गुज़ारी है।'

क्रोध दोस्ती में बाधा नहीं है

अगर आपमें से कोई भी क्रोध के तूफ़ानों से नहीं घबराता है और अगर आप आगामी अध्याय में दिये गये साफ़-सुथरी लड़ाई के नियमों का पालन करते हैं, तो यह संभव है कि आपकी दोस्ती ग़ुस्से के बाद और गहरी हो जायेगी, क्योंकि आपके बीच का ज़हर निकलकर बाहर आ जायेगा। शिकायतों के बाहर निकल जाने के बाद जब प्रेम लौटता है, तो यह साफ़-सुथरा होकर लौटता है। अक्सर ऐसा देखा गया है कि इसके बाद हमारी भावनाएँ ज़्यादा गहरी और प्रेमपूर्ण हो जाती हैं।

कई मामलों में गहरी दोस्ती झगड़े के बाद ही शुरू हो पाती है। आख़िरकार हम अपने सच्चे रूप में एक दूसरे के सामने होते हैं और एक दूसरे का सीधे-सीधे अनुभव करते हैं। एक बार समस्या हल हो जाती है, तो हम सच्चे अर्थों में

पहली बार एक दूसरे के क़रीब आ जाते हैं।

जब जेम्स थर्बर *न्यू यॉर्कर* के लिये काम करते थे, तो वे शुरुआत में इसके संपादक और संस्थापक हैरॉल्ड रॉस से बड़ा घबराते थे। रॉस ने पहले साल थर्बर को बाहर जाने के लिये दो सप्ताह की छुट्टी दी। थर्बर को लौटने में देर हो गयी, क्योंकि वह अपने खोये कुत्ते को खोजने में लग गया था। वह दो दिन देर से लौटा। थर्बर कहते हैं :

> रॉस ने दिन भर मुझे नज़रअंदाज़ किया। उनका मूड ऐसा था ईश्वर-मुझ-पर-दया-करो। आख़िरकार सात बजे के क़रीब उन्होंने मुझे अपने ऑफ़िस में बुलाया। उनके चेहरे पर तूफ़ान था और उनकी आवाज़ में बादल गरज रहे थे।
>
> 'मुझे पता चला है कि तुम एक कुत्ता ढूँढ़ने के कारण काम पर देर से लौटे हो,' उन्होंने गरजती आवाज़ में कहा। 'मुझे तो लगता है कि यह औरतछाप काम है।'
>
> इसके बाद जो दृश्य हुआ, वह संक्षिप्त, तेज़ और अस्पष्ट था। मैंने उसे बताया, उसकी मैग्ज़ीन भाड़ में जाये, मैं अब उसके यहाँ काम नहीं करूँगा। मैंने उससे वहीं उसी समय द्वंद्वयुद्ध लड़ने का प्रस्ताव रखा और उसे बताया कि उसके सीने में दिल नहीं, कोई लोहे की मशीन है। मैंने उसे सुझाव दिया कि वह अपने किसी दोस्त को बुला ले, जो उसकी मदद कर सके। रॉस को लड़ना, शारीरिक हिंसा या इसकी धमकी पसंद नहीं थी।
>
> 'तुम किसे बुलाने का सुझाव देते हो ?' उन्होंने पूछा, अब उनकी आवाज़ में बादलों की गरज कम हो गयी थी।

'अलैक्ज़ेंडर वूलकॉट!' मैं चिल्लाया, और वह हँसने लगा।

उसकी हँसी बड़ी ग़ज़ब की थी। जब यह आयी, तो पूरा कमरा हिलने लगा और यह मैंने पहली बार सुनी थी। इसने हवा की गर्मी को बारिश की तरह ठंडा कर दिया। एक घंटे बाद हम लोग एक रेस्तराँ में बैठकर एक साथ डिनर कर रहे थे ... और उस रात हम लोगों ने ऑफ़िस के मेकअप के नीचे एक दूसरे को समझना शुरू किया और हम दोनों के बीच की लंबी तथा गहरी दोस्ती शुरू हुई।

अध्याय 13

विध्वंसक हुए बिना ग़ुस्सा होने की पाँच तकनीकें

सबसे अच्छी लड़ाई आपमें और आपकी माँ में होती है।

—मेरी मरीज़ की सहेली

क्या साफ़-सुथरे ढंग से लड़ना संभव है? यह न सिर्फ़ संभव है, बल्कि ठोस मित्रताओं में अनिवार्य भी है। यहाँ साफ़-सुथरी लड़ाई करने की पाँच तकनीकें दी गयी हैं।

1. अपने मित्र की ग़लतियों के बारे में नहीं, अपनी भावनाओं के बारे में बात करें

स्कॉट और जीन स्कूल में रूममेट थे और उनकी ज़्यादातर आदतें एक जैसी थीं। उन्होंने इकट्ठे रहने का फ़ैसला इसलिये किया, क्योंकि वे सबसे अच्छे मित्र थे और एक दूसरे की मित्रता पसंद करते थे। लेकिन परीक्षा के समय सभी तनाव में होते हैं और इस वजह से ये दोनों भी चिड़चिड़े हो गए थे और जब यह चर्चा छिड़ी, तो उनकी

दोस्ती संकट में थी :

> **जीन :** जब तुम काम करते हो, तो तुम्हें सबको उठाने की ज़रूरत क्यों पड़ जाती है ?
>
> **स्कॉट :** तुम्हें क्या लगता है, मुझे सुबह पाँच बजे उठकर उस सड़े किचन में काम करना अच्छा लगता है ? यह बहुत बुरा है कि मेरे डैडी मुझे इतना पैसा नहीं भिजवाते हैं कि मैं शान से अपनी पढ़ाई कर सकूँ। तुम्हें पता है, तुम मेरी जान-पहचान के सबसे आलसी आदमी हो।
>
> **जीन :** मुझसे यह बात तो कहो मत। सुबह दो बजे तक किसने पढ़ाई की थी ? इसके अलावा, इन बातों की ज़रूरत ही क्या है ? मैं तो सिर्फ़ यह कहना चाहता हूँ कि जब तुम सुबह जल्दी उठो, तो दूसरों का थोड़ा सा ध्यान रखा करो।

स्कॉट अपनी भावनाओं के बजाय सामने वाले को दोष देने लगा था और ग़ुस्सा होने पर हम सभी ऐसा ही करते हैं। जब हम पर हमला किया जाता है, तब भी हमारी मूल प्रकृति यही होती है।

जब हम अपनी भावनाओं के संदर्भ में अपने ग़ुस्से को अभिव्यक्त करते हैं, तो इस बात की संभावना कम होती है कि सामने वाला हमसे नाराज़ होगा। इसलिये क्योंकि हम अपनी भावनाएँ बता रहे हैं, उसे दोष नहीं दे रहे हैं। अगर जीन इस तरह से अपनी बात कहता, तो कम से कम उनकी लड़ाई साफ़-सुथरी होती :

> **जीन :** मैं तुम्हें बताना चाहता हूँ कि मैं परेशान हूँ। शायद मैं परीक्षा के तनाव के कारण कुछ ज़्यादा ही

> चिड़चिड़ा हो गया हूँ, लेकिन मैंने रात को दो बजे तक पढ़ाई की थी। फिर जब तुमने जाते समय मुझे सुबह पाँच बजे जगा दिया, तो मैं दुःखी हो गया। मुझे ऐसा लगा, जैसे तुम मेरा ध्यान नहीं रख रहे हो और तुम्हें मेरी कोई चिंता नहीं है।

स्कॉट यह सुनने के बाद सुरक्षात्मक हो सकता था, लेकिन इस बात के आसार कम थे, क्योंकि (1) जीन ने अपनी भावनाएँ बतायी थीं, न कि स्कॉट को दोष दिया था, और (2) उसने अपनी अंदरूनी स्थिति स्पष्ट की थी और यह संकेत दिया था कि तनाव के कारण वह शायद अति-प्रतिक्रिया कर रहा था।

एक और उदाहरण देखें। अगर कोई पत्नी अपने पति से कहती है, 'तुम मेरी तरफ़ अब ज़रा भी ध्यान नहीं देते हो,' तो निश्चित रूप से पति को लाल झंडी नज़र आयेगी। वह इस तरह से जवाब दे सकता है :

> तुम्हारा क्या *मतलब* है कि मैं तुम्हारी तरफ़ ज़रा भी ध्यान नहीं देता हूँ? शनिवार की रात को क्या हुआ था? शनिवार की रात याद है? तुम्हें तो इस बात का एहसास ही नहीं होता कि मैं उस दिन तुम्हें बैले दिखाने के लिये ऑफ़िस से जल्दी घर लौटा था, जबकि मेरे सिर पर बहुत सारा काम लदा हुआ था, जिसमें वह बड़ा क़ानूनी मुकदमा भी शामिल था। सच कहूँ हेलन, मैं नहीं जानता कि तुम किस बात से ख़ुश होओगी! मैं चाहे जो कर लूँ, तुम हमेशा दुःखी ही रहती हो।

वह इतना आक्रामक क्यों था? क्योंकि उस पर आक्रमण हुआ था। हम सभी इस तरह से प्रतिक्रिया करते हैं, जब कोई

हमसे कहता है, 'तुम कभी...' और 'तुम हमेशा...'

वह इसे बेहतर ढंग से कैसे कह सकती थी? सिर्फ़ अपनी भावनाएँ बताकर। शायद उसे यह कहना चाहिये था, 'आप जानते हैं, मैं आजकल बहुत अकेली और उपेक्षित महसूस कर रही हूँ।' वह दूसरे शब्दों में वही बात कह रही है कि 'तुम मेरी तरफ़ अब ज़रा भी ध्यान नहीं देते हो,' परंतु फ़र्क़ देखिये : वह उसे किसी बात के लिये दोष नहीं दे रही है। वह सिर्फ़ बता रही है कि उसे कैसा महसूस हो रहा है।

आप हिंसक भावनाओं से पार पा सकते हैं, जब तक कि आप यह न कहें, 'तुम मुझे ग़ुस्से से पागल कर देते हो जब तुम ...' चाहे आपकी भावना कितनी ही प्रबल क्यों न हो, आप केवल अपनी भावनाओं के संदर्भ में बातें करें, यह न बताएँ कि आपके पुत्र ने क्या किया :

> टॉम, मैं तुम पर इतनी ग़ुस्सा हूँ कि अपने नाख़ून चबा सकती हूँ! मैंने तुमसे कहा था कि मुझे मीटिंग में जाने के लिये कार 7:30 पर वापस चाहिये, और अभी देखो, 8:00 बज चुके हैं। मैं कितनी परेशान थी! तुमने जितनी देर लगायी, उतनी देर मैं अंदर ही अंदर उबलती रही।

नकारात्मक भावनाओं की अभिव्यक्ति में थोड़ी सी समझदारी का प्रयोग करने में आपको ख़ास दिक़्क़त नहीं आनी चाहिये। अगर महिला यह कहती है, 'हर रात को डिनर के बाद तुम टी.वी. देखने चले जाते हो, यह कोई अच्छी बात नहीं है', तो वह अपने पति के साथ संबंध सुधारने वाला वाक्य नहीं बोल रही है। इसके बजाय अगर वह इसी बात को इस तरह से कहे : 'जब मैं टेबल साफ़ करती हूँ,

तो मुझे तुम्हारी कमी अखरती है। अगर तुम उस समय मेरे साथ रहो, तो मुझे बहुत अच्छा लगेगा।' बहुत कम पति होंगे, जो इस तरह के आमंत्रण को अस्वीकार करेंगे।

2. एक ही विषय पर बात करें

हम अपने आपसी झगड़े कैसे सुलझाएँ, यह हम अपने क़ानूनी तंत्र से सीख सकते हैं : एक समय में एक ही अपराध के बारे में बात करें। अगर वकील पिछले अपराधों, पिछले आपराधिक रिकॉर्ड, और भी इसी तरह के मामले बीच में ले आयेगा, तो मामला बुरी तरह उलझ जायेगा। अगर आप अपने दोस्त से कोई शिकायत करने जा रहे हैं, तो आपकी समस्या ऐसी होनी चाहिये, जिसे एक वाक्य में कहा जा सके जैसे, 'मुझे इस बात से दिक़्क़त होती है कि डिनर के बाद तुम वहीं बैठकर अपने दाँत साफ़ करते हो।'

एक समय में एक समस्या सुलझ जाये, यही काफ़ी है। अगर आप ऊपर से पुरानी शिकायतें ले आएँ, तो फिर तो समस्या का सुलझना बहुत ही मुश्किल हो जायेगा। समस्याएँ आने पर उनसे निबटें और ग़ुस्से को तत्काल बाहर निकाल दें, उसे अपने दिल के संदूक में बंद करके न रखें।

3. अपने मित्र को अपनी बात कहने का मौक़ा दें

'सबसे अच्छी लड़ाई आपमें और आपकी माँ में होती है,' मेरी मरीज़ की सहेली ने कहा था। माँ और किशोर पुत्री में घमासान युद्ध हो रहा था। उस युद्ध को देखकर उसकी सहेली डर गयी और दुबककर अपने घर भाग गई।

बाद में वह देखने आई कि अब तो मैदान साफ़ है। उसने कहा, 'काश मेरी माँ भी मुझसे इसी तरह लड़तीं! इसके बजाय वे मेरे कमरे में आती हैं, मुझे डाँटती हैं, और फिर

मुझे बोलने का मौक़ा दिये बिना चल देती हैं और जाते समय धड़ाम से दरवाज़ा बंद कर जाती हैं।'

जो लोग बहस के दौरान मैदान छोड़कर चले जाते हैं, वे ख़राब योद्धा होते हैं। अगर आप अपने मित्र से नाराज़ हैं, तो आपको अपनी बात कहने का पूरा हक़ है, लेकिन यह आपकी ज़िम्मेदारी है कि आप रुककर सामने वाले का पहलू भी सुनें। तभी तो समस्या का हल या समझौते का अवसर निकलेगा। परंतु सावधान रहें, अपने पार्टनर को बोलने का मौक़ा दिये बिना लंबे समय तक बोलते न रहें और दरवाज़ा धड़ाम से बंद करने की पुरानी तकनीक जल्दी से जल्दी छोड़ दें।

4. जीतने के लिए नहीं, ग़ुस्सा बाहर निकालने के लिए लड़ें

लड़ाई के बाद कई दिनों तक मुँह फुलाने से बचा जा सकता है, बशर्ते आप दोनों इस नियम पर चलें कि आप जीतने के लिये नहीं, सिर्फ़ अपने ग़ुस्से को बाहर निकालने के लिये लड़ेंगे। कई लोग बचे हुए ग़ुस्से को अपने साथ यह कहते हुए ले जाते हैं, 'मैं अपने पिता को अपना ग़ुस्सा क्यों बताऊँ? वे तो बदलने वाले हैं नहीं, और इस मामले में कुछ नहीं हो सकता।'

अपने प्रियजनों के सामने अपना ग़ुस्सा प्रदर्शित करने का लक्ष्य भावनाओं को बाहर निकालना है, उनसे समर्पण करवाना नहीं है। बहुत से दंपति यह सोचते हैं कि हर बार बहस में किसी न किसी को माफ़ी माँगनी चाहिये। माफ़ी कभी-कभार तो माँगी जानी चाहिये, लेकिन कई बार इसकी ज़रूरत ही नहीं होती है। बहुत बार ऐसा होता है कि अगर दोनों अपनी भावनाओं को सिर्फ़ खुलकर बता दें और अपनी

शत्रुता को बाहर निकाल दें, तो इसके बाद वे एक दूसरे से दुबारा प्रेम करने लगते हैं। किसी से जीतने की बात मन में नहीं लानी चाहिये।

5. आलोचना को ढेर सारे प्रेम से संतुलित करें

कुछ साल पहले मेरे मित्र मार्क स्वेन्सन ने मेरी ज़बर्दस्त आलोचना की। उनके हिसाब से मैं एक बहुत बड़ी ग़लती कर रहा था, मूर्खतापूर्ण कार्य कर रहा था और उसकी वजह से उन्हें और दूसरे लोगों को नीचा देखना पड़ रहा था। मैं कार में बैठकर उनकी बात सुनता रहा, लेकिन मैं ग़ुस्से से आग-बबूला हो रहा था। वह पूरी तरह सरक चुका था, उसने यह नहीं सोचा कि मैंने वह फ़ैसला क्यों किया था, और वह यह भूल चुका था कि अच्छे दोस्त की इतनी आलोचना नहीं करनी चाहिये।

जब मैं घर लौटा, तो पगलाया हुआ था। और अगले दिन भी बहुत ग़ुस्से में था। मैंने उसके साथ मेरा मंगलवार का नियमित लंच भी कैंसल कर दिया। बुधवार को मार्क मेरे हाल-चाल देखने आया। मैंने ठंडे स्वर में संक्षिप्त जवाब दिये। मैं अब भी उसके दिये घावों से तड़प रहा था।

मार्क जानता था कि उसने मुझे ग़ुस्सा दिलाया है, लेकिन उसे नहीं लगा कि उसे माफ़ी माँगनी चाहिये। उसने उस दिन टेलीफ़ोन पर, अगली शाम को मेरे सामने आकर और इसके बाद कई दिनों तक एक ही काम किया। वह मुझे बताता रहा कि वह मुझसे कितना प्रेम करता है। उसे वास्तव में मेरी हरकत से दुःख पहुँचा था, उसने मुझे स्पष्टता से यह बता दिया था और उसे ख़ुशी थी कि उसने सब कुछ सच-सच बता दिया, लेकिन वह जानता था कि इससे मुझे चोट पहुँची है और वह मेरी नाराज़गी को समझता था। कुछ ही दिनों में उसके प्रेम के इज़हार ने मेरा ग़ुस्सा ठंडा कर दिया और

मैं उस बात को भूल गया।

उस वक़्त मैंने मार्क से एक महत्वपूर्ण सबक़ सीखा। वह सबक़ यह था : आप बहुत सारा ग़ुस्सा प्रकट कर सकते हैं, बशर्ते आप उसे संतुलित करने के लिये ढेर सारे प्रेम का इज़हार भी करें।

खण्ड - 4

जब आपके रिश्ते बिगड़ते हैं, तो क्या होता है?

अध्याय 14

गड़बड़ाती दोस्ती को कैसे सँभालें

आपकी सहमति के बिना कोई आपको कमतर महसूस नहीं करा सकता।

—एलीनोर रूज़वेल्ट

सबसे अच्छी मित्रताएँ वे होती हैं, जो ग़लतफ़हमियों और मुश्किल समय को झेल चुकी हैं। दरअसल, अच्छे रिश्ते का एक रहस्य यह जानना भी है कि इन तूफ़ानों का सामना कैसे किया जाये। आपको यह एहसास होना चाहिये कि लंबे समय तक चलने वाले किसी भी रिश्ते में कठिन समय आएँगे और जब भी आपका मित्र ख़तरे की घंटी बजाए, तो आपको जहाज़ छोड़कर कूदने की ज़रूरत नहीं है।

सौभाग्य से, अगर आप तूफ़ानों के लिये तैयार रहेंगे, तो आप अपनी दोस्ती की गड़बड़ियों को सुधारने के लिये भी तैयार रहेंगे। यहाँ पर आपको ऐसा करने के पाँच सुझाव दिये जा रहे हैं :

1. समस्या की जड़ खोजें

मैंने हाल ही में एक मैनेजर से चर्चा की, जो निराश था।

मैंने उससे पेटेंट सवाल पूछा : 'क्या आपके क़रीबी मित्र हैं ?'

'नहीं। हम अपने पड़ोसियों से बोलते-चालते हैं, लेकिन किसी को घर नहीं बुलाते हैं।'

'क्यों नहीं ?'

'10 साल तक हम एक दंपति के साथ सचमुच दोस्ताना व्यवहार करते रहे। हम सप्ताह में दो बार ताश खेलते थे। एक बार तो हमने छुट्टियाँ भी इकट्ठे मनायीं। फिर एक सप्ताह वे लोग हमारे यहाँ नहीं आये। मेरी पत्नी ने उसकी पत्नी से पूछा और उसका जवाब था कि मेरे एक मज़ाक़ से उन्हें बुरा लग गया था। उसके बाद हम एक-दूसरे से आज तक नहीं मिले हैं।'

उसकी कहानी ने मुझे चिंता में डाल दिया। मैंने पूछा, 'आपकी कौन सी बात उन्हें बुरी लगी थी ?'

'मुझे नहीं पता।'

मुझे यक़ीन नहीं हुआ। 'आपका मतलब है, आपने उनसे कभी नहीं पूछा कि वह कौन सी बात थी ?'

'नहीं, हमने मामले को वहीं ख़त्म कर दिया। हमने फ़ैसला किया कि अगर उन्हें इतनी छोटी-छोटी बातों का बुरा लग जाता है, तो दोस्ती को आगे बढ़ाने से क्या फ़ायदा है ?'

मुझे यह कहानी बहुत, बहुत दुःखद लगती है। यहाँ पर चार लोग थे, जो एक दूसरे के लिये महत्वपूर्ण थे और जिनकी मित्रता काफ़ी संतोषजनक थी और उन्होंने अच्छी यादें जमा करने के लिए सालों मेहनत की थी। और सिर्फ़ ज़रा सी

ग़लतफ़हमी के कारण उनकी दोस्ती टूट गयी। *और उस आदमी ने यह पता करने की ज़हमत भी नहीं उठायी कि गड़बड़ कहाँ हुई थी।*

अगर आपकी कार में कुछ गड़बड़ है तो आप उसे सुधरवाते हैं, उसे उठाकर कबाड़े में नहीं फेंक देते हैं। आपने इसमें इतना निवेश किया है कि आप ऐसा नहीं कर सकते। और जब आपने गहरे संबंध, मित्रता या शादी में इतना ज़्यादा निवेश किया है, तो उसमें भी आपको ऐसा नहीं करना चाहिये। शायद इसे सुधारा जा सकता है। रिश्तों में कभी-कभार ग़लतफ़हमियाँ हो जाती हैं। यह अनिवार्य है कि हम गड़बड़ की वजह पता करना सीखें।

यह निदान (diagnosis) का क़दम है। पीछे मुड़कर यह पता लगाने की कोशिश करें कि गड़बड़ कहाँ हुई। ग़लतफ़हमी कहाँ से शुरू हुई? हम एक दूसरे से दूर कब होने लगे?

कई बार अपनी मित्रता में मुश्किलों से बचना समझदारीपूर्ण होता है। लॉरा हक्सले अपनी पुस्तक *बिटवीन हैवन एंड अर्थ* में यही सुझाव देती हैं :

> ऐसे रिश्ते पर ध्यान दें, जो आपकी नज़र में संतुष्टिदायक हो सकता है, लेकिन जिसमें हाल-फ़िलहाल सुधार की काफ़ी गुंजाइश है। आप सामने वाले से सीधे-सीधे पूछ लें, 'आपको क्या लगता है, हमारे संबंध में मैं किस महत्वपूर्ण बात को नज़रअंदाज़ कर रहा हूँ?' जवाब को ध्यान से सुनें, भले ही आप उससे सहमत न हों। इसके बारे में सोचने का समय निकालें।

2. अगर ग़लती आपकी है, तो माफ़ी माँगें

शायद यह अली मैक्ग्रा और र्‌यान ओ नील के लिये काम

कर गया हो, लेकिन मैंने इसे असली ज़िंदगी में कभी सफल होते नहीं देखा। अपनी फ़िल्म *लव स्टोरी* में वे इस नतीजे पर पहुँचते हैं कि प्रेम में 'आई एम सॉरी' कहने की ज़रूरत नहीं होती है। ऐसा रिश्ता बहुत सुखद होगा, जिसमें आपको कभी माफ़ी माँगने की ज़रूरत न हो। लेकिन मैं ऐसे बहुत से पति-पत्नियों और दोस्तों को दुःखी देखता हूँ, जो कभी माफ़ी नहीं माँगते हैं। और कई मामलों में तो वे अपने रिश्ते को इतना नुक़सान पहुँचा चुके होते हैं कि मैं उनकी कोई मदद नहीं कर पाता। बहुत सी पारिवारिक समस्याएँ इस वाक्य से सुलझ सकती हैं : 'आप सही हो सकते हैं।'

हम सभी ग़लत हो सकते हैं – बहुत बार। यह मूर्खतापूर्ण है कि हम गर्व और असुरक्षा के कारण ऐसा मानने से इंकार कर दें और अपनी दोस्ती को दुबारा जोड़ने की कोशिश न करें। नॉर्मन विन्सेन्ट पील ने लिखा है, 'सच्ची माफ़ी ग़लती मानने से बड़ी बात है। यह बताती है कि आपने जो कुछ कहा या किया है, उससे एक रिश्ता टूटा है – और आप उस रिश्ते के बारे में इतनी परवाह करते हैं कि आप उसे सुधारना और फिर से अच्छा बनाना चाहते हैं।'

1755 में वर्जीनिया विधानसभा के चुनावी अभियान में 23 वर्षीय कर्नल जॉर्ज वॉशिंगटन ने पैन से कोई अपमानजनक बात कह दी, जिसने उन्हें तत्काल छड़ी से गिरा दिया। सिपाही कर्नल की मदद करने पहुँचे और वे पैन को शारीरिक क्षति पहुँचाने ही वाले थे कि तभी कर्नल अपने पैरों पर खड़े हो गए और उनसे बोले कि वे ख़ुद को सँभाल सकते हैं, मदद के लिये धन्यवाद।

अगले दिन उन्होंने पैन को एक पत्र लिखा, जिसमें यह आग्रह किया गया था कि वे एक सराय में उनसे मिलें। जब पैन मिलने आया, तो उसे स्वाभाविक रूप से यह उम्मीद थी

कि उससे माफ़ी माँगने या फिर द्वंद्वयुद्ध करने के लिये कहा जायेगा। इसके बजाय वॉशिंगटन ने उस अपमान के लिये माफ़ी माँगी, जिससे झगड़ा शुरू हुआ था। उन्होंने यह भी कहा कि शायद पैन इससे संतुष्ट हो गया होगा और उन्होंने उदारता से दोस्ती का हाथ बढ़ाया।

माफ़ी माँगने वाले लोग कमज़ोर नहीं होते हैं। अपनी ग़लती मानने में बहुत शक्ति की ज़रूरत होती है। चूँकि संबंध हमारी ज़िंदगी की सबसे मुश्किल चीज़ होते हैं, इसलिये हम अपनी ग़लतियों की माफ़ी माँगकर बहुत सारे दुःखों से बच सकते हैं।

3. यह पता करें कि कहीं आपके न्यूरॉसिस के कारण तो दोस्ती नहीं टूट रही है

अगर आपके बहुत से क़रीबी दोस्त आपसे रूठ रहे हैं, तो आपको ख़ुद से पूछना चाहिये कि कहीं आपकी न्यूरॉटिक समस्याओं के कारण तो ऐसा नहीं हो रहा है। यहाँ कुछ लक्षण बताये जा रहे हैं, जिनसे रिश्ते टूटते हैं। शायद आपको ख़ुद से यह पूछना चाहिए कि कहीं आपमें ये लक्षण तो नज़र नहीं आते हैं।

कई बार हम दूसरों को अपने अतीत के अनुभव के चश्मे से देखते हैं। सामने वाला आदमी हमें किसी ऐसे आदमी की याद दिलाता है, जिसे हम जानते थे या हमें इसी तरह के रिश्ते में अपनी पुरानी असफलता याद आ जाती है।

कई महीनों तक मैंने एक 31 वर्षीय विधवा को देखा। वह नाटी थी, उसकी आँखें नीली और चमकदार थीं, और जब भी वह अपना दुबला शरीर हिलाती थी, तो कंपन का एहसास होता था। वह हाज़िरजवाब थी और सेशन के दौरान वह कई बार पीछे की तरफ़ सिर करके हँसती थी। उसकी बुद्धि औसत से ज़्यादा थी और उसकी नौकरी ज़िम्मेदारी

भरी थी, जिसमें उसे काफ़ी पैसा मिलता था।

लेकिन इन सारे गुणों से उसे पुरुषों के साथ कितनी सफलता मिली? बिलकुल नहीं। उसे पुरुषों को आकर्षित करने में ज़रा भी दिक़्क़त नहीं होती थी, और वह शादी करने की बेहद इच्छुक थी। लेकिन हमेशा ऐसा होता था कि वह कुछ न कुछ ऐसा कर देती थी, कोई न कोई ऐसी बात कह देती थी, जिससे पुरुष दूर चले जाते थे और फिर लौटकर नहीं आते थे। और वह बैठकर अफ़सोस करती थी।

जब हमने उसकी समस्या के कारणों को जानने की कोशिश की, तो उसने हमें अपने पति की दुर्घटना में हुई मौत के बारे में बताया। ये यादें इतनी दुःखद थीं कि उसने इन्हें अपने चेतन मस्तिष्क के नीचे गहराई में दबा रखा था। जब मैंने उसके अतीत को कुरेदा - जितना कोमलता से मैं ऐसा कर सकता था - तो वह कई बार सुबकने लगी और दूसरों पर ग़ुस्सा होने लगी। लेकिन हम इस भावुक महिला को देखते रहे और वह भी देख पायी कि उसके भीतर किस तरह का गृहयुद्ध चल रहा है। उसे महसूस हुआ कि इन्हीं दुःखद यादों के कारण पुरुषों से उसके रिश्ते कामयाब नहीं हो पा रहे हैं। एक स्तर पर तो वह शादी करना चाहती थी, लेकिन दूसरे स्तर पर उसे डर था कि कहीं एक बार फिर उसका पति उससे बिछड़ न जाये और इसीलिये वह किसी आदमी के शरीर को देखते ही उससे दूर छिटक जाती थी।

वह अपने अतीत को वर्तमान में खींचकर ला रही थी। जब उसने यह देखा कि उसका अवचेतन मन उसके जीवन में कितनी मुश्किलें खड़ी कर रहा है, तो उसने वर्तमान में जीना शुरू कर दिया। जल्दी ही उसके पुरुषों के साथ रिश्ते सामान्य हो गए और आज वह अपने वैवाहिक जीवन में बहुत ख़ुश है।

मेरे पास एक और रोगी आयी। उसे भी यही परेशानी थी। दूसरों के साथ संबंध बनाने में अतीत के कारण मुश्किलें आ रही थीं, लेकिन इस मामले में समस्या यह थी कि वह महिलाओं पर भरोसा नहीं कर सकती थी। उसके अविश्वास का कारण जानने के लिये हमें जटिल मनोविश्लेषण की ज़रूरत नहीं पड़ी। उसकी माँ शराबी थीं और इस कारण उसके ज़्यादा समय क़रीब नहीं रहती थीं। जब वे शराब के नशे में नहीं होती थीं, तो छोटी बच्ची की आलोचना करती थीं और उसे क्रूर तरीक़ों से सज़ा देती थीं। बच्ची दुबली थी और उसे भूख कम लगती थी। जब वह अपनी माँ की संतुष्टि लायक़ खाना नहीं खाती थी, तो माँ टेबल पर उसके चारों तरफ़ धातु का पर्दा डाल देती थीं, ताकि टेबल पर बैठे दूसरे बच्चों को देखकर उसका ध्यान न भटके। जब वह इसके बाद भी नहीं खाती थी, तो वे उससे वहीं पर भोजन के सामने बैठे रहने के लिये कहती थीं और बाक़ी परिवार सोने चला जाता था।

मेरी मित्र पढ़ने में बहुत होशियार नहीं थी, और उसके माता-पिता, जो अपने आपको बुद्धिजीवी मानते थे, उसे मंदबुद्धि कहकर प्रताड़ित करते थे। वे उसे मनोचिकित्सकों के पास ले गए (जिन्होंने यह निष्कर्ष निकाला कि वह मानसिक रूप से बीमार नहीं है और उसका आई क्यू सामान्य है)। इसके बाद भी माता-पिता ने उसके आत्म-सम्मान को इतनी ठेस पहुँचायी कि अब वह डरों का एक छोटा सा ढेर नज़र आती है, जो हर हफ़्ते प्रोत्साहन के लिये मुझे याचना भरी दृष्टि से देखती है। मैं उसे जो भावनात्मक पोषण देता हूँ, वह उसे इतनी कसकर पकड़ लेती है, जैसे वह कलकत्ता में भूख से तड़प रही बच्ची हो।

महिलाओं से उसे प्रेम की कोई उम्मीद नहीं है। उसका

अतीत आज भी उसके साथ है। इस महिला की चिकित्सा करना मेरे लिये काफ़ी लंबा और मुश्किल काम होगा, क्योंकि उसे बहुत ज़्यादा मदद की ज़रूरत है। लेकिन मुझे यह याद रखना चाहिये कि उसके लिये यह मुझसे भी ज़्यादा मुश्किल काम है, और मुझे उसके साथ तब तक रहना होगा, चाहे इसमें कितना भी समय लगे, जब तक कि वह अपने वर्तमान से अपने अतीत की छाया को निकाल नहीं देती।

4. कहीं आप रिश्ते बनाने के पुराने और बेकार तरीक़े तो नहीं अपना रहे हैं

हममें से हर एक की भावनात्मक आवश्यकताएँ होती हैं और हममें से हर एक को उनकी पूर्ति की ज़रूरत होती है। दुर्भाग्य से, हम उन ज़रूरतों को पूरा करने के लिये कई न्यूरॉटिक तरीक़े अपना लेते हैं और इन तरीक़ों के कारण बार-बार मुश्किल में फँस जाते हैं।

मैं एक ऐसे आदमी को जानता हूँ, जो सामान्य परिवार में बड़ा हुआ था, लेकिन उस परिवार में शाब्दिक या शारीरिक प्रेम का प्रदर्शन तब तक नहीं किया जाता था, जब तक कि कोई बीमार न हो। जब वह या उसकी बहन बीमार होती थी, तो माँ प्रेम से उनकी देखभाल करती थी और उनका विशेष ध्यान रखती थी।

हर बच्चे को दुलार की ज़रूरत होती है और वह इसे पाने के लिये कुछ भी कर सकता है। इस मामले में तरीक़ा बहुत आसान था : ज़्यादा बीमार पड़ो। ऐसा नहीं था कि बच्चा बीमार होने का नाटक करता था। लेकिन वह जब भी असुरक्षित अनुभव करता था या दबाव में होता था या उसे थोड़े ज़्यादा प्रेम की ज़रूरत होती थी, तो उसे सर्दी और हल्का बुखार हो जाता था। यह प्रेम पाने का न्यूरॉटिक तरीक़ा

था, लेकिन यह कारगर था।

फिर उस बच्चे की शादी हो गयी। ज़ाहिर है, उसने अपने परिवार में सीखे गए संबंधों के पैटर्न को अपनी शादी में भी आज़माया, जिसमें जब-भी-आपको-प्रेम-की-ज़रूरत-हो-बीमार-पड़-जाओ का तरीक़ा भी शामिल था।

समस्या सिर्फ़ इतनी थी कि उसकी पत्नी बीमारी और बीमार लोगों से दूर रहना पसंद करती थी। वह ख़ुद कभी बीमार नहीं हुई थी। इसलिये जब पति पर बीमारी के वही पुराने सिंड्रोम हावी होते थे, तो पत्नी उस पर ज़्यादा ध्यान देने के बजाय कम ध्यान देने लगती थी। बेचारा आदमी अब भी अपने बचपन में सीखे हुए तरीक़ों के माध्यम से अपनी सर्दी या बुखार में प्रेम माँग रहा था, लेकिन उसे यह नहीं मिल पा रहा था।

सालों बाद, और अपनी शादी को काफ़ी नुक़सान पहुँचा लेने के बाद, पति को पता चला कि उसकी मनोदैहिक समस्याओं के कारण वह कष्ट में है। उसने यह भी जाना कि ये समस्याएँ कैसे उत्पन्न हुईं और वह अपनी पत्नी का प्रेम सीधे तरीक़े से सफलतापूर्वक कैसे हासिल कर सकता है।

हो सकता है आपकी तरकीबें इस आदमी जैसी न हों, लेकिन आप अपने रिश्तों को टटोलकर देखें कि कहीं अपने संबंधों में आप न्यूरॉटिक तरीक़ों का प्रयोग तो नहीं कर रहे हैं, जो हो सकता है किसी आदमी के साथ सफल हुए हों, मगर जिनके कारण आप अब असफल हो रहे हों।

5. यह देखें कि कहीं आपको प्रशंसा की अत्यधिक आवश्यकता तो नहीं है

हम मनोचिकित्सकों को एक दुष्चक्र से हर दिन जूझना पड़ता

है : जिस आदमी की आत्म-छवि जितनी बेहतर होती है, उसके दोस्त भी उतने ही बेहतर होंगे और इस वजह से उसके संबंध भी बेहतर होंगे और उसका आत्म-सम्मान भी बढ़ेगा। जिस आदमी की आत्म-छवि जितनी ख़राब होगी, उसके दोस्त भी उतने ही ख़राब होंगे, इस वजह से उसके संबंध भी ख़राब होंगे और इस असफलता के कारण उसकी आत्म-छवि कमज़ोर हो जायेगी।

हम इस चक्र को कैसे तोड़ें? इसके दो मूलभूत तरीक़े हैं। पहला यह कि हम परामर्श कक्ष में एक अच्छा संबंध क़ायम कर लें। शायद यह किसी रोगी का सर्वश्रेष्ठ संबंध होता है। शायद यह इकलौता ऐसा संबंध होता है।

लेकिन यह पर्याप्त नहीं है। क्योंकि जो लोग अच्छा महसूस करने के लिये दूसरों की प्रशंसा पर निर्भर होते हैं, वे अक्सर निराश होते हैं, और इससे भी बड़ी बात यह है कि प्रशंसा की अत्यधिक आवश्यकता के कारण उनके रिश्तों पर अनावश्यक दबाव पड़ता है और रिश्ते टूट जाते हैं।

एम. ईस्थर हार्डिंग ने इस आम असफलता का अच्छा विश्लेषण किया है :

> जब भी कोई अनिश्चितता का अनुभव करता है, उसे हमेशा दूसरों की प्रशंसा तथा समर्थन की ज़रूरत पड़ती है और वह उनकी आलोचना से अत्यधिक निराश हो जाता है, जिसका मतलब है कि उसके भीतर उसके मूल्यांकन का कोई तंत्र काम नहीं कर रहा है। अगर उसकी आलोचना होती है, तो वह टूट जाता है; अगर कोई उसे महत्व नहीं देता है, तो उसका अस्तित्व ही ख़त्म हो जाता है; और अगर उसकी तारीफ़ होती है, तो वह सुख के सातवें आसमान

> पर पहुँच जाता है। उसके कोई व्यक्तिगत जीवनमूल्य नहीं होते हैं, हालाँकि वह कभी-कभार अत्यधिक बड़बोला दिख सकता है, क्योंकि वह प्रशंसा को मछली की तरह पकड़ना चाहता है। जब उसे प्रशंसा मिलती है, तो वह सुख की आँच में धूप सेंकता है, लेकिन जब उसे यह नहीं मिलती, तो वह अक्सर अपनी चोट को छिपाने के लिये दूर चला जाता है। उसके गुरुत्वाकर्षण का केंद्र वह ख़ुद नहीं होता, बल्कि दूसरे लोग होते हैं।

तो सबक़ स्पष्ट है : आप अपने आत्म-सम्मान के लिये दूसरों पर निर्भर नहीं रह सकते। यह आपके भीतर से आना चाहिये।

अध्याय 15

रचनात्मक क्षमा की कला

मित्रता पैसे की तरह है। इसे बनाना आसान है, रखना मुश्किल है।

—सैम्युअल बटलर

अब तक यह स्पष्ट हो चुका होगा कि मैं बहुत दृढ़ता से विश्वास करता हूँ कि हर गड़बड़ संबंध को सुधारा जा सकता है और मैं समझौते में विश्वास करता हूँ। हो सकता है, कभी-कभार कोई मित्रता कामयाब न हो और उसे छोड़ना पड़े, लेकिन अधिकतर ऐसा होता है कि हमारे रिश्ते सिर्फ़ धैर्य की कमी के कारण टूट जाते हैं, क्योंकि जब सामने वाला मुश्किल समय से गुज़र रहा होता है, तो हम उसे कुछ समय तक झेल नहीं पाते हैं और उसकी कमज़ोरी के लिये उसे माफ़ नहीं कर पाते हैं।

कई बार गहन संबंधों की प्रकृति संघर्ष पैदा करने की होती है। जब हम थॉमस जेफ़रसन के जेम्स मैडीसन से हुए

संजीदा, औपचारिक और लगभग जीवन भर चले पत्राचार (जिनके साथ उनकी कभी लड़ाई नहीं हुई) की तुलना जॉन एडम्स से करते हैं, जिन्हें उन्होंने कई बार विवादास्पद पत्र लिखे, तो यह स्पष्ट हो जाता है कि वे मैडीसन की तुलना में एडम्स से ज़्यादा प्रेम करते थे। फिर भी यह प्रसिद्ध मित्रता टूट गयी और उनमें 11 साल तक बोलचाल बंद रही। दोनों ही संबंध टूटने से दुःखी थे, लेकिन दोनों के बीच की बर्फ़ बहुत धीरे-धीरे पिघल रही थी। बेंजामिन रश दोनों को ही क़रीब से जानते थे और वे समझ गए कि दोनों ही दुबारा क़रीब आना चाहते हैं, इसलिये वे उनके बीच में सूचनाएँ इधर से उधर ले जाते रहे और आख़िरकार वे दोनों एक बार फिर से पत्राचार करने पर सहमत हो गये। 1826 में दोनों के देहांत तक यानी अगले 14 सालों में दोनों ने एक-दूसरे को कई प्रेम भरे पत्र लिखे। शायद जेफ़रसन ने सबसे भावुक पत्र इसी समय लिखे।

क्षमा एक सकारात्मक शक्ति है

क्षमा करने वाले व्यक्ति को कई बार कमज़ोर माना जाता है, लेकिन इसका उल्टा ही सच होता है। क्षमा करने के लिये आपको शक्तिशाली होना पड़ता है, क्योंकि क्षमा बहुत ही सकारात्मक शक्ति है। यह आपको और आपके प्रिय व्यक्ति दोनों को ही बदल देती है।

दूसरी तरफ़, नफ़रत के बारे में दुःखद बात यह है कि यह नफ़रत करने वाले का जीवन तबाह कर देती है। मैंने एक युवा माँ से चर्चा की, जो कटुता से भरी हुई थी। उसके सास-ससुर ने उससे कुछ चुभती हुई बातें कही थीं, उनके बीच झगड़ा हुआ था और इस महिला का कहना था, 'मैं अब कभी अपने सास-ससुर से पुराना रिश्ता नहीं रख पाऊँगी।

हालाँकि उन्होंने माफ़ी माँग ली है, लेकिन उन्होंने जो कहा था, उसे मैं कभी नहीं भूल सकती।'

मुझे उस महिला की हालत पर अफ़सोस था, क्योंकि उसकी नफ़रत के कारण उसके सास-ससुर को कोई कष्ट नहीं हो रहा था। सबसे ज़्यादा कष्ट तो उसी को हो रहा था। कटुता, निंदा, क्रोध, कपट जैसी बुरी भावनाएँ, जिन्हें सेंट पॉल ने उखाड़ फेंकने की सलाह दी थी, दरअसल तेज़ाब की तरह हमारे रवैये को नष्ट कर देती हैं। हमारी कटुता न सिर्फ़ हमारे रिश्तों को बिगाड़ देती है, बल्कि यह हमारी आत्माओं को भी खोखला कर देती है।

अमेरिकन रेड क्रॉस की संस्थापक क्लारा बार्टन को उनके एक मित्र ने याद दिलाया कि कई साल पहले किसी ने उनके साथ बहुत बुरा व्यवहार किया था। लेकिन मिस बार्टन को वह घटना याद नहीं आ रही थी।

मित्र ने पूछा, 'क्या आपको याद नहीं है?'

'नहीं,' जवाब मिला, 'मुझे अच्छी तरह याद है कि मैं उस बात को भूल चुकी हूँ।'

अगर आप अपने दिल में दुर्भावना या विद्वेष रखते हैं तो आप कभी स्वतंत्र या सुखी नहीं रह सकते, इसलिये उन्हें दूर रख दें। उनसे मुक्ति पाएँ। अगर आपकी इच्छा हो, तो डाक टिकट इकट्ठे करें, सिक्के इकट्ठे करें, लेकिन शिकायतों या नफ़रत को कभी इकट्ठा न करें।

जिस तरह कटुता से दूसरों में कटुता पैदा होती है, उसी तरह प्रेम से दूसरों में प्रेम पैदा होता है। उन महान, रचनात्मक लोगों को धन्यवाद, जिनके साथ ग़लत व्यवहार होने पर भी वे दुनिया में नफ़रत का माहौल बढ़ाने से इंकार करते हैं। वे सामने वाले को चोट पहुँचाने के बजाय उसे क्षमा

करने का विकल्प चुनते हैं।

जब मैं कॉलेज में था, तो मैं लॉस एंजेलिस में कम किराये वाले इलाक़े में रहता था, जिनमें कई ग़रीब घरों के बच्चे भी थे। उनके खेलने की इकलौती जगह सड़क थी और मैं अक्सर इन बच्चों से बातें करने के लिये रुक जाता था। एक दिन पीछे से एक छोटी सी आवाज़ आई, 'हलो, मिस्टर मैक्गिनिस।'

मैंने पीछे मुड़कर देखा। सात-आठ साल की एक लड़की अपने भाई की साइकल पर चली आ रही थी। वह स्विमसूट पहने थी और पॉप्सिकल चूस रही थी। उसकी आँखें सांता मोनिका झील जैसी नीली थीं। उसने एक पैर को साइकल से नीचे रखा और मैंने उससे पूछा, 'हाय पिंकी, तुम कई दिनों से नज़र नहीं आयीं?'

'मैं बाहर गयी थी।'

'कहाँ?'

'मैं अपनी माँ से मिलने के लिये दो हफ़्ते सांता बारबरा गयी थी। वे अब अलग रहती हैं और अब मैं उनके साथ नहीं रहती हूँ।'

मैंने मन में सोचा कि कोई माँ इतनी प्यारी, छोटी सी लड़की को छोड़कर कैसे जा सकती है। मैं नहीं जानता कि माँ की ज़िंदगी में कितनी मुश्किलें होंगी, शायद परिस्थितियाँ उसके नियंत्रण के बाहर हों। लेकिन क्या उस माँ को यह एहसास नहीं होता होगा कि उसकी बेटी इस समय कितनी कड़वाहट महसूस करती होगी?

तभी मैंने पिंकी को ख़ुशी-ख़ुशी पॉप्सिकल चूसते देखा और मुझे एहसास हुआ : वह कटु नहीं है। उसे एक आघात पहुँचाया गया है, जिसकी न तो उसे उम्मीद थी, न ही ऐसा

उसके साथ होना चाहिये था। परंतु वह उस चोट का बुरा नहीं मान रही है, वह बदले में दूसरों को चोट नहीं पहुँचा रही है। वह दूसरों को सुख और सूरज की रोशनी दे रही है। वह मुझसे 'हलो' करने के लिये रुकी और मुझे अपनी यात्रा के बारे में बताया। अगर वह ज़िंदगी भर इसी तरह विद्वेष से दूर रहेगी और आघात के बदले मुस्कान बाँटती रहेगी, तो बहुत ही सुंदर और आकर्षक महिला बन जायेगी।

क्षमा करने की पहल करें

अगर आप सकारात्मक तरीक़े से क्षमा करते हैं, तो आपको इसकी पहल करनी होगी। मुझे यहाँ पर बड़ी समस्या आई। अगर कोई माफ़ी माँगता है, तो आम तौर पर मैं मामले को वहीं दफ़न कर देता हूँ, लेकिन जब मुझे किसी ने चोट पहुँचायी हो (या मुझे ऐसा लगे) और मेरा शत्रु अपनी ग़लती मानने को राज़ी न हो, तो मैं परेशान हो जाता हूँ।

उस बुरे आदमी का क्या इलाज है, जो कभी भी 'आई एम सॉरी' न कहता हो ? यहाँ पर हम ईसा मसीह के उदाहरण से लाभ उठा सकते हैं। उन्होंने हमें किस तरह माफ़ किया ? ईश्वर ने अपने पुत्र को हमारे बीच भेजने से पहले हमारे क्षमा माँगने का इंतज़ार नहीं किया। उन्होंने पहल की। उन्होंने पहला क़दम उठाया। 'जब हम पापी थे, तब भी ईसा मसीह ने हमारे लिये अपनी जान दी' *(रोमन्स 5:8)*। उन्होंने हमारे पश्चाताप का इंतज़ार नहीं किया, हमारे बदलने का इंतज़ार नहीं किया। अगर उन्होंने इंतज़ार किया होता, तो शायद हम कभी पश्चाताप करते ही नहीं। परंतु चूँकि उन्होंने बिना माँगे हमें क्षमा कर दिया - इसलिये हम पर उनकी क्षमा का गहरा असर हुआ।

जब आपसे इस तरह से प्रेम किया जाता है, तो आप

बदलना चाहते हैं। एक मिनट के लिये ऐसे लोगों के बारे में सोचें, जिन्होंने आपको अच्छे ढंग से प्रभावित किया, जो आपके सर्वश्रेष्ठ रूप को बाहर लाए। क्या ये वही नहीं थे, जिन्होंने पहल की थी, आपमें विश्वास किया था और आपकी ग़लतियाँ माफ़ की थीं ? और चूँकि वे आपको आपके वर्तमान स्वरूप में स्वीकार कर लेते थे, इसलिये आपमें बदलने की इच्छा जाग जाती थी।

जेम्स हिल्टन के उपन्यास *गुडबाई, मिस्टर चिप्स* का हीरो एक शर्मीला स्कूलटीचर है, जो कई मायनों में अनाकर्षक और ग़लतियाँ करने वाला है। लेकिन तभी एक घटना हो जाती है। वह एक महिला से मिलता है। दोनों में प्रेम हो जाता है और उनकी शादी हो जाती है। उस महिला के कारण वह दयालु, दोस्ताना और भला बन जाता है – इतना ज़्यादा कि वह स्कूल में सबसे ज़्यादा लोकप्रिय हो जाता है। यही प्रेम की सकारात्मक शक्ति और संभावना है।

सेंट पॉल ने प्रेम के महान भजन में कहा था, 'प्रेम ग़लतियों का लेखा-जोखा नहीं रखता है'। उनका मतलब था, हमें यह मान लेना चाहिये कि लोग बदल सकते हैं, कि चीते की धारियाँ बदल सकती हैं, हृदय-परिवर्तन हो सकता है, लोग पश्चाताप कर सकते हैं और ख़ुद को बदल सकते हैं। दूसरे तरीक़े से, वे आपसे यह आग्रह कर रहे थे कि अपने रिश्तों में वर्तमान में जिएँ, अतीत के गिले-शिकवे भूल जाएँ। इस बात के लिए तैयार रहें कि लंबी दोस्ती में कभी-कभार आपके साथ ग़लत व्यवहार होगा। किसी कमज़ोर क्षण में हमारा प्रिय व्यक्ति हमें छोड़कर चला जायेगा, या हमारी गंभीर आलोचना करेगा, या हमें नीचा दिखायेगा या हमसे दूर चला जायेगा। और अगर हम ऐसी ग़लतियों पर अपना ध्यान केंद्रित करेंगे, तो हमारा रिश्ता टूट जायेगा।

इस तरह की ग़लतियों का लेखा-जोखा रखने से हमारे मन में दूसरे के लिये विद्वेष बढ़ता जायेगा, क्योंकि अपनी ख़ुद की ग़लतियों के बारे में हमारी याददाश्त बड़ी कमज़ोर होती है।

अगर हमें खुलकर माफ़ करना है, तो हमें एक दूसरे को सहन करने की ज़रूरत है। हमें सामने वाले के प्रति भी उतना ही उदार होने की ज़रूरत है, जितना हम अपनी ग़लतियों के प्रति होते हैं। जब हम किसी रिश्ते में कोई ग़लती करते हैं, तो हमारे पास कई तर्क होते हैं – हमने जान-बूझकर ग़लती नहीं की, या यह तो तनाव भरे क्षण में अचानक हो गया, या उस दिन हमारा मूड ठीक नहीं था या हम आगे से ऐसा नहीं करेंगे। हम ख़ुद को उस रूप में नहीं देखते जैसे हम हैं, बल्कि उस रूप में देखते हैं। जैसे हम होना चाहते हैं। परंतु दूसरों को हम उसी रूप में देखते हैं, जैसे वे होते हैं। ईसा मसीह ने लोगों को, जिनमें पीटर और कुएँ की महिला शामिल हैं, उस रूप में देखा, जैसा बनने की वे कोशिश कर रहे थे और जैसा वे बन सकते थे। अपने अंतरंग लोगों के बारे में इतनी समझ विकसित करना मज़बूत दोस्ती बनाने में बहुत मददगार साबित हो सकता है।

अनुपात में क्षमा करना

यह याद करने से भी हमें प्रेरणा मिलती है कि ईश्वर ने हमें कितनी उदारता से क्षमा किया है। जनरल ऑगलथॉर्प ने एक बार जॉन वेस्ले से कहा था, 'मैं कभी न तो क्षमा करता हूँ, न ही भूलता हूँ।' इस पर वेस्ले ने जवाब दिया, 'तब तो शायद आप कभी पाप भी नहीं करते होंगे।' उन्होंने बहुत सही बात कही थी, क्योंकि जब हम यह सोचते हैं कि ईश्वर हमारी ग़लतियों के लिये हमें कितनी उदारता से क्षमा करता है, तो हमें यह भी सोचना चाहिये कि हम छोटी-छोटी बातों

पर जबरन ही नफ़रत पालते रहते हैं।

यह प्रार्थना करने से हम बदल सकते हैं, 'हे परमपिता, हमारी ग़लतियों के लिये हमें क्षमा करो, जिस तरह हम दूसरों की ग़लतियों के लिये उन्हें क्षमा करते हैं।' एक स्टॉकब्रोकर, जिसे मैं जॉर्ज का नाम देना चाहूँगा, ने मुझे बताया कि उसी के ऑफ़िस में काम करने वाले दूसरे ब्रोकर से उसके संबंध टूट गये। दोनों में एक ग्राहक को लेकर विवाद हो गया और उसके बाद हालाँकि वे हर रोज़ एक दूसरे की डेस्क के पास से गुज़रते थे, लेकिन उनमें कभी बात नहीं हुई। एक दिन चर्च में जब जॉर्ज प्रार्थना कर रहा था, तो उसने क्षमा पर लिखी हुई पंक्ति पढ़ी। उसका कहना है, 'मेरे मन में कोई संदेह नहीं था कि ग़लती किसकी थी। सैम ने मेरा ग्राहक मुझसे छीना था, इसलिये ग़लती पूरी तरह उसी की थी। लेकिन हममें बोलचाल बंद होना अच्छी बात नहीं थी, इसलिये मुझे कुछ न कुछ तो करना ही था। जब बाक़ी लोग प्रार्थना को दोहरा रहे थे, तो मैंने ईश्वर से प्रार्थना की कि वे सैम के साथ संबंध सुधारने में मेरी मदद करें। सोमवार दोपहर जब मार्केट बंद हुआ, तो मैंने एक बार फिर प्रार्थना की और फिर सैम की डेस्क के पास जाकर उससे कहा, 'सैम, तुमने मुझे बताया था कि तुम्हारी पत्नी आर्थ्राइटिस के कारण परेशान है। अब उसका हाल कैसा है?'

'यह सुनकर सैम भौंचक्का रह गया, लेकिन फिर शब्द धीरे-धीरे बाहर निकलने लगे – किस तरह उसने पिछले साल तीन विशेषज्ञों को दिखाया था और अब वह पहले से बेहतर थी, धन्यवाद। उसने बताया कि पिछली रात को वे दोनों साथ-साथ कुछ दूर तक टहले थे। बाक़ी बातों में उसने यह भी कहा कि वह बहुत ज़्यादा बोल जाता है और अक्सर ऐसी बातें भी बोल देता है, जिन्हें वह बोलना नहीं चाहता।

हालाँकि उसने खुलकर तो माफ़ी नहीं माँगी, परंतु मैं जानता था कि यही सैम का माफ़ी माँगने का तरीक़ा था।

'और अगली सुबह जब वह मेरी डेस्क के पास आया तो उसने पहले की तरह ही कहा, 'गुड मॉर्निंग, जॉर्ज!' और मैंने भी पहले की तरह जवाब दिया, 'गुड मॉर्निंग, सैम!'

प्रार्थना के साथ क्षमा करना

एक और बात। अंतिम विश्लेषण में हमें दूसरों को माफ़ करने में, उनकी चुभती हुई बातों को भूलने में दैवी सहायता की ज़रूरत होती है। चाहे हम ईसा मसीह की तरह कितना ही शांत बनना चाहें, चाहे हम अपनी भावनाओं को कितना ही नियंत्रण में रखना चाहें, कटुता और प्रतिशोध कभी-कभार फट पड़ेंगे और हमारे ग़ुस्से का लावा बाहर बहने लगेगा। ऐसे समय में हमें ईश्वर की मदद की ज़रूरत होती है। यह कोई संयोग नहीं है कि ईसा मसीह हमसे यह कहते थे कि हमें अपने दुश्मनों के लिये प्रार्थना करनी चाहिये, क्योंकि जब हम अपने शत्रुओं के लिये प्रार्थना करते हैं, तो कई आश्चर्यजनक चीज़ें होती हैं।

मेरी एक युवक से चर्चा हुई, जिसने हाल ही में आस्था की राह पर क़दम रखा था और जिसने अपना जीवन प्रभु के चरणों में रख दिया था। वह अनाथ था और उसके अवसर सीमित थे। 'अपने अधिकारियों के साथ मेरी पटरी नहीं बैठ रही थी,' उसने कहा, 'और मैं ख़ास तौर पर अपने फ़ोरमैन से नफ़रत करता था। वह न जाने क्यों मुझसे चिढ़ता था और मैं प्रतिशोध लेने के लिये लालायित था। लेकिन चूँकि अब मैं सच्चा ईसाई बनने की कोशिश कर रहा था, इसलिये मैंने फ़ैसला किया कि मैं हर दिन प्रार्थना करूँगा। मैंने अपने परिवार के लिये, अपने पड़ोसियों के लिये प्रार्थना की और

फिर मैंने अपने दाँत भींचकर अपने फ़ोरमैन के लिये भी प्रार्थना की। और आप जानते हैं, जब मैं ऐसा करने लगा, तो फ़ोरमैन को कुछ हो गया! कुछ ही हफ़्तों में वह पूरी तरह बदल गया और अब हम बहुत अच्छे दोस्त हैं।

'वैसे सच कहूँ,' उसने मुस्कराते हुए कहा, 'तो शायद बदलाव मुझमें हुआ था।'

अगर आप ईश्वर से प्रार्थना करेंगे, तो ईश्वर आपको बदल सकता है। अगर आपने अपने दिमाग़ के मेमोरी सिस्टम में बहुत सारी कटुता, प्रतिशोध और दुर्भावना इकट्ठी कर रखी है, तो आप ईसा मसीह से आग्रह करें कि वे उसे मिटा दें और आपको प्रेम से भर दें।

ईसा मसीह क्षमा करने की कला के सबसे बड़े विशेषज्ञ हैं। उन्होंने ही तो कहा था, 'हे पिता, उन्हें क्षमा कर दें; वे नहीं जानते वे क्या कर रहे हैं।'

अध्याय 16

कामवासना : इसकी शक्ति और समस्याएँ

कॉकटेल के ऊपर से निगाहें ज़्यादा मधुर दिखती हैं, जबकि छिलका उतरे गेहूँ के ऊपर से निगाहें उतनी प्रेम भरी नहीं दिखती हैं।

—बेनी फ़ील्ड्स

इस पूरी पुस्तक में मैंने यह वकालत की है कि सर्वश्रेष्ठ मित्रताओं और सर्वश्रेष्ठ विवाहों में स्वतंत्रता होनी चाहिये। यही नहीं, मैंने कहा है कि हमें अपनी शादी के बाहर भी अपोज़िट सेक्स के लोगों के साथ क़रीबी दोस्ती करनी चाहिये।

लेकिन तब हम क्या करें, जब सेक्स अपना आकर्षक सिर उठा ले और हम यह पाएँ कि हम अपने किसी दोस्त के प्रति कामुक हो रहे हैं ? और तब क्या होगा, जब आपको अपने जीवनसाथी के बजाय आपका यह दोस्त सेक्स की दृष्टि से ज़्यादा उत्तेजक लगने लगे ? अगर आप एक दूसरे के क़रीब आते हैं और प्रेम का इज़हार करते हैं, तो ऐसा

होना तय है।

आप आगे पढ़ें, इसके पहले मैं आपको यह बताना चाहूँगा कि इस अध्याय में मैं क्या कहने वाला हूँ, क्योंकि शायद आप आगे न पढ़ना चाहें। रूढ़िवादी ईसाई होने के नाते मैं मानता हूँ कि विवाह और परिवार के प्रति पूर्ण निष्ठा होनी चाहिये। दक्षिणी कैलिफ़ोर्निया में मनोचिकित्सक होने के नाते मैं हर तरह की सेक्स समस्याओं के बारे में लोगों के विचार सुनता हूँ। अपने अनुभव में मैंने पाया है कि धर्म व्यभिचार पर जो पाबंदियाँ लगाता है, वह हमें कुंठित करने के लिये नहीं बल्कि हमारी रक्षा करने के लिये लगाता है। तो अगर आप इस अध्याय में सेक्स के खुलेपन का समर्थन देने वाले तर्कों की उम्मीद कर रहे हों, तो आप निराश होंगे। लेकिन अगर आप अपनी सेक्स की इच्छाओं की जटिलता से हैरान हों और अक्सर आपको यह अपराधबोध सताता हो कि आप एक जीवनसाथी से ही क्यों संतुष्ट नहीं होते हैं, तो यह अध्याय आपके काम का हो सकता है।

अपने आपको सेक्शुअल मानें

ईश्वर ने हम लोगों को कामवासना दी है और ज़ाहिर है, उसने हमें सिर्फ़ एक ही व्यक्ति के प्रति आकर्षित होने वाला नहीं बनाया है। यह बात हमें शुरू में ही मान लेनी चाहिए। मैं तो यहाँ तक कहूँगा कि जब भी कोई पुरुष और महिला साथ-साथ होते हैं, तो उनके बीच सेक्स की बिजली प्रवाहित होती है। आम तौर पर इसका एहसास नहीं होता, लेकिन बिजली होती ज़रूर है।

और क्या यह बुरा है? बिलकुल नहीं। यही तो वह चीज़ है, जिसकी बदौलत दुनिया चल रही है।

मैंने कुछ समय पहले एक 85 वर्षीय महिला के साथ

लंच लिया, जो कट्टर ईसाई है और थोड़ी सी फ़्लर्ट भी। हमने एक रोमांटिक रेस्तराँ में लंच लिया - और इस बारे में कोई संदेह नहीं था - माहौल सेक्सी था। मुझे लगता है कि उसे मज़ा आया, और मैं जानता हूँ कि मुझे मज़ा आया था!

मेरे जैसे प्रोफ़ेशनल्स के साथ एक समस्या यह आती है कि पुरुष मनोचिकित्सकों को ऐसी आकर्षक महिलाओं के काफ़ी संपर्क में आना पड़ता है, जो भावनात्मक रूप से भूखी होती हैं। कुछ अध्ययनों के अनुसार 10 प्रतिशत मनोविश्लेषकों और मनोवैज्ञानिकों ने *स्वीकार* किया है कि उन्होंने अपनी मरीज़ों के साथ शारीरिक संभोग किया है। मुझे यह दुःखद लगता है। इसके मनोवैज्ञानिक दृष्टि से कई तरह के विनाशकारी परिणाम हो सकते हैं। नैतिक पतन तो ख़ैर होता ही है। मैं जिन महिलाओं को परामर्श देता हूँ, उनके साथ मेरा रवैया ऐसा नहीं होता। लेकिन क्या इसका यह मतलब है कि मैं उनकी तरफ़ कभी सेक्शुअली आकर्षित नहीं होता? नहीं। सच तो यह है कि अगर कुछ महिलाएँ मुझे समय-समय पर न बताएँ कि उनके अंदर मेरे प्रति सेक्शुअल भावनाएँ जागती हैं, तो मैं निराश हो जाता हूँ।

कुछ धार्मिक समूहों में अपनी भावनाओं पर क़ाबू रखने की इतनी ज़्यादा शिक्षा दी जाती है कि हमारी बहुत सी आत्मिक ऊर्जा तो इसी बात में नष्ट हो जाती है कि हम 'अपने विचारों को शुद्ध रखने के लिये' हर सेक्शुअल फ़ंतासी का दमन करने लगते हैं।

इसके दो परिणाम होते हैं। पहला है चिंता। इस तरह के दमन से कई तरह के दबाव बनने लगते हैं। हमारी कामुकता की भावना एक प्रबल शक्ति है, और इसे अवचेतन में दबाने की कोशिश वैसी ही है, जैसे किसी ज्वालामुखी का मुँह बंद करने की कोशिश। इसमें विस्फोट होने की आशंका होती है।

मैं इसे अपने ऑफ़िस में अक्सर देखता हूँ। धार्मिक महिला कहती है, 'मैं नहीं जानती कि मुझे क्या हो गया है। पहले मैं बहुत अच्छी थी और अपने पति के अलावा किसी के प्रति आकर्षित नहीं होती थी, लेकिन अचानक ही मेरा अफ़ेयर शुरू हो गया।'

दमन का दूसरा परिणाम यह होता है कि व्यक्ति हमेशा अपने सेक्शुअल आकर्षणों को लेकर अपराधबोध से ग्रस्त रहता है, क्योंकि दमन कभी भी पूरी तरह सफल नहीं हो पाता है।

मैं सेक्शुअल भावनाओं के प्रति एक अलग दृष्टिकोण रखने का आग्रह करना चाहता हूँ। ये भावनाएँ चाहे जैसी हों, उन्हें स्वीकार करें। जैसा हमने एक दूसरे प्रकरण में कहा था, आपकी भावनाएँ ग़लत नहीं हैं - नैतिकता के क्षेत्र में तो आप तब दाख़िल होते हैं, जब आप उन भावनाओं के अनुरूप काम करते हैं। तो आप ख़ुद को सोचने की स्वतंत्रता तो दें। अपने अवचेतन से डरने की कोई ज़रूरत नहीं है।

कई ईसाई मरीज़ यह जानकर राहत महसूस करते हैं कि बहुत से लोग अपने जीवनसाथी के साथ संसर्ग करते समय किसी और व्यक्ति के साथ संसर्ग की कल्पना करते हैं। उन्हें लगता था कि दुनिया में सिर्फ़ वे ही ऐसा करते हैं।

ईसा मसीह ने कहा था, जब आप किसी महिला के प्रति कामुक होते हैं, तो आपने उसके साथ व्यभिचार कर लिया है। उनके कहने का यह मतलब नहीं था कि जब भी आपके दिमाग़ में कोई कामुक विचार आता है, तो पाप हो जाता है। अगर ऐसा होता, तो हम हर दिन बहुत सारे पाप करते। कामुकता से उनका मतलब था किसी का भोग करने की जान-बूझकर योजना बनाना, कामुकता को ख़ुद पर इतना हावी हो जाने देना कि हम उसे हासिल करने की कोशिश

करने लगें। और यह सचमुच ख़तरनाक है, क्योंकि तब आपने एक तरह से व्यभिचार कर लिया है, क्योंकि आपकी पापी इच्छा जल्द ही पूरी हो जायेगी। थोड़ी देर के आकर्षण और किसी के साथ सोने की एकनिष्ठ इच्छा में बहुत फ़र्क़ होता है। थोड़ी देर का आकर्षण तो सामान्य है और मज़ेदार है, लेकिन एकनिष्ठ इच्छा में बहुत से ख़तरे हैं।

क्या मेरा प्रेम ख़त्म हो गया है?

यह सवाल मैं दर्जनों बार सुनता हूँ और मैं इसे हल्केपन से नहीं लेता, क्योंकि आम तौर पर यह सवाल पूछने वाला व्यक्ति डरा हुआ होता है। उसे अपराधबोध होता है कि उसका प्रेम संदेह के घेरे में आ गया है और वह लगभग हमेशा यह पूछती है, 'शायद मैंने उससे कभी प्रेम किया ही नहीं।'

कई लोगों को लगता है कि प्रेम में गिरना उनकी इच्छा के ख़िलाफ़ होता है, जैसे कि किसी दरिया में गिरना। वे उसी प्रकार उससे बाहर भी निकल आते हैं। प्रेम से उनका मतलब होता है ओमर शरीफ़ और जूली क्रिस्टी का रोमांस, या क्लार्क गैबल और कैरोल लॉम्बार्ड का रोमांस - यह प्रबल भावना कि आप ज़िंदगी भर अपने प्रेमी या प्रेमिका के साथ रहेंगे, यह प्रबल भावना कि आपके लिये दुनिया में वही एकमात्र पुरुष या स्त्री है और उससे दूर रहकर गुज़रने वाला हर पल यातना है।

यह बकवास है। यह सोचना सरासर मूर्खता है कि दुनिया में आपके लिये एक ही पुरुष या एक ही महिला है। आप एक ही समय में एक से ज़्यादा लोगों से प्रेम कर सकते हैं। वास्तव में, आप हज़ारों लोगों में से किसी भी एक के साथ सुखी वैवाहिक जीवन गुज़ार सकते हैं।

कई महिलाओं को यह समझ में नहीं आता है कि वे

अपने पति और किसी पराये मर्द से एक साथ प्रेम कैसे कर सकती हैं। जब कोई नया आदमी उनके दिलोदिमाग़ पर छा जाता है, तो वे कल्पना कर लेती हैं कि उनका पुराना प्रेम मर चुका है। लेकिन आप एक से ज़्यादा लोगों से प्रेम कर सकते हैं। एक आदमी अपनी माँ, अपनी पत्नी और अपनी बेटी से प्रेम करता है। हालाँकि प्रेम के तरीक़े बहुत अलग होते हैं, फिर भी वह तीनों से एक साथ प्रेम करता है। और अगर वह कई महिलाओं के संपर्क में आता हो, तो वह उनसे भी विभिन्न श्रेणियों का प्रेम करता होगा, जिनमें से कुछ में सेक्शुअल आकर्षण होगा।

तो जब महिला कहती है, 'मेरी मदद करें, मैं नहीं जानती कि मैं अब भी अपने पति से प्रेम करती हूँ या नहीं,' तो मैं उससे कहता हूँ कि यह सवाल बेमानी है। ज़ाहिर है कि वह उससे किसी न किसी रूप में प्रेम अवश्य करती है, वरना वह यह सवाल नहीं पूछ रही होती, क्योंकि उसे उसकी भावनाओं की परवाह नहीं होती। सालों तक चलने वाले प्रेम में कई बदलाव आते हैं और वह अगर नहीं घबरायेगी, तो उनके पार निकल जायेगी। आगे उसे सुख के कई पड़ाव मिलेंगे।

असली सवाल यह है : क्या मैं अपने जीवनसाथी के साथ अपना रिश्ता जारी रखना चाहती हूँ? अगर प्रेम चला गया है, तो इसका मतलब शायद यह है कि दोस्ती में कोई चीज़ गड़बड़ा गयी है और आम तौर पर उसे सुधारा जा सकता है।

लंबे समय तक चलने वाली शादियों में मैंने देखा है कि उनमें से कोई न कोई कभी न कभी किसी तीसरे के प्रति आकर्षित हुआ है। जब किसी महिला को पता चलता है कि वह अपने बॉस से कविता के बारे में बात कर सकती है और उसे यह पता चलता है कि वह भी बॉडेलेयर का उसी जितना

दीवाना है, तो दोनों के बीच बिजली कौंध जाती है और इतना रोमांच कोई भी शादी नियमित रूप से नहीं दे सकती।

एक पुरानी झूठी कहावत है कि लोग जीवनसाथी के अलावा किसी में तब तक रुचि नहीं लेते, जब तक घर में किसी चीज़ की कमी न हो। यह कहावत सच नहीं है। शादी चाहे कितनी ही अच्छी क्यों न हो, बाहरी आकर्षण से नहीं बचा जा सकता।

मज़ेदार बात यह है कि हर नया रिश्ता समय के साथ अंततः पुराना हो जाता है और तब आप इस रिश्ते से भी ऊबने लगते हैं। कई लोग हमेशा नये लोगों के साथ रोमांस की तलाश करते हैं, लेकिन उनके सीरियल टाइप के इन अफ़ेयरों से उन्हें और दूसरों को काफ़ी दिक़्क़तें आती हैं। और इसका दीर्घकालीन परिणाम यह होता है कि वे प्रेम के प्रति कटु हो जाते हैं।

रोमांटिक प्रेम की कमी

असली खलनायक आनंद की वह भावना होती है, जिसे रोमांटिक प्रेम कहा जाता है, जो हवा में जगमगाती रोशनी की तरह आती है और चली जाती है। हममें से ज़्यादातर लोगों को इस तरह के प्रेम का एहसास है। जब हमें रोमांटिक प्रेम होता है, तो यह जादुई अनुभव होता है। मैं इसे क़तई नकार नहीं रहा हूँ, क्योंकि यह तो जीवन का एक महान उपहार है। जब हम लंबे समय तक विवाहित रहते हैं, तो हममें से कई इसे कभी-कभार नये सिरे से अनुभव करते हैं। लेकिन रोमांटिक प्रेम ज़िंदगी भर लगातार चलता रहे, यह उम्मीद करना मूर्खता ही होगी।

डेनिस डे रूज़मॉन्ट रोमांस के विशेषज्ञ हैं और उन्होंने इस विषय पर कई पुस्तकें लिखी हैं। उनका कहना है :

> इन 7000 सालों में, जब एक के बाद दूसरी सभ्यता आती रही, किसी और सभ्यता ने रोमांस नामक इस प्रेम को उतना लोकप्रिय नहीं बनाया जितना हमने पर्दे, अख़बारों और विज्ञापनों के माध्यम से बनाया है... किसी दूसरी सभ्यता ने रोमांटिक प्रेम को विवाह का पर्यायवाची समझने की ख़तरनाक ग़लती नहीं की और किसी अन्य सभ्यता ने यह भी नहीं सोचा कि सफल विवाह रोमांटिक प्रेम पर निर्भर होना चाहिये।

जेम्स थर्बर इतने विद्वान नहीं थे, लेकिन उन्होंने भी इतना ही अच्छा विश्लेषण किया है :

> मैं उन गायक-गायिकाओं को पसंद नहीं करता जो हल्के गानों में 'प्रेम' के बारे में चीख़-पुकार मचाते हैं। अमेरिकी बड़े होने पर भी समझ नहीं पाते हैं कि प्रेम और सेक्स के प्रेम में क्या अंतर होता है। हमें लगता है कि प्रेम हमारी समस्याओं का पुश बटन समाधान है या असंतोष दूर करने की अचूक दवा है या सुख की मंज़िल तक ले जाने वाली सड़क है। हमारे भावुकतापूर्ण अज्ञान की वजह से हम विवाह को नींद की गोली की तरह प्रोत्साहित करते हैं। सैंतालीस साल की एक महिला, जिसकी शादी को सत्ताईस साल हो चुके हैं और जिसके छह बच्चे हैं, जानती है कि प्रेम क्या होता है। उसने एक बार प्रेम का वर्णन करते हुए कहा था : 'प्रेम वह है, जिसमें आप किसी आदमी के दिल से होकर गुज़र जाते हैं।'

आपके व्याभिचार की जड़ें

दोस्तियाँ कभी-कभार व्यभिचार में बदल जाती हैं, क्योंकि दोनों में से किसी के मन में अफ़ेयर का विचार आ जाता है।

कुछ और हासिल करने की इच्छा, शुरुआती सालों के प्रबल सेक्शुअल आकर्षण को एक बार फिर ज़िंदा करने की इच्छा - इन इच्छाओं को हल्केपन से नहीं लेना चाहिये।

अक्सर यह बोरियत की निशानी होती है। मैंने प्रायः देखा है कि आदमी अपनी पत्नी से उतना बोर नहीं होता है, जितना ख़ुद से होता है। कई बार जीवन नीरस लगने लगता है। इस तथ्य से इंकार नहीं किया जा सकता। हम अपने परिवार के साथ हर दिन वही घिसी-पिटी बातें करते हैं। हम किसी नये रोमांच, किसी गोपनीय अनुभव की तलाश करते हैं, जिसमें प्रबल भावना और रोमांच हो। हम इस बात के लिये किसी आदमी को दोषी नहीं ठहरा सकते, न ही हम उसे इस बात के लिये दोषी ठहरा सकते हैं कि कोई महिला उसे बुरी तरह प्रेम करने लगी - वह उसे इतना चाहने लगी कि वह दोपहर को उससे किसी होटल के कमरे में मिलने और अपने पारिवारिक जीवन को ख़तरे में डालने के लिये राज़ी हो गयी, क्योंकि वह उसे चाहती थी।

लेकिन जब हम इस पर विचार करते हैं तो हम यह जान जाते हैं कि किसी दूसरे के शरीर की हमारी खोज से हमारी बोरियत हमेशा के लिये दूर नहीं हो सकती। इसे तो हमें अपने भीतर ही खोजना होगा। अगर हम चाहें, तो ज़िंदगी रोमांचपूर्ण बन सकती है, और कोई दूसरा व्यक्ति हमारी बोरियत का इलाज नहीं कर सकता।

कई बार लोग इसलिये बोर हो जाते हैं, क्योंकि वे अपने विवाह को रोमांचक बनाने के लिये कुछ भी नहीं कर रहे होते हैं। जब कोई व्यक्ति मुझसे परस्त्रीगमन के बारे में सलाह लेता है, तो मैं उससे अक्सर कहता हूँ : 'आप इस नये रिश्ते को सफल बनाने के लिये जितनी मेहनत और कोशिश कर रहे हैं, अगर उतनी ही मेहनत और कोशिश

अपनी पुरानी शादी को नया बनाने में कर लें, तो क्या यह बेहतर नहीं रहेगा?' अक्सर वे सहमत हो जाते हैं। उनकी शादी इसलिये नीरस नहीं होती है, क्योंकि उन्होंने ग़लत व्यक्ति से शादी कर ली है, बल्कि इसलिये नीरस हो जाती है, क्योंकि वे विवाह को रोमांचक बनाये बिना उसके रोमांचपूर्ण होने की उम्मीद करते रहते हैं।

मैं इस बात पर संदेह नहीं कर रहा हूँ कि नये पार्टनर के साथ रिश्ते में कुछ अतिरिक्त रोमांच होता है, परंतु जैसा कई विवाहेतर संबंध बनाने वाले एक पुरुष का कहना है : 'आप जानते हैं, सच तो यही है कि दुनिया में सबसे अच्छा सेक्स बेडरूम में आपकी पत्नी के साथ ही होता है। आप स्वतंत्र होते हैं, आप एक दूसरे के होते हैं, और आप दोनों में वह विश्वास और निष्ठा होती है, जिसकी वजह से शारीरिक क्रिया बेहद संतुष्टिदायक बन जाती है।'

स्त्री-पुरुष संबंधों में कॉमन सेन्स का प्रयोग

यहाँ छह विचार दिये जा रहे हैं, जिनकी मदद से आप अपनी सेक्शुअल भावनाओं को नियंत्रण में रख सकते हैं और गहरी मित्रताओं का आनंद ले सकते हैं :

1. ज़्यादा दूर तक ख़ुद पर विश्वास न करें। याद रखें, आपकी सेक्शुअल इच्छा में उतार-चढ़ाव आते रहते हैं। हममें सेक्शुअल भावना की मात्रा अलग-अलग होती है और कई बार यह इतनी ताक़त से आपके दिमाग़ पर हावी हो जाती है कि आप उसके लिये तैयार नहीं होते हैं। अगर आपकी सेक्शुअलिटी उफान पर हो, तो अतिरिक्त सावधानी बरतें।
2. ऐसे साथी चुनें, जिनके वैवाहिक संबंध मज़बूत हों। अगर आपका मित्र प्रेम के लिये भूखा है, तो आपके लिये रिश्ते

को सीमा में रखना बहुत मुश्किल हो सकता है।

3. इस बात का ध्यान रखें कि आप कब और कहाँ अकेले मिलते हैं। कई स्थान दूसरे स्थानों से ज़्यादा सेक्शुअल होते हैं। लंच लेने में परेशानी होने की संभावना कम है, जबकि किसी रेस्तराँ में कैंडललाइट डिनर लेने में बहकने का ख़तरा ज़्यादा है।

4. अपने जीवनसाथी को अपने मित्रों के बारे में बताएँ। जब बैठकें गोपनीय होने लगें, तो यह ख़तरे का संकेत है कि अब स्थिति नियंत्रण से बाहर होने लगी है। या तो आप अपने जीवनसाथी को अपनी मित्रता की प्रगति के बारे में सब कुछ सच-सच बता दें या फिर मित्रता तोड़ लें।

5. शारीरिक संपर्क की एक सीमा बना लें। शारीरिक प्रेम की वह सीमा खोज लें, जो आपके लिये आरामदेह और सुरक्षित है। याद रखें, चुंबन और सेक्शुअल स्पर्श जब हद से आगे बढ़ जाता है, तो कोई इंसान ख़ुद पर क़ाबू नहीं रख सकता।

6. अगर ज़रूरी हो, तो बाहर निकल जाएँ। चाहे हम कितनी ही कोशिश कर लें, कभी-कभार अपोज़िट सेक्स के किसी व्यक्ति के साथ हमारी दोस्ती बेक़ाबू होने लगती है और हमें समझ में आ जाता है कि इसका अंजाम क्या होगा। अगर आपका विवाह आपके लिये बहुमूल्य है, तो आपके मन में संदेह नहीं होना चाहिये कि क्या करना चाहिये। ऐसे में चाहे कितना ही कष्ट क्यों न हो - पीछे हट जाएँ।

विश्वास - आनंद से ज़्यादा बहुमूल्य

मैं यहाँ यह नहीं कहना चाहता कि सेक्शुअल निष्ठा आसान

होती है। हज़ारों सालों से पुरुष और महिलाएँ इस बात से परेशान रहे हैं कि समाज हमसे एक ही व्यक्ति के प्रति समर्पित रहने का आग्रह करता है, जबकि हमारे भीतर बहुत से लोगों से शारीरिक प्रेम करने की इच्छा होती है। हममें एक के प्रति निष्ठावान रहने की इच्छा भी होती है और बहुत से लोगों को भोगने की इच्छा भी होती है।

परंतु सवाल यह है : क्या मैं अपने जीवनसाथी को भी उसी तरह के रोमांस की इजाज़त देने के लिये तैयार हूँ, जैसा मैं अपने लिये चाहता हूँ ? पति अक्सर मुझे बताते हैं कि वे विवाह को ख़तरे में डाले बिना कभी-कभार इधर-उधर व्यभिचार कर सकते हैं और वे जानते हैं कि इसे संजीदा नहीं बनाना है। लेकिन जब मैं उनसे पूछता हूँ कि क्या वे अपनी पत्नियों को भी वैसा ही व्यभिचार करने की इजाज़त देंगे, तो वे भड़क जाते हैं। बर्ट्रैन्ड रसेल मुक्त प्रेम के बहुत बड़े समर्थक थे - सिवाय इसके कि वे यह पसंद नहीं करते थे कि कोई दूसरा पुरुष उनकी पत्नी के आस-पास चक्कर काटे।

दीर्घकाल में नये सेक्शुअल रिश्ते के आनंद से भी बढ़कर बहुमूल्य कुछ होता है। यह है विश्वास। मेरी शादी जिस महिला से हुई है, वह बहुत ही आकर्षक है। यही नहीं, उसकी हँसी जादुई है। वह पुरुषों के साथ मुलाक़ातों में आनंद लेती है और जब वह कहीं जाती है, तो लोग उसके आगे-पीछे घूमते रहते हैं। चूँकि मुझे ऐसी महिला से शादी करना अच्छा लगता था, जिसे लोग आकर्षक समझें और चूँकि मैं उसे हमेशा घर में ताले में बंद नहीं रख सकता, इसलिये मैं उस वस्तु के प्रति कृतज्ञ हूँ, जिसे हम अपने विवाह की सबसे अनमोल वस्तु मानते हैं - समर्पण।

अगर हम अकेले रहते, तो हम दोनों ही यौन स्वतंत्रता का जीवन आसानी से जी सकते थे, लेकिन इसके बजाय हम

गहरे समर्पण का रिश्ता चाहते थे। इससे हमें अपोज़िट सेक्स के लोगों के साथ उठने-बैठने और दोस्ती करने की आज़ादी मिली है और जब हम रात को एक साथ बैठते हैं, तो हमें एक दूसरे से यह नहीं पूछना पड़ता कि कहीं उसने हमसे बेवफ़ाई तो नहीं की।

कई बार मैं सोचता हूँ कि मैं बहुत ही आकर्षक और सेक्सी पुरुष हूँ। लेकिन आत्म-सम्मोहन की चरम अवस्था में भी मैं यह नहीं मानता कि मेरी सेक्शुअलिटी इतनी प्रबल होगी कि मेरी पत्नी दूसरे पुरुषों के प्रति आकर्षित नहीं हुई होगी। दरअसल, मुझे विश्वास है कि कई बार उनमें से कुछ लोग उसे मुझसे ज़्यादा अच्छे लगे होंगे। इसमें कोई बुराई नहीं है, क्योंकि एक दूसरे के प्रति हमारी भावनाएँ बहुत गहरी हैं : हम एक दूसरे के लिये समर्पित और प्रतिबद्ध हैं।

मैं इस विषय पर एक पूरा अध्याय लिखने जा रहा हूँ। कृपया अगला पेज देखें, जहाँ हम वफ़ादारी और प्रतिबद्धता के बारे में बात करेंगे।

अध्याय 17

वफ़ादारी – एक अनिवार्य तत्व

जब सब साथ छोड़कर चले जाते हैं, तब दोस्त पास आता है।

— वॉल्टर विन्शेल

मैं अक्सर रेगिस्तान में एक मोनास्ट्री में जाता हूँ। वहाँ पर खाना अच्छा है, कमरों में टेलीफ़ोन नहीं हैं और मुझे जंगल में लंबा घूमने का मौक़ा मिल जाता है।

और भोजन के वक़्त की बातचीत भी बहुत अच्छी होती है। सेंट एन्ड्रयूज़ के पादरी बहुत उच्च शिक्षित हैं। कइयों के पास तो हार्वर्ड, लूवेन और सॉरबॉन की डॉक्टरेट डिग्रियाँ हैं।

एक दिन मैं लंच पर फ़ादर एल्युथेरियस के पास बैठा था। वे लंबे, सन्यासी क़िस्म के इंसान हैं, जो क्लेयरमॉन्ट ग्रेजुएट स्कूल के विद्यार्थियों को फ़िलॉसफ़ी का लेक्चर देने के लिये सप्ताह में एक बार सौ मील की यात्रा करके जाते हैं। वे फ़िलॉसफ़ी पर कई प्रसिद्ध पुस्तकें लिख चुके हैं, जो

सभी फ़्रांसीसी भाषा में हैं। उनके दिमाग़ में कुछ सोच चल रहा था और वे तब तक नहीं बोले, जब तक उन्हें पता नहीं चला कि मैं मित्रता पर एक किताब लिख रहा हूँ। उनकी आँखों में चमक आ गई और वे बोले, 'अहा, मित्रता!'

फिर वे काफ़ी देर रुके और सोचते रहे। उनका चेहरा अचानक दर्दीला हो गया और उन्होंने कहा, 'यह दुर्भाग्यपूर्ण है कि अमेरिका में मित्रता को ज़्यादा महत्त्व नहीं दिया जाता। मेरे सच्चे दोस्त यहाँ नहीं हैं, एक भारत में है और दूसरा बेल्जियम में। इससे मेरा मतलब है कि हम एक दूसरे के प्रति वफ़ादार हैं। मैं उनके प्रति निष्ठावान हूँ और वे मेरे प्रति।'

वफ़ादारी, निष्ठा। ये शब्द पुराने युग के हैं और आजकल हमारी शब्दावली से जैसे ग़ायब हो चुके हैं।

जीवन भर चलने वाले रिश्ते की सुंदरता

जिनके पास दोस्तों की दौलत है वे ऐसे लोग हैं, जो जीवन भर के रिश्तों में यक़ीन करते हैं, जो अपने साथियों के सुख-दुःख में साथ देते हैं और कई बार पतझड़ का भी सामना करते हैं।

मेरे पिताजी 68 साल के थे, जब उनके सबसे अच्छे दोस्त की मृत्यु हुई थी। हूबर्ट की मौत पर उनके दुःख को देखकर मुझे इस बात का एहसास हुआ कि 60 साल से भी ज़्यादा लंबी इस दोस्ती का उनके लिये क्या अर्थ था। वे एक ही क़स्बे में बड़े हुए थे, उन्होंने इकट्ठे फ़िशिंग और शिकार किया था। मेरे पिताजी समानताओं पर विचार करते हुए कहते हैं : 'हूबर्ट और मुझमें बहुत सी बातें एक जैसी थीं। मार्गरेट और तुम्हारी माँ ही ऐसी लड़कियाँ थीं, जिनके साथ हम घूमते थे और हम 40 साल से भी ज़्यादा समय तक उन्हीं से विवाहित रहे।'

कई बार व्यस्तता के कारण वे दोनों एक दूसरे से ज़्यादा नहीं मिल पाते थे, लेकिन इसके बावजूद वफ़ादारी के धागे से बँधे रहते थे। हूबर्ट हमें संतरों के मौसम में अपने बाग के संतरे भिजवाते थे और मेरे पिताजी हूबर्ट की नर्सरी में जाकर उनसे लंबी बातचीत करते थे। वे पचास साल तक एक ही वयस्क संडे स्कूल क्लास में रहे।

नियमितता

ऐसे लोग हैं, जो अपने सभी अंतरंग रिश्तों में असफल होते हैं और हमेशा भागते रहते हैं - एक दोस्ती से कूदकर वे दूसरी दोस्ती कर लेते हैं और हर वक़्त यही सोचते रहते हैं कि गड़बड़ी उनके दोस्तों में है। वे मान लेते हैं कि सुख की उनकी आशा बेहतर लोगों को ढूँढ़ने में है, जो अपने रिश्तेदारों से दूर हैं। ऐसे लोग अपने पड़ोसियों से भी लड़ते हैं और एक शादी को छोड़कर दूसरी शादी कर लेते हैं।

पर ज़रा सोचिये। देर-सबेर आपको यह सीखना ही होगा कि जब रास्ता मुश्किल हो जाये, तब भी आपको डटे रहना होगा, जब आपको ज़्यादा हासिल नहीं हो रहा है, तब भी आपको देते रहना होगा।

आज के तलाक़ क़ानूनों के कारण शादी तोड़ना बहुत आसान हो गया है। परंतु क्या हम यह मान लें कि आज हम अपनी सीरियल शादियों से ज़्यादा सुखी हैं, बजाय उन लोगों के, जो सौ साल पहले अपने दुःखद विवाह में ज़िंदगी भर फँसे रहते थे ? मेरे अनुभव ने मुझे यह सिखाया है कि अपने पहले जीवनसाथी से दुःखी और असंतुष्ट रहने वाले ज़्यादातर लोग दूसरी शादी करने के बाद अपने दूसरे जीवनसाथी से भी उतने ही दुःखी और असंतुष्ट रहेंगे।

मैं यहाँ पर उन लोगों की आलोचना नहीं कर रहा हूँ,

जो ध्वस्त विवाह के बंधन को तोड़ना चाहते हैं। कभी-कभार ऐसा करना ज़रूरी हो जाता है। लेकिन मेरे ख़्याल से बाइबल की इस शिक्षा में दम है कि विवाह ज़िंदगी भर के लिये होना चाहिये और तलाक़ हमारे पाप की अभिव्यक्ति है।

हमारी सबसे लंबी मित्रताओं में हम प्रतिबद्धता की गोंद से एक दूसरे से जुड़े रहते हैं। मैं आपको एक उदाहरण देता हूँ। मैं सात लोगों के एक समूह से हर पंद्रह दिन में मिलता हूँ और हम लोग अपने विचारों तथा भावनाओं के बारे में बात करते हैं और इसके बाद एक दूसरे के लिये प्रार्थना करते हैं। ये सभी लोग शक्तिशाली लीडर्स हैं - बड़े चर्चों के पादरी या साहसी डॉक्टर। जब इन जैसे लोग नियमित रूप से मिलते हैं, तो निश्चित रूप से प्रतियोगिता का भाव आना स्वाभाविक है और इसलिये कई बार हम एक दूसरे से चिढ़ जाते हैं।

हमारा एक मित्र बेहद सफल वैज्ञानिक और चिकित्सक है। वह अक्सर अपनी प्रखर बुद्धि का प्रयोग करते हुए चर्चा का सूत्र अपने हाथ में ले लेता है और दूसरे लोगों की परवाह किये बिना अपनी ज़ुबान के घोड़े दौड़ाता रहता है। चूँकि हमारी मीटिंग का उद्देश्य बौद्धिक मुद्दों पर चर्चा करना नहीं होता, इसलिये मेरे दोस्त को अक्सर पाँच मिनट तक बोलने के बाद टोका जाता है। ऐसे समय हम उसे इतने बुरे लगते हैं कि मुझे लगता है उस मीटिंग के बाद वह कभी लौटकर नहीं आयेगा।

लेकिन यहाँ एक अद्भुत बात देखिये - आलोचना के बावजूद मेरे दोस्त ने आना नहीं छोड़ा। निस्संदेह उसके पास बहुत से काम होंगे, लेकिन वह अपनी प्रतिबद्धताओं को निभाता है। उसने हमसे वादा किया है कि हम बाँहों में बाँहें बाँधकर ईसाई भाइयों की तरह एक दूसरे का साथ देंगे और

हालाँकि कई बार हमारे रिश्तों में चिंगारी निकली, लेकिन यह कभी आग नहीं बन पायी और वह इससे डरकर हमसे दूर नहीं हुआ।

परिणाम ? वह आदमी हम सबका बहुत पक्का दोस्त है और हम उसके लिये कुछ भी करने के लिये तैयार रहते हैं। वह कहता है कि उसने आज तक किसी और समूह की मित्रता में इतना आनंद नहीं पाया, जितना उसे हम सात लोगों की मित्रता में मिला है। वह यह भी कहता है कि हम लोग उसके सबसे अच्छे मित्र हैं। और वह सही है - हम उससे बहुत प्रेम करते हैं और शायद हम उसके प्रति ज़्यादा वफ़ादार हैं, क्योंकि उसने हमारी आलोचना को इतनी बहादुरी से झेला है, हमारी प्रतिक्रियाओं को सुना है और रिश्तों की डोर को टूटने से बचाया है।

बहुत जल्दी हार मान लेना

किसी भी लंबे रिश्ते में ऐसे दौर आएँगे, जब आपका दोस्त ठीक से काम नहीं कर रहा होगा और दोस्ती को बढ़ाने के लिये उतनी उदारता से सहयोग नहीं दे पा रहा होगा, जितना कि उसे देना चाहिये। यह इम्तहान की घड़ी है और सवाल इस बात का है कि क्या आप रुककर उसका इंतज़ार करेंगे।

हम सभी कभी-न-कभी अस्थायी पागलपन के दौर से गुज़रते हैं। बुद्धिमानी और पागलपन की विभाजक रेखा बहुत ही महीन होती है। कभी-कभार हम सभी इस रेखा को लाँघ जाते हैं। हममें से ज़्यादातर के लिये यह अवधि बहुत छोटी होती है - शायद एक दिन से भी कम - और रात भर की अच्छी नींद इसका बहुत बढ़िया इलाज होती है। लेकिन कई बार यह अवधि लंबी खिंच जाती है और हमें अपने प्रियजनों के समर्थन तथा मार्गदर्शन की ज़रूरत पड़ती है।

अतार्किकता के दौर को ख़ुद अनुभव करने के बाद मैं अपने मरीज़ों के पागलपन को बेहतर तरीक़े से समझ पाया हूँ। कुछ साल पहले मुझे रात भर नींद नहीं आयी और मैंने ख़ुद को बेक़ाबू पाया। अगले कुछ महीने मैं ज़िंदा नर्क में रह रहा था। मैं शायद यह कभी पूरी तरह नहीं समझ पाऊँगा कि उस दुःखद स्थिति के कारण क्या थे। परंतु कारण जो भी हों, मैं उनका सामना नहीं कर पा रहा था और मैं उन लोगों के प्रति (जिनमें से ज़्यादातर मेरे चर्च के सदस्य थे) हमेशा कृतज्ञ रहूँगा, जिन्होंने इस मुश्किल समय में मेरा साथ दिया। कुछ महीनों के बाद मेरा मस्तिष्क एक बार फिर संतुलन में आ गया और मैं सामान्य हो गया।

यही कुंजी है : लोग हमेशा अस्थिरता के दौर से बाहर निकल आते हैं। नियंत्रण खोना क्षणिक होता है। अगर हमें शांति दी जाये, तो इस बात की संभावना है कि हमारा मस्तिष्क एक बार फिर से संतुलन में आ जाएगा और हम जल्दी ही ठीक हो जाएँगे।

हैरी इमर्सन फ़ॉस्डिक, जो बाद में रिवरसाइड चर्च के प्रसिद्ध पादरी बने, नर्वस ब्रेकडाउन का शिकार हो गए थे। कई दिन के दर्द भरे तनाव के बाद वे अपने परिवार के पास बफ़ैलो चले गए और अगले साल लौटकर आये।

फ़ॉस्डिक किस तरह ठीक हुए ? समय के साथ। अपनी मंगेतर और अपने माता-पिता के सहारे के कारण। आख़िरकार तूफ़ान शांत हो ही जाता है, परंतु कई महीनों तक उन्होंने सामान्य जीवन जीने की उम्मीद छोड़ दी थी और वे आत्महत्या की कगार पर थे। अँधेरे में की गयी अपनी इस यात्रा के बारे में फ़ॉस्डिक ने लगभग 50 साल बाद कहा कि उन्होंने तब ईश्वर के बारे में ऐसी बातें जानीं, जो किताबों या चर्चों के माध्यम से नहीं जानी जा सकतीं। उन्होंने प्रार्थना

करना सीखा और उन प्रियजनों की शक्ति सीखी, जो आपके बुरे समय में आपका साथ छोड़कर नहीं जाते।

क्या होता, अगर फ़ॉस्डिक के परिवार ने यह फ़ैसला किया होता कि वह अब पागल हो चुका है और कभी ठीक नहीं हो सकता? अगर ऐसा हुआ होता, तो चर्च एक महान पादरी से वंचित हो गया होता।

मैं यहाँ पर जिस चीज़ की वकालत कर रहा हूँ, वह है मानवीय संबंधों में स्थायित्व। जब तक मुश्किल दूर न हो जाये, तब तक अपने मित्र का साथ न छोड़ें। जब सिलवटें मिट जाएँगी, तो रिश्ता पहले से बेहतर हो जायेगा।

आप जितना दे रहे हैं, सामने वाला भी उतना ही हमेशा दे, इस ज़िद से दोस्ती को चोट पहुँच सकती है। ग्लेन और हैरी दस साल से एक ही कंपनी में अकाउंटेंट हैं और एक दूसरे के क़रीबी दोस्त हैं। दोनों ही अब सी पी ए हैं और उनमें बहुत सी समानताएँ हैं। लेकिन ग्लेन को हाल ही में मैनेजर की पोस्ट मिल गयी। इस नयी पोस्ट पर ग्लेन पर बहुत दबाव रहता था, उसे ज़्यादा पैसा भी मिलता था और उसे कन्ट्री क्लब की सदस्यता भी मिल गयी। हैरी ने बताया कि वह ग्लेन से ईर्ष्या नहीं करता है और वह उस काम को करना एक मिनट भी पसंद नहीं करेगा। लेकिन वह महसूस करता है कि ग्लेन की नयी प्रतिष्ठा उसके दिमाग़ पर थोड़ी चढ़ गयी है और उसे इस बात से भी चिढ़ होती है कि अब ग्लेन के पास समय कम होने के कारण वे साथ-साथ फ़िशिंग करने नहीं जा पाते हैं, जिसमें दोनों को मज़ा आता था।

यह शायद सच है कि शुरुआती कुछ महीनों में ग्लेन के नये काम में उसे पूरा भावनात्मक ध्यान लगाना पड़ा होगा। अगर हैरी तराज़ू लेकर यह हिसाब लगाये कि दोस्ती में किसने कितना दिया, कितना लिया, तो वह यह साबित कर सकता

है कि वह ग्लेन को जितना दे रहा है, उसे उससे कम मिल रहा है। लेकिन सौभाग्य से हैरी बहुत शांत स्वभाव का है और उसमें बहुत धैर्य है। वे इतने लंबे समय से दोस्त हैं कि हैरी को यह डर नहीं है कि ग्लेन उसे छोड़कर चला जायेगा – बात सिर्फ़ इतनी सी है कि इस वक़्त उसके दिमाग़ में बहुत सी दूसरी बातें भरी हुई हैं। उनका रिश्ता बाद में बेहतर हो जायेगा और तब तक वह दोस्ती में बढ़ती हुई दूरियों को स्वीकार करने के लिये तैयार है।

हैरी समझदार है, क्योंकि सभी रिश्तों में गतिशीलता होती है – कई बार अंतरंगता की ओर, तो कई बार दूर जाने की ओर। सुरक्षित मित्र अपने साथी के दूर जाते समय घबराता नहीं है।

नंबर वन की चाह?

पॉप मनोविज्ञान ने आत्म-सहायता की पुस्तकों की नयी लहर पैदा की है, जो कहती हैं कि आप ख़ुद को आक्रामक बनाएँ, अपने काम से काम रखें, सामने वाला आपका लाभ उठाये, इसके पहले आप ही सामने वाले से लाभ उठा लें और जो आपके संबंध की 'ज़रूरत' को पूरा नहीं कर रहा हो, उसे उठाकर अपनी ज़िंदगी से बाहर फेंक दें। वास्तव में यह लहर कोई नई नहीं है। अहंकार हमारे समाज में काफ़ी समय से मौजूद है।

लेकिन इस तरह की फ़िलॉसफ़ी दुःखद है। यह उन दुःखी लोगों का प्रयास है, जो ख़ुद के लिये सुख की तलाश कर रहे हैं। किसी ने उन्हें बता दिया है कि अगर वे दूसरों की ज़रूरतों और इच्छाओं को नज़रअंदाज़ कर देंगे और दूसरों को धक्का मारते हुए सबसे आगे पहुँच जाएँगे, तो वे ज़्यादा सुखी हो जाएँगे। परंतु परामर्श देने के अपने अनुभव

में मैंने यह जाना है कि जो लोग दूसरों को धक्का देते हैं, अपने प्रतियोगियों को हराकर आगे निकलते हैं और अपनी ज़िम्मेदारियाँ नहीं निभाते हैं, वे सबसे पहले फ़िनिशिंग लाइन पर तो पहुँच जाते हैं, लेकिन वहाँ उनका स्वागत करने वाला कोई नहीं होता है। ईसा मसीह ने इस तरह की जीवनशैली को नकारते हुए कहा था कि जो लोग अपनी ज़िंदगी को बचाएँगे, वे अपनी ज़िंदगी खो देंगे।

ईसा मसीह ने यह भी कहा था कि जो लोग अपनी ज़िंदगी खो देंगे, वे अपनी ज़िंदगी बचा लेंगे। बाइबल में ऐसे कथन भरे पड़े हैं, जो बताते हैं कि हमें त्याग करना चाहिये और किसी अच्छी चीज़ के लिये दुःख उठाना चाहिये, क्योंकि ऐसा करने से हमें भविष्य में सुख मिलता है। दूसरे शब्दों में, सुख आम तौर पर उन लोगों को नहीं मिलता है, जो सुखी रहने की कोशिश करते हैं। सुख तो आम तौर पर दूसरों को सुखी बनाने से मिलता है।

मैंने पाया है कि सबसे सुखी लोग वे नहीं होते हैं, जो दूसरों को धक्का देते हैं। सुखी लोग दूसरों को हराने की चिंता नहीं करते हैं। उन्हें अपने मूल्यवान होने पर विश्वास होता है और यह विश्वास अक्सर दूसरों को सुखी बनाने से हासिल किया गया है। ऐसे कार्यों के कई पुरस्कार होते हैं, क्योंकि जो मित्र आपके लिये त्याग करने का इच्छुक होता है, उसे आसानी से नहीं भुलाया जा सकता।

एक महिला के पति की नौकरी छूट गयी और उसका आत्मविश्वास कम हो गया। उस आदमी के साथ रहना अब बहुत कष्टकारी था और वह जीवन में पहली बार नपुंसकता का शिकार भी हो गया। पैसे की कमी भी थी। महिला को इस रिश्ते में ज़्यादा कुछ नहीं मिल रहा था। अगर वह महिला आक्रामक होती, अगर वह हमेशा नंबर वन पर रहना चाहती,

तो वह ऐसे समय में रिश्ता तोड़कर चल देती। लेकिन लंबे समय तक कष्ट झेलने वाली यह महिला अपने प्रियजनों के प्रति आजीवन प्रतिबद्धता के सिद्धांत पर विश्वास करती है। वह जानती है कि उसके पति को इस समय उसकी जितनी ज़रूरत है, उतनी पहले कभी नहीं थी। वह जानती है कि ज़िंदगी में ऐसे मौक़े आते हैं, जब आपको रिश्ते में सिर्फ़ देना ही पड़ता है और बदले में कुछ पाने की उम्मीद नहीं करनी चाहिये।

उस महिला के प्रेम की अच्छाई में कुछ बात तो है, तभी तो उसके आस-पास के लोग उससे इतना प्रेम करते हैं। और कौन जाने? कुछ साल बाद यह महिला भी किसी हादसे का शिकार हो जाये और उसे भी इतनी ही देखभाल की ज़रूरत हो, तब बैंक में रखा हुआ उसका मित्रता का यही धन उसके काम आयेगा।

और उन माँओं के बारे में आपका क्या कहना है, जिन्होंने ज़िंदगी भर अपने अपाहिज बच्चों को पाला है? क्या हम यह कहें कि वे इतनी मूर्ख थीं, जो उन्होंने इतना कष्ट उठाया, क्योंकि इसी कारण वे नंबर वन पर नहीं पहुँच पायीं? या हम आम माता-पिता के बारे में क्या कहेंगे? अपने बच्चों के साथ माता-पिता के ज़्यादातर रिश्ते एकतरफ़ा ही होते हैं।

मैं एक 40 वर्षीय महिला से बात कर रहा था, जिसके वृद्ध माता-पिता अब उसकी ज़िम्मेदारी हैं। मुझे चिंता थी कि शायद वह उनसे बुरी तरह जकड़ी हुई है, इसलिये वह ज़रूरत से ज़्यादा दे रही है।

'मुझे ऐसा नहीं लगता,' उसने जवाब दिया।

मैंने पूछा, 'परंतु क्या तुम्हें उन्हें डॉक्टरों के पास ले जाने और उनकी देखभाल करने में सचमुच मज़ा आता है?'

मुझे शक था कि शायद इस महिला का ईगो कमज़ोर होगा और बिना उसे बताये मैं यह जानने की कोशिश कर रहा था कि वह शायद ख़ुद को सज़ा देने में ख़ुशी महसूस करती होगी। उसके जवाब में इतना कॉमनसेन्स था और इतनी उदारता थी कि मैं जासूसी करने के लिये शर्मिंदा हो गया और उसकी जाँच करना भूल गया।

'मज़ा आता है? नहीं, मुझे घटना में तो मज़ा नहीं आता। डॉक्टर के क्लीनिक में दो घंटे बैठना और फिर डॉक्टर का यह बताना कि आपकी माँ को जो दर्द है, वह और कुछ नहीं बल्कि आर्थ्राइटिस है, और अब वे बूढ़ी हो रही हैं और उनके दर्द का कोई इलाज नहीं है – इसमें भला किसे मज़ा आयेगा?

'लेकिन अगर मज़ा लेने से आपका मतलब यह है कि क्या मुझे ऐसा करने में संतोष मिलता है, तो मैं कहूँगी, हाँ, मुझे मिलता है। बहुत संतोष मिलता है। मेरे माता-पिता ने मेरे लिये इतने लंबे समय तक इतना कुछ किया है, जबकि मैं कभी कृतज्ञ नहीं हुई। मैं हमेशा उनसे माँगती ही रही। उन्हें देने का ख़्याल मेरे मन में कभी नहीं आया। जब आप युवा होते हैं, तो आप इस बारे में नहीं सोचते हैं।

'तो अब मैं अपने माता-पिता के लिये भी वही कर रही हूँ और इससे मुझे अच्छा लगता है। निश्चित रूप से कई बार मैं झल्ला जाती हूँ – मैंने पिताजी की कहानियाँ सैकड़ों बार सुन ली हैं और राजनीति पर बात करते समय तो वे बहुत रोमांचित और अतार्किक हो जाते हैं। जब मुझसे सहन नहीं होता, तो मैं चिल्ला पड़ती हूँ।

'लेकिन उन्होंने 40 साल तक मुझसे प्रेम किया है और मुझे लगता है कि उनकी ख़ातिर थोड़ी-बहुत दिक़्क़तें उठाने में मुझे कोई कष्ट नहीं होना चाहिये। यह एक तरह

से यह कहना है कि मैं अपने माता-पिता से बहुत, बहुत प्रेम करती हूँ।'

उसके पास आत्म-छवि, आत्म-संतुष्टि, चोटी के अनुभव के बारे में चिंता करने के लिये समय नहीं है। वह दरअसल ऐसी महिला है, जो दूसरों में निवेश करके सुख हासिल करती है।

ऐसे ही लोगों को प्रेरणा देने के लिये आज से 2,000 साल पहले एक मसीहा आया था, जिसके प्रत्यक्षदर्शियों का कहना था, कि उन्होंने 'बहुत भलाई की।' न सिर्फ़ उन्होंने निःस्वार्थ प्रेम की महत्ता पर बहुत सी बातें कहीं, बल्कि वे ऐसे प्रेम के प्रतीक भी थे। सारी बातों को दरकिनार करते हुए हम कह सकते हैं कि ईसा मसीह ही सफल संबंधों की कला के हमारे स्रोत हैं।

पहली बार जब हम उन्हें देखते हैं, तो 12 साल की उम्र में वे रिश्तों की डोर में बँधे नज़र आते हैं। वे जिन लोगों के क़रीब हैं, उनसे उनका मज़बूत रिश्ता है। वे अपने अंतरंग लोगों के सामने अपना दिल खोल देते हैं। बार-बार हम देखते हैं कि वे दूसरों को प्रेम करने में पहल करते हैं, अजनबियों पर भी कृपा करते हैं, दीन-दुखियों की रक्षा करते हैं, दूसरों के लिये ख़ुद को जोखिम में डालते हैं और बदले में किसी प्रतिदान की आशा नहीं करते।

ईसा मसीह में दैवी आत्मविश्वास था। वे इतने शक्तिशाली थे कि उन्हें शाब्दिक बहस या सत्ता के संघर्ष में अपनी सामर्थ्य सिद्ध करने की ज़रूरत नहीं थी। ईसा मसीह ने नम्रता और उदारता का जीवन जिया। उनका प्रेम ऐसा था कि उसने एक छोटे से प्रदेश को होली लैंड बना दिया, सिर्फ़ इसलिये क्योंकि वे वहाँ से गुज़रे थे।

इस सबका यह मतलब नहीं है कि ईसा मसीह कमज़ोर थे। उनकी आक्रामकता के अभाव का यह अर्थ नहीं है कि वे निष्क्रिय थे। इस संसार के प्रेम करने वाले लोग कमज़ोर नहीं होते हैं। वे तो शक्तिशाली होते हैं। वे निर्माता होते हैं। वे रचयिता होते हैं। नफ़रत बढ़ाने के बजाय वे दुनिया में प्रेम फैलाते हैं।

अध्याय 18

कोई भी 1000 रन नहीं बना सकता

मैं सिर्फ़ मैदान में जाता रहा और बल्ला घुमाता रहा।

—बेब रूथ

उस महिला का नाम कैसेन्ड्रा था। उसकी सुंदरता अब ढलने लगी थी, लेकिन उसकी आँखों की चमक अभी बाक़ी थी। वह बहुत अच्छे स्वभाव की भी थी। जब हम परिचित हुए, तो मैंने अपनी आँखों के सामने उसका आत्मविश्वास काफ़ूर होते देखा। वह मुझे एक डरी हुई चिड़िया जैसी लग रही थी। उसकी शादी का अंत तलाक़ पर हुआ था और इस बात को दस साल गुज़र चुके थे। महिलाओं के साथ भी उसकी एक-दो मित्रताएँ टूट गयी थीं और इन हादसों से गुज़रने के बाद उसने लोगों से कटने का फ़ैसला कर लिया। उसने दस साल तक लगभग एकाकीपन की ज़िंदगी गुज़ारी। लोगों से उसकी मुलाक़ात सिर्फ़ सुपरमार्केट, पेट्रोल पंप, या ऑफ़िस तक ही सीमित थी और शाम को वह घर बैठकर टी.वी. देखती थी।

उसने किसी से भी गहरा रिश्ता नहीं बनाया। आख़िरकार, वह मेरे ऑफ़िस में बैठी हुई थी, क्योंकि कोई भी अकेलेपन में ख़ुश नहीं रह सकता।

कैसेन्ड्रा के कई हमशक्ल हो सकते हैं – जिन्हें प्रेम सिर्फ़ इसलिये नहीं मिल रहा है, क्योंकि उन्होंने अकेले रहने का फ़ैसला कर लिया है। किसी रिश्ते में चोट खाने के बाद वे इस नतीजे पर पहुँचे होंगे कि उन्हें अब कभी कोई अंतरंग संबंध नहीं बनाना चाहिये या वे अंतरंग संबंध बनाने में समर्थ नहीं हैं।

तलाक़ और इसके बाद की त्रासदी

अगर वयस्क जीवन में रिश्तों को लेकर सबसे ज़्यादा हतोत्साहित करने वाली कोई बात है तो वह है तलाक़। हर साल 15 लाख अमेरिकी लोग तलाक़ लेते हैं और जब इन आँकड़ों की विस्तार से जाँच की जाती है, तो पता चलता है कि हर नौ वयस्कों में से एक तलाक़ की वजह से परेशान रहा है।

बाहरी दर्शक को लग सकता है कि मानवीय स्वभाव के चलते ये तलाक़शुदा लोग अपने विवाह की असफलता के लिये अपने पार्टनर को ज़िम्मेदार या दोषी मानते होंगे। लेकिन सच्चाई बिलकुल विपरीत है। मेरे ज़्यादातर परिचित अपने भूतपूर्व जीवनसाथियों से ज़्यादा दोष ख़ुद को देते हैं। यह सच है कि मैंने जिन लोगों को देखा है, उनका आत्म-सम्मान दूसरे तलाक़शुदा लोगों की तुलना में कम होता है, वरना वे परामर्श लेने नहीं आते, लेकिन कई उदाहरण हैं जब मैंने तलाक़ के बाद पति-पत्नी दोनों से बात की, तो मैंने यह पाया कि दोनों ही ख़ुद को बिना कारण दोष दे रहे थे। दोनों में से कोई भी अपने आपको किसी का प्रिय बनने क़ाबिल नहीं समझ रहा था और नये रिश्ते को जोड़ने में ख़ुद को

सक्षम नहीं मान रहा था।

यह तो मूर्खतापूर्ण होगा कि इतनी बड़ी घटना के बाद कोई ख़ुशी-ख़ुशी अपने रास्ते पर गुनगुनाता हुआ चल दे, जैसे उसके तलाक़ के लिये वह क़तई ज़िम्मेदार न हो। दूसरी तरफ़, यह भी दुःखद है कि असफल विवाह के बाद कोई आदमी सिर झुकाकर यह सोच ले कि अब भविष्य में वह कोई भी सफल संबंध नहीं जोड़ सकता।

चाहे जो हो जाये, आपको विवाह के असफल होने के बाद एकाकीपन का जीवन नहीं गुज़ारना चाहिये। तनाव के क्षणों में आपको मित्रों और परिवार की पहले से ज़्यादा ज़रूरत होती है। अगर आप उन्हें अपने तनाव को कम करने का मौक़ा देंगे, तो प्रेम करने की आपकी क्षमता लौट आयेगी।

मेरे काम का एक आनंद ऐसा होते हुए देखना है। एक व्यक्ति शुरुआत की मुलाक़ात के लिये आया और उस वक़्त उसमें कोई ऊर्जा नहीं थी, कोई उत्साह या आत्मविश्वास नहीं था और उसके चेहरे पर चिंता की लकीरें साफ़ दिख रही थीं। उसकी पत्नी ने उसे बताया था कि वह किसी और के साथ सो रही है और तलाक़ चाहती है।

लेकिन यह टूटा हुआ आदमी फिर से अपने आपको लोगों से जोड़ता है। एक बार फिर उसके जीवन में उत्साह और उमंग का प्रवेश होता है। वह हँसना शुरू कर देता है। और एक दिन वह मुझे आकर बताता है कि वह एक महिला से मिला। वे किसी तरह की हड़बड़ी में नहीं हैं, लेकिन दोनों की पटरी अच्छी जम रही है।

मनोवैज्ञानिक होने का एक बोनस यह है कि मुझे बहुत से सुखी विवाहों में शामिल होना पड़ता है।

असफल होने की स्वतंत्रता

किसी भी अंतरंग रिश्ते में सफल होने के लिये आपको असफल होने की थोड़ी-बहुत स्वतंत्रता चाहिये। मित्रता के अधिकांश विशेषज्ञ टूटे हुए रिश्तों के विश्लेषण के बाद इस नतीजे पर पहुँचे हैं कि ऐसा कभी-कभार होता है। वे अपनी दोस्ती और पारिवारिक अंतरंगता को बनाये रखने की सर्वश्रेष्ठ कोशिश करते हैं, लेकिन अगर कोई चीज़ गड़बड़ हो जाती है, तो वे तत्काल इस नतीजे पर नहीं पहुँचते हैं कि उनमें कोई गड़बड़ी है। पौधों की ही तरह मित्रता भी प्राकृतिक रूप से मुरझा सकती है। लोगों की रुचियाँ और आवश्यकताएँ बदल जाती हैं और इसलिये उनके दोस्त भी बदल सकते हैं। हर चीज़ धीरे-धीरे घिस सकती है। ज़िंदगी भर चलने वाले रिश्ते अद्‌भुत होते हैं, लेकिन ये बहुत दुर्लभ होते हैं। जब हम कई महीनों या कुछ सालों तक किसी के अच्छे दोस्त रहे हों, तो हमें इकट्‌ठे गुज़ारे हुए समय के लिये कृतज्ञ होना चाहिये, न कि इस बात पर अफ़सोस करना चाहिये कि यह मित्रता ज़िंदगी भर नहीं चली।

सफलता का रहस्य - नकारे जाने को झेलने की योग्यता

मैंने एक बार एक सेल्स मैनेजर से बात की, जिसने अपने बिज़नेस में सबसे सफल मार्केटिंग एक्ज़ीक्यूटिव्ज़ को प्रशिक्षित किया था।

उसने पूछा, 'क्या आप जानते हैं कि हम किस बात से पहचानते हैं कि कोई आदमी अच्छा सेल्समैन बन जायेगा ?'

मैंने अनुमान लगाया। 'बुद्धि ? महत्त्वाकांक्षा ? आकर्षक चेहरा ?'

मेरे सभी अनुमान ग़लत थे।

'अस्वीकृति झेलने की उसकी क्षमता उसकी सफलता का सबसे बड़ा कारण है,' उस आदमी ने कहा। 'अगर उसे शुरुआत में कुछ ग्राहक नकार दें या वह उन्हें सामान बेचने में असफल हो जाये और इस असफलता के कारण निराश हो जाये, तो वह कभी अच्छा सेल्समैन नहीं बन सकता। लेकिन अगर वह अस्वीकृति को सहन कर ले और कोशिश करता रहे, अगर उसे विश्वास हो कि उसे आख़िरकार ऐसा ग्राहक मिल जायेगा, जिसके साथ उसे सफलता मिलेगी, तो आप ऐसे आदमी को सफल होने से नहीं रोक सकते।'

यही सिद्धांत हमारे क़रीबी संबंधों में भी काम करता है। प्रेम खोजने की हमारी योग्यता कुछ हद तक अस्वीकृति का सामना करने की हमारी क्षमता पर भी निर्भर करती है। कभी-कभार कोई हमें ठुकरा देगा। जब हम किसी की तरफ़ दोस्ती का हाथ बढ़ाते हैं और सामने वाले की इच्छा नहीं होती, तो इस नकारे जाने की अनुभूति हमारी त्वचा की कई परतों को भेद देती है और जलाकर रख देती है।

लेकिन सच्चाई तो यह है कि हर आदमी आपको पसंद नहीं करेगा। जब कोई आपको पसंद न करे, तो इसका मतलब यह नहीं है कि आप इस लायक़ नहीं हैं। इसका सिर्फ़ यह मतलब है कि आपके बीच की केमिस्ट्री सही नहीं है।

यहाँ तक कि ईसा मसीह को भी सभी लोग पसंद नहीं करते थे। दरअसल उनके कई शत्रु थे और इससे यह निष्कर्ष निकाला जा सकता है कि अगर आप अच्छा जीवन जियेंगे, तो आपके शत्रु होना स्वाभाविक है। रॉलो मे ने कहीं कहा है कि छोटे क़स्बे में रहने का एक फ़ायदा यह है कि आप अपने शत्रुओं के साथ रहना सीख लेते हैं। वास्तव में यह एक महत्वपूर्ण सबक़ है कि हालाँकि कुछ लोग आपको नापसंद करेंगे, लेकिन आपके बहुत से क़रीबी दोस्त भी होंगे, इतने

कि आपके पास और ज़्यादा दोस्त बनाने का समय नहीं होगा।

नये मित्रों की ख़ुशी

सैम्युअल जॉनसन ने कहा था कि उनकी मित्रताएँ लगातार बदलती रहती थीं। इसी वजह से उन्होंने लिखा है : 'हर आदमी को अपनी मित्रता को लगातार सुधारते रहना चाहिये। अगर कोई आदमी जीवन में आगे बढ़ते समय नये दोस्त नहीं बनाता है, तो वह जल्दी ही ख़ुद को अकेला पायेगा।'

75 वर्ष की उम्र में पॉल टूर्नियर ने कहा कि रिटायरमेंट का एक सुख यह है कि उनके और उनकी पत्नी के ज़्यादातर मित्र उनकी तुलना में युवा हैं :

> कई बार मैं सुनता हूँ कि बूढ़े हो जाने के बाद नयी मित्रता करना आसान नहीं होता। अगर यह सही है, तो मैं सचमुच ख़ुशक़िस्मत हूँ। बचपन और जवानी के मेरे अधिकांश क़रीबी दोस्त अब इस दुनिया से जा चुके हैं। मेरी पत्नी भी अपने बहुत से मित्रों को खो चुकी है। लेकिन हमारे बहुत से नये दोस्त हैं, जो हमसे काफ़ी युवा हैं और जो हमें दिल और दिमाग़ से युवा रखते हैं। हमारे कुछ क़रीबी मित्रों को तो हम सिर्फ़ कुछ सालों से ही जानते हैं।

ज़्यादा दोस्त बनाने के लिये कोशिश करते रहें

हर चीज़ की तरह मित्रता में भी अगर आपको सफल होना है, तो आपको असफलताओं और निराशाओं से न घबराते हुए लगातार कोशिश करते रहना चाहिये। यह बहुत कम लोग जानते हैं कि बेब रूथ लगातार गेंद पर प्रहार करने में चूके थे। वास्तव में उन्होंने 1330 बार गेंदों को बर्बाद किया,

जो बेसबॉल के इतिहास में रिकॉर्ड था। लेकिन लोगों को यह बात याद रही कि उन्होंने 714 रन मारे, जो 40 सालों से रिकॉर्ड बना हुआ है और अब तक नहीं टूटा है। एक बार किसी ने रूथ से उनकी सफलता का रहस्य पूछा। उनका सीधा सा जवाब था, 'मैं सिर्फ़ मैदान में जाता रहा और बल्ला घुमाता रहा।'

अध्याय 19

आप भी किसी के प्रिय बन सकते हैं

प्यार कभी हारता नहीं है।

— 1 कोरिन्थियन्स 13:8

हेनरी ड्रमंड ने एक बार प्रेम पर एक प्रसिद्ध निबंध लिखा, जिसका शीर्षक था, 'दुनिया की सबसे महान वस्तु'। मैं आज तक किसी भी ऐसे आदमी या औरत से नहीं मिला, जो इस बात से असहमत हो कि प्रेम दुनिया की महानतम वस्तु है, लेकिन मैं अक्सर ऐसे लोगों से मिलता हूँ, जो इसे पाने में निराश हो चुके हैं। वे मान चुके हैं कि वे प्यार करने क़ाबिल नहीं हैं, उनसे कोई प्यार नहीं करेगा और उनका पिछला रिकॉर्ड इस बात की गवाही देता है।

लेकिन इतने सालों तक परामर्श देने के दौरान मैं आज तक किसी ऐसे आदमी से नहीं मिला हूँ, जो प्रेम पाने में बिलकुल ही असमर्थ हो। यह संभव है कि आपमें कुछ ऐसी बातें हों, जो आपके रिश्तों को जटिल बना देती हों या आपको

कष्ट में डालती हों, परंतु मूलभूत रूप से, अंदर से, आप प्रेम करने और प्रेम पाने में पूरी तरह समर्थ हैं।

शनिवार को मेरी आदत है कि मैं अपने किसी पुराने मरीज़ के साथ लंबा लंच लेता हूँ। आम तौर पर लंच के बाद लौटते वक़्त मैं ख़ुश होता हूँ कि मैं परामर्श देने का काम करता हूँ, क्योंकि इनमें से कई लोग चिकित्सा शुरू होते समय बहुत संकट में थे, लेकिन आज वे बहुत सुखी हैं और दुनिया का सफलतापूर्वक सामना कर रहे हैं।

इन पुराने दोस्तों के साथ बात करके मैं विनम्र भी हो जाता हूँ, क्योंकि उन्होंने मेरे बिना इतनी प्रगति कर ली। कई बार जब मैं उनसे आख़िरी बार मिला था, तो मुझे उनकी सफलता पर संदेह या शंकाएँ थीं। परंतु अब वे अच्छी तरह काम कर रहे हैं और सफलता की राह पर मीलों दूर चले गए हैं। क्यों ? क्योंकि उन्हें एक या दो ऐसे दोस्त मिल गए, जो उनसे प्रेम करने लगे और बदले में वे भी उनसे प्रेम करने लगे। उन्होंने मित्रता का तत्व खोज लिया।

एक युवा सिस्टम एनालिस्ट शुरू से ही शर्मीला और एकांतप्रिय था। वह हमारे पास आया, क्योंकि उसका डिप्रेशन बहुत बढ़ चुका था और उसे डर था कि वह अब टूटने की कगार पर है।

तीन साल पहले मैंने आख़िरी बार उसका इलाज किया था और उस वक़्त मैं जानता था कि शायद उसे बाद में फिर मेरी मदद की ज़रूरत पड़ेगी। लेकिन अब वह टेबल पर मेरे सामने बैठकर मुझे बता रहा था कि वह अपने स्की क्लब का ख़ज़ांची बन गया है। मैंने पूछा, दुनिया में कहाँ से उसमें इतना साहस आ गया कि वह यह काम कर सका।

'मुझे लगता है कि मैं सचमुच बदल गया हूँ,' उसने

जवाब दिया। 'मैं पार्टी में लोकप्रियता पाने वाला आदमी नहीं हूँ – और मैं वैसा कभी बन भी नहीं पाऊँगा। लेकिन अब मुझे लोगों से बिलकुल डर नहीं लगता है और ऐसा शायद इसलिये है, क्योंकि ऑफ़िस में मेरे दो अच्छे दोस्त बन गए हैं। मैंने ऐसे संकोची लोगों की खोज शुरू की, जिनसे मैं रिश्ता बना सकूँ और एक व्यक्ति के साथ मेरी गहरी दोस्ती हो गई। वह भी स्की करता है और हम बहुत सी चीज़ें एक साथ करते हैं। परंतु सबसे अच्छी बात यह है कि मेरे पास अब कोई है, जिससे मैं बातें कर सकता हूँ। मेरा मतलब है दिल की बातें। मैं उसे कुछ भी बता सकता हूँ और मैं जानता हूँ कि वह मुझे भाषण नहीं पिलायेगा। इसी तरह वह भी मुझे बहुत सी राज़ की बातें बता देता है।

'नहीं, हम लोगों में समलैंगिकता जैसी कोई बात नहीं है,' उसने हँसते हुए कहा। 'दरअसल, आपको यह जानकर ख़ुशी होगी कि मेरी अब एक गर्लफ़्रेंड भी बन गई है। हमारी डेटिंग को ज़्यादा समय नहीं हुआ है और कई बार मुझे बहुत डर लगता है, लेकिन हार्व के साथ मेरी दोस्ती की वजह से मुझमें औरतों के साथ रिश्ता जोड़ने की हिम्मत आ गई है।'

यह सही समय पर हुआ।

जो व्यक्ति प्रेम के सिद्धांतों पर चलने का साहस करता है और नयी मित्रता में उनका अनुसरण करता है, वह आख़िरकार सफल हो जाता है। उसमें नया आत्मविश्वास आता है और इस वजह से वह रिश्ते जोड़ने में कामयाब होता है।

इस पुस्तक की यह मान्यता है कि आप भी अपने जीवन में प्रेम भर सकते हैं। भले ही आपको लगता हो कि आप दोस्ती करने में समर्थ नहीं हैं, कि आपमें कोई ख़ास योग्यता नहीं है, लेकिन आप भी किसी के प्रिय बन सकते

हैं। और जब तक कि आप अटलांटिक के वीरान इलाक़े में न हों, तब तक आप दूसरे लोगों के साथ गहरे और लंबे रिश्ते शुरू कर सकते हैं।

प्रेम उन लोगों को नहीं मिलता है, जो आकर्षक या प्रतिभाशाली होते हैं – सुंदरता और प्रतिभा लंबे रिश्तों में ज़्यादा काम नहीं आते हैं। प्रेम तो आपको करना पड़ता है। अगर आप इस पुस्तक में दिये मूलभूत नियमों का पालन करेंगे, तो आपके बहुत से अच्छे मित्र बन जाएँगे।

प्रेम की शक्ति

1925 में टोपेका के बाहर एक फ़ार्म पर मानसिक रोगियों का एक छोटा सा सेनिटोरियम शुरू हुआ। डॉक्टरों की एक टीम - एक पिता और मेडिकल कॉलेज से निकले हुए उनके दो बेटों - का दृढ़ संकल्प था कि वे अपने मरीज़ों को पारिवारिक माहौल देंगे। नर्सों को यह स्पष्ट निर्देश दिये गये थे कि उन्हें किस मरीज़ के साथ कैसा व्यवहार करना है : 'उन्हें बताओ कि तुम उन्हें महत्वपूर्ण मानती हो और उन्हें पसंद करती हो।' 'इस महिला के साथ दयालु, परंतु दृढ़ रहो - उसकी हालत और न बिगड़ने पाये।'

यह युवा डॉक्टर कार्ल और विल मेनिंजर थे। और मेनिंजर क्लीनिक, जहाँ ये क्रांतिकारी तरीक़े आज़माये जा रहे थे, विश्वप्रसिद्ध बन गया। बहुत से मनोविश्लेषक अतिरिक्त प्रशिक्षण के लिये टोपेका जाने लगे।

कार्ल मेनिंजर ने संक्षेप में कहा है : 'इंसान की बीमारी के लिये प्रेम ही दवा है। अगर हमारे पास प्रेम है, तो हम ज़िंदा रह सकते हैं।'

इसी तरह का संदेश दूसरे मनोविश्लेषक का है – वे भी अब विश्व प्रसिद्ध हैं। विक्टर फ्रैंकल वियेना के यहूदी हैं

और जर्मन सेना ने उन्हें तीन साल तक क़ैद रखा। उन्हें एक के बाद एक यातना शिविरों में ले जाया गया। डॉ. फ्रैंकल का कहना है कि ज़िंदा बचने का एक तरीक़ा रोज़ दाढ़ी बनाना था, चाहे आप कितने ही बीमार क्यों न हों, चाहे आपको इसके लिये टूटे हुए काँच के टुकड़े को रेज़र की तरह इस्तेमाल क्यों न करना पड़े। हर सुबह क़ैदियों का मुआयना किया जाता था और जो बीमार लोग काम करने में असमर्थ होते थे, उन्हें गैस चैम्बर में भेज दिया जाता था। अगर आपकी दाढ़ी बनी हुई हो, तो चेहरा ज़्यादा लाल दिखता था और आपके ज़िंदा बचने की संभावना बढ़ जाती थी।

उन्हें हर दिन घटिया और थोड़ा सा खाना दिया जाता था। वे सात फ़ुट चौड़े पटियों पर सोते थे। नौ आदमी दो कंबलों से काम चलाते थे। तीन लंबी सीटियाँ उन्हें काम पर जाने के लिये सुबह तीन बजे उठा देती थीं।

एक सुबह वे रेल की पटरी बिछाने के लिये कैंप से मीलों दूर जमी हुई बर्फ़ पर चलकर गये। साथ जा रहे सैनिक चिल्लाकर और अपनी राइफ़ल के हत्थों से उन्हें टोंचकर तेज़ चलने के लिये कह रहे थे। फ्रैंकल के पीछे चल रहा आदमी धीमे से फुसफुसाया :

'अगर हमारी पत्नियाँ हमें इस हाल में देख लें! मैं आशा करता हूँ कि वे अपने कैंपों में बेहतर हाल में होंगी और उन्हें यह पता नहीं होगा कि हमारे साथ क्या हो रहा है।' फ्रैंकल लिखते हैं :

> यह बात सुनकर मेरे विचार अपनी पत्नी की तरफ़ मुड़ गये। और जब हम मीलों लड़खड़ाते हुए चले, एक के पीछे एक, तो किसी ने कुछ नहीं कहा, लेकिन हम दोनों जानते थे कि हम अपनी पत्नियों के बारे में

> सोच रहे हैं। कभी-कभार मैं आसमान की तरफ़ देख लेता था, जहाँ सितारे धुँधले पड़ रहे थे और सुबह की गुलाबी रोशनी काले बादलों के पीछे से छितरा रही थी। लेकिन मेरे दिमाग़ में मेरी पत्नी की तस्वीर जमी रही। मैंने सुना कि वह मेरी बात का जवाब दे रही है, मैंने उसे मुस्कराते हुए देखा, मैंने उसकी प्रेरणादायक भंगिमा देखी।
>
> एक विचार मेरे मन में जम गया : पहली बार मैंने अपने जीवन में उस सत्य को महसूस किया, जिसके बारे में इतने सारे कवियों ने गीत गाये थे और जिसे इतने सारे चिंतकों ने सबसे बुद्धिमत्तापूर्ण सत्य माना था। यह सत्य था - प्रेम इंसान का सबसे ऊँचा और अंतिम लक्ष्य है, जिसे वह हासिल कर सकता है। तब मैंने उस महानतम रहस्य का अर्थ समझा, जो हमारी कविता, चिंतन और धर्म में बताया गया है : इंसान की मुक्ति प्रेम से और प्रेम में है।

यह बहुत ही शक्तिशाली विचार है, जिसे आप महसूस कर सकते हैं। जब हम प्रेम को सबसे महत्वपूर्ण मानते हैं और यह विश्वास करते हैं कि हममें इसे देने और पाने की लगभग असीमित क्षमताएँ हैं, तो ज़िंदगी ख़ुशी का लंबा गीत बन जाती है। टीलहार्ड डे चार्डिन ने एक बार लिखा था : 'किसी दिन जब हम हवाओं, लहरों, तूफ़ानों और गुरुत्वाकर्षण को जीत लेंगे, तब हम ईश्वर के लिये प्रेम की शक्तियों को भी काम में लाएँगे और तब दुनिया के इतिहास में दूसरी बार मनुष्य आग का आविष्कार करेगा।'